2013 年会计人员继续教育辅

会计人员继续教育读本

组　编　东奥会计在线

北京大学出版社
PEKING UNIVERSITY PRESS

图书在版编目（CIP）数据

会计人员继续教育读本 / 东奥会计在线组编.
—北京：北京大学出版社，2013.4
2013年会计人员继续教育辅导用书
ISBN 978-7-301-22336-9

Ⅰ.①会…　Ⅱ.①东…　Ⅲ.①会计人员—继续教育—教材　Ⅳ.①F230

中国版本图书馆CIP数据核字（2013）第062736号

书　　　名：会计人员继续教育读本
著作责任者：东奥会计在线　组编
责 任 编 辑：樊晓哲　靳兴涛
版 式 设 计：张丽华
标 准 书 号：ISBN 978-7-301-22336-9/F·3594
出 版 发 行：北京大学出版社
地　　　址：北京市海淀区成府路205号　邮编：100871
网　　　址：http://www.pup.cn
电 子 信 箱：pw@pup.pku.edu.cn
电　　　话：东奥会计在线客服中心 010-62115588
400-617-5588（24小时热线）
印　刷　者：保定市中画美凯印刷有限公司印装
经　销　者：新华书店
710毫米×1000毫米　16开本　14.25印张　250千字
2013年4月第1版　2013年4月第1次印刷
定　　　价：28.00元

编写组成员名单

主　编　王　越　何泽水　蒋　震　王淑杰

副主编　蒋谊颖　周春利

编写组成员

郭丽洁　刘信凤　王亚军　张　丽

刘　洁　王雅楠　张晓岩

前　言

随着社会的进步和经济的发展，新政策制度层出不穷。会计人员通过继续教育及时掌握最新相关财会政策，完善知识结构，提高个人素质已是一项迫切的需要，同时继续教育学习也有助于财会人员提高自身修养，增强自身职业竞争力。

为配合开展2013年度会计从业人员继续教育工作，满足广大会计人员的实际工作需要，教材编写组在充分汲取以往经验，吸纳各方反馈建议的基础上，依据会计人员继续教育工作的总体要求及财政部最新文件，重新整合，精心编写了本教材。较之以往，本书更多地从实际情况出发，联系热点经济、政策问题，并结合相关案例，系统生动地对新知识以及重点财务知识进行了深入浅出地讲解，可以有效提升会计人员的实际工作能力。

本书特色：

本书选题贴合实际需求，关注最新变化，讲解既系统深入又注重实用：

●内容新颖全面，涵盖最新相关政策法规，以及财务重点热点问题；

●讲解系统深刻，结合相关案例，联系理论知识，简明透彻；

●形式生动丰富，运用各种数学手段，理论联系实际，直观清晰。

本书内容：

本书系统介绍了八部分内容，涉及营业税改征增值税的处理，小企业执行《小企业会计准则》有关问题衔接规定，最新税收政策剖析，最新《事业单位会计准则》解读，最新《事业单位会计制度》解读，新旧《事业单位会计制度》有关衔接，《行政事业单位内部控制规范（试行）》解读和“小金库”治理等内容。

● 其中针对营业税改增值税的内容，本书结合案例分析，对营业税改增值税相关知识进行了较为系统全面的讲解。希望通过这样的方式帮助财会工作者更清晰地掌握相关知识，更轻松地解决实务工作中遇到的相关难题。

● 其中针对《事业单位会计准则》和《事业单位会计制度》的内容，本书采用直观的图表，结合具体的案例对事业单位的基本理论、资产、负债、净资产、收入、支出等会计要素的核算以及报表的编制进行系统地讲解。通过学习本教材，对规范事业单位的会计核算，保证会计信息质量，提高会计人员业务水平具有很强的实用性和指导意义。

● 其中针对“小金库”滋生的腐败现象，本书先从“小金库”的基本概述出发，进而展开叙述其危害和审查方法，最后从国家和自身两个方面来介绍如何治理“小金库”，本书内容全面，案例丰富，可帮助广大会计人员更好更快地理解和掌握治理“小金库”的相关知识，在日常工作中有效地对“小金库”进行防治。

本书是广大企事业单位负责人、会计从业人员以及政府监管机构学习了解财务、会计、税收等基本内容及其要求的通俗读物，是广大会计人员参加继续教育，进行知识更新培训的专门教材，也可作为其他相关人员业务学习的参考资料。

由于时间及能力有限，若书中存在任何纰漏，敬请广大读者批评指正。

教材编写组

2013 年 4 月 8 号

目录

第一章　营改增相关政策解读及会计处理指导

第一节　营改增税试点动因分析

2012年开始，“营改增”税收试点陆续在全国部分省市展开，为什么征收营业税的项目要改征增值税呢？增值税相比于营业税又有什么“迷人之处”呢？

首先，增值税实行的是环环抵扣制，其计税依据是每一个流转环节的增值额，但是营业税除特别规定外，其计税依据是每一个流转环节的营业额。假设A公司向B公司提供劳务，收取款项20 000元，B公司接受劳务后又向个人消费者提供劳务，收取款项40 000元。如果采取的是增值税制，则A公司增值税计税依据为20 000元；B公司增值税计税依据为40 000－20 000＝20 000（元），但是如果采取的是营业税制，则A公司营业税计税依据为20 000元，B公司营业税计税依据为40 000元，很明显营业税税负要重于增值税税负，该项劳务的最终消费者只支付了40 000元，但营业税的计税依据却总计高达60 000元。由此可见，增值税在解决重复征税问题的税制设计原理上是优于营业税的。

其次，目前我国增值税一般纳税人采取凭票抵扣制度，即只有取得抵扣凭证才可以抵扣上一环节的进项税额，因此下一环节的购买方自身就有一种利益冲动要取得增值税抵扣凭证，这种销售方与购买方相互制约的机制将有效地健全发票管理制度。比如A公司向B公司销售产品，如果A公司不开具增值税抵扣凭证或开具虚假增值税抵扣凭证，则B公司将失去抵扣增值税进项税额的权利，毫无疑问这对于B公司而言是一笔损失，因此B公司就需要索取增值税抵扣凭证并通过增值税防伪税控系统认证后据以申报抵扣增值税进项税额。但是如果是营业税，由于营业税基本上不能凭票进行差额纳税，接受营业税劳务、受让无形资产与购买不动产一方就没有利益驱使去关注票据的真伪，其会接受虚假发票或不接受发票，从而紊乱了发票市场，导致每年公安部与国家税务总局都要联手严厉打击发票违法犯罪行为。设想：如果营业税应税项目改征增值税，通过上下游环节抵扣链条的相互制约，将有效地健全发票管理制度。

最后，流转税虽然有增值税、营业税、消费税、关税等四种，但消费税是选择部分增值税应税货物而征收的用以抑制过度消费、促进资源能源合理消耗、保护生命健康等为目的的税种，关税则是海关对进境货物征收的过境税，流转环节基本上处于增值税与营业税“双龙治水”的局面，显然流转税全面实现营改增将有利于税制的简化与征纳成本的降低。有些行为很难判断属于增值税还是营业税范畴，比如《国家税务总局关于印发〈营业税税目注释（试行稿）〉的通知》（国税发［1993］149号）规定：广告业，是指利用图书、报纸、杂志、广播、电视、电影、幻灯、路牌、招贴、橱窗、霓虹灯、灯箱等形式为介绍商品、经营服务项目、文体节目或通告、声明等事项进行宣传和提供相关服务的业务。那么某广告商仅应客户需求制作广告牌是否征收营业税？许多地方国税与地税机关对此存在争议。再如《中华人民共和国营业税暂行条例实施细则》（财政部 国家税务总局令 2008 年第 52 号）第七条规定："纳税人的下列混合销售行为，应当分别核算应税劳务的营业额和货物的销售额，其应税劳务的营业额缴纳营业税，货物销售额不缴纳营业税；未分别核算的，由主管税务机关核定其应税劳务的营业额：（一）提供建筑业劳务的同时销售自产货物的行为。（二）财政部、国家税务总局规定的其他情形"。如果 A 建筑有限公司自产混凝土并将上述混凝土用于承建工程，向建设方收取款项 5 000 万元，但是并未就混凝土的销售额与建筑劳务营业额进行分别核算。由于 A 建筑有限公司未能分别核算，则应由主管国税机关与地税机关分别核定 A 公司应征增值税的混凝土销售额和应征营业税的建筑劳务营业额，但共计 5 000 万元的蛋糕在分配中却由于主管税务机关的部门利益，往往各自核定数额偏高。比如实际上混凝土的销售额是 3 000 万元，建筑劳务营业额为 2 000 万元，但主管国税机关与地税机关却分别核定为3 300万元和 2 200 万元，结果出现了 500 万元的"空中楼阁"，明显增加了纳税人的税负。如果增值税和营业税合二为一，上述这些困扰纳税人与税务机关的难题将迎刃而解。

第二节 营改增试点现行状况及前景展望

《财政部 国家税务总局关于在上海市开展交通运输业和部分现代服务业营业税改征增值税试点的通知》（财税［2011］111 号）规定：上海市自 2012 年 1 月 1 日起就部分行业在全市范围内进行营改增试点。

《财政部 国家税务总局关于在北京等 8 省市开展交通运输业和部分现代服务业营业税改征增值税试点的通知》（财税［2012］71 号）规定：试点地区扩大为北京市、天津市、江苏省、安徽省、浙江省（含宁波市）、福建省（含厦门市）、湖北省、广东省（含深圳市）。其中北京市应当于 2012 年 9 月 1 日完成新旧税制转换。江苏省、安徽省应当于 2012 年 10 月 1 日完成新旧税制转换。福建省、广东省应当于 2012 年 11 月 1 日完成新旧税制转换。天津市、浙江省、湖北省应当于 2012 年 12 月 1 日完成新旧税制转换。

而 2013 年，"营改增"将在多地试点的基础上选择部分行业全国试点，适时将把邮电通信、铁路运输、建筑安装等行业也纳入改革试点。

为什么营改增推进速度如此之快？

首先，营改增进程只有迅速推进，才能解决试点地区与非试点地区的税制差异。比如上海市 A 公司购买江苏省 B 会计事务所有限责任公司的审计服务，因为江苏省已实施"营改增"改革，则 A 公司就可以索取增值税专用发票，并凭发票注明的增值税税额申报抵扣，但如果 A 公司向湖南省 C 会计师事务所有限责任公司购买审计服务，则只能取得湖南省地税机关监制的服务业发票而不能抵扣增值税进项税额，很明显税制出现了差异，众所周知，作为流转税的增值税其首要原则就是突出效率，体现中性，而这种试点与非试点的不同流转税制差异明显背离了中性原则，不恰当地扮演了市场干扰者的角色。

其次，营改增是各地地方利益的自发要求。比如 2012 年 1 月 1 日上海市纳入

"营改增"试点城市后，由于购买营改增试点劳务可以根据其开具的增值税专用发票，申报抵扣增值税进项税额，造成江苏、浙江、安徽等许多周边省份的纳税人因为税收利益而纷纷将公司迁往上海，从而造成税收利益外流。有鉴于此，相关省份纷纷向国务院申请迅速加入营改增的快车。

最后，目前全国34个省、自治区、直辖市、特别行政区，除了台湾、香港、澳门外，适用大陆税制的有31个省、自治区、直辖市，从汉语的"试点"含义来解释，试点只能是选择部分地点、部分行业先行试验，不可能所有省、自治区、直辖市均逐一试点，因此在试点地区的试点行业成熟的基础上，全国全面推开的步伐将大大加快。

按照国家规划，我国"营改增"分为三步走：第一步，在部分行业部分地区进行"营改增"试点。上海作为首个试点城市已经于2012年1月1日正式启动"营改增"。第二步，选择部分行业在全国范围内进行试点。第三步，在全国范围内实现"营改增"，也即"取消"营业税。按照规划，最快有望在十二五（2011年-2015年）期间完成"营改增"。

第三节 纳税人及扣缴义务人

一、增值税纳税人简介

在中华人民共和国境内提供交通运输业和部分现代服务业服务的单位和个人，为增值税纳税人。单位，是指企业、行政单位、事业单位、军事单位、社会团体及其他单位。个人，是指个体工商户和其他个人。

关于营改增试点纳税人，我们有必要强调以下几点：

（一）增值税纳税人与企业所得税纳税人的表述不一致，增值税纳税人表述为单位和个人，而企业所得税的纳税人一般应当具备法人主体资格，即个人和非法人单位原则上不可能成为企业所得税的纳税人，但却可以成为增值税的纳税人。

（二）行政单位不可能成为企业所得税纳税人，但却可以成为增值税纳税人。《企业所得税法实施条例》（国务院令第512号）第三条第一款规定：企业所得税法第二条所称依法在中国境内成立的企业，包括依照中国法律、行政法规在中国境内成立的企事业单位、社会团体以及其他取得收入的组织。可见行政单位是被排除在企业所得税纳税人之外的，但是行政单位发生增值税应税行为的，却必须申报缴纳增值税。

（三）承包、承租、挂靠经营的纳税人

单位以承包、承租、挂靠方式经营的，承包人、承租人、挂靠人（以下称承包人）以发包人、出租人、被挂靠人（以下称发包人）名义对外经营并由发包人承担相关法律责任的，以该发包人为纳税人。否则，以承包人为纳税人。

例1-1：上海市B会计师事务所有限责任公司2012年被王某承包，根据注册会计师相关法律，相应的会计鉴证业务不可能由个人承担，因此王某负责的会计鉴证业务只能由B会计师事务所有限责任公司来签订审计合同并由事务所有限责任公司承担合同义务，在此情况下，B会计师事务所有限责任公司是增值税的纳税人，而王某并不是增值税纳税人，王某向B会计师事务所有限责任公司上交的承包费就是一个纳税人内部的经济往来，不需要交纳任何流转税。

另外如果承包人、承租人、挂靠人办理了工商营业执照与税务登记证，则不存在上述问题，其必然成为一名独立的增值税纳税人。

二、扣缴义务人简介

中华人民共和国境外（以下称境外）的单位或者个人在境内提供应税服务，在境内未设有经营机构的，以其代理人为增值税扣缴义务人；在境内没有代理人的，以接受方为增值税扣缴义务人。

1. 根据《中华人民共和国税收征收管理法》第四条规定：法律、行政法规规定负有代扣代缴、代收代缴税款义务的单位和个人为扣缴义务人。因此扣缴义务人是法律、行政法规所规定的，各级税务机关不能擅自指定扣缴义务人。

2. 增值税扣缴义务人设定有几个前提，其一是境外纳税人未在中国境内设有经营机构，如果设有经营机构，则由其自行申报纳税，就不存在扣缴义务人的问题。其二如果有代理人的，应当首先由代理人履行代扣代缴义务，否则接受方为扣缴义务人。其三这里的代理人指的应当是非独立代理人，独立代理人是指不仅为某一个企业提供代理服务，也为其他企业提供代理服务，假如境外A公司为境内提供应税服务，但该项服务并未由B独立代理人代理，则不应当由B独立代理人履行代扣代缴义务。

3. 根据财税［2011］111号附件二第二条规定：符合下列情形的，按照《试点实施办法》第六条规定代扣代缴增值税：

（1）以境内代理人为扣缴义务人的，境内代理人和接受方的机构所在地或者居住地均在试点地区。

（2）以接受方为扣缴义务人的，接受方的机构所在地或者居住地在试点地区。

不符合上述情形的，仍按照现行营业税有关规定代扣代缴营业税。

例1-2：某国外海运公司为湖南省A进出口贸易有限公司提供海运服务，收取海运费100万元，该国外海运公司在境内承接代理业务的是浙江省B代理有限公司，由于浙江省已纳入营改增试点范围，但湖南尚未纳入营改增试点范围，上述业务应按照《中华人民共和国营业税暂行条例》（国务院令第540号）文件第十一条第一款规定代扣代缴营业税：中华人民共和国境外的单位或者个人在境内提供应税劳务、转让无形资产或者销售不动产，在境内未设有经营机构的，以其境内代理人为扣缴义务人；在境内没有代理人的，以受让方或者购买方为扣缴义务人。

4. 注意国内税法与国际税收协定之间的区别，当国内税法与国际税收协定产生冲突时，应首先适用国际税收协定。比如我国与新加坡、日本、丹麦、阿联酋、韩国、印度、毛里求斯、斯洛文尼亚、以色列、乌克兰、牙买加、马来西亚等国家以及香港特别行政区签订了互免税款海空运的协定或安排，则上述协定缔约方提供的相应海运或空运收取费用显然就不需要代扣代缴增值税。

根据《财政部 国家税务总局关于交通运输业和部分现代服务业营业税改征增值税试点若干税收政策的通知》（财税［2011］133号）第六条规定：中华人民共和国境内的代理人和接受方为境外单位和个人扣缴增值税的，按照适用税率扣缴增值税。但是根据《财政部 国家税务总局关于交通运输业和部分现代服务业营业税改征增值税试点若干税收政策的补充通知》（财税［2012］53号）第一条规定：未与我国政府达成双边运输免税安排的国家和地区的单位或者个人，向境内单位或者个人提供的国际运输服务，符合《财政部 国家税务总局关于在上海市开展交通运输业和部分现代服务业营业税改征增值税试点的通知》（财税［2011］111号）第六条规定的，试点期间扣缴义务人暂按3%的征收率代扣代缴增值税。应扣缴增值税税额按照下列公式计算：应扣缴增值税税额＝接受方支付的价款÷（1＋征收率）×征收率。

例1－3： 菲律宾某海运公司为上海A进出口贸易有限公司提供海运劳务，收取款项103万元，则应扣缴增值税额＝103÷（1＋3%）×3%＝3（万元）。

第四节　试点纳税人种类划分及一般纳税人认定

纳税人分为一般纳税人和小规模纳税人。

一、一般纳税人

应税服务的年应征增值税销售额（以下称应税服务年销售额）超过财政部和国家税务总局规定标准的纳税人为一般纳税人。应税服务年销售额包括纳税人在连续不超过12个月的经营期内累计应征增值税销售额，含减、免税销售额、提供境外服务销售额以及按规定已从销售额中差额扣除的部分。如果该销售额为含税的，应按照应税劳务的适用税率或征收率换算为不含税的销售额。目前营改增一般纳税人应税服务年销售额标准为500万元。

但并不是应税服务年销售额超过财政部和国家税务总局规定标准的就必然是一般纳税人，应税服务年销售额超过规定标准的其他个人不属于一般纳税人；非企业性单位、不经常提供应税服务的企业和个体工商户可选择按照小规模纳税人纳税。

1. 其他个人不同于个体工商户，不需要办理工商营业执照及税务登记证，不需要设置账簿，自然不可能核算增值税销项税额与进项税额，因此只能是小规模纳税人而不可能是一般纳税人。

2. 非企业性单位是指行政单位、事业单位、军事单位、社会团体等，不经常提供应税服务的企业主要指目前以营业税业务为主的企业。非企业性单位和不经常提供应税服务的企业具有共同的特征，即其应征增值税的劳务发生次数极少，对其强行认定为增值税一般纳税人，会增加上述单位的税负成本，也会增加税务机关征管的难度。

3. 个体工商户一般建账立制不规范，无法准确核算账目及应纳增值税税额，由其自行选择按小规模纳税人纳税，同样有利于节约税收征纳成本。

另外，小规模纳税人会计核算健全，能够提供准确税务资料的，可以向主管税务机关申请一般纳税人资格认定，成为一般纳税人。其中会计核算健全，是指能够按照国家统一的会计制度规定设置账簿，根据合法、有效凭证核算。

二、小规模纳税人

应税服务的年应征增值税销售额未超过规定标准的纳税人为小规模纳税人。另外其他个人无论应税服务年销售额是否超过规定标准一律属于小规模纳税人，而非企业性单位、不经常发生应税服务的企业和个体工商户即使应税服务年销售额超过规定标准也可以选择成为小规模纳税人。

三、一般纳税人资格认定

根据《国家税务总局关于北京等8省市营业税改征增值税试点增值税一般纳税人资格认定有关事项的公告》(国家税务总局公告2012年第38号) 规定：营业税改征增值税试点实施前（以下简称试点实施前）应税服务年销售额超过500万元的试点纳税人，应向国税主管税务机关（以下简称主管税务机关）申请办理一般纳税人资格认定手续。试点实施前应税服务年销售额未超过500万元的试点纳税人，可以向主管税务机关申请一般纳税人资格认定。按照现行营业税规定差额征收营业税的试点纳税人，其应税服务营业额按未扣除之前的营业额计算。但是，试点实施前已取得一般纳税人资格并兼有应税服务的试点纳税人，不需重新申请认定，由主管税务机关制作、送达《税务事项通知书》，告知纳税人。

认定程序仍依照《增值税一般纳税人资格认定管理办法》（国家税务总局令第22号）的规定办理。

（一）增值税纳税人年应税销售额超过财政部、国家税务总局规定的小规模纳税人标准的，按照下列程序办理一般纳税人资格认定：

1. 纳税人应当在申报期结束后40日（工作日，下同）内向主管税务机关报送《增值税一般纳税人申请认定表》，申请一般纳税人资格认定。

2. 认定机关应当在主管税务机关受理申请之日起20日内完成一般纳税人资格认定，并由主管税务机关制作、送达《税务事项通知书》，告知纳税人。

3. 纳税人未在规定期限内申请一般纳税人资格认定的，主管税务机关应当在规定期限结束后20日内制作并送达《税务事项通知书》，告知纳税人。

符合不办理一般纳税人资格认定条件的纳税人（如其他个人、选择按照小规模纳税人纳税的非企业性单位、选择按照小规模纳税人纳税的不经常发生应税行为的企业）应当在收到《税务事项通知书》后10日内向主管税务机关报送《不认定增值税一般纳税人申请表》，经认定机关批准后不办理一般纳税人资格认定。认定机关应当在主管税务机关受理申请之日起20日内批准完毕，并由主管税务机关制作、送达《税务事项通知书》，告知纳税人。

（二）年应税销售额未超过财政部、国家税务总局规定的小规模纳税人标准以及新开业的纳税人，可以向主管税务机关申请一般纳税人资格认定。

对提出申请并且同时符合下列条件的纳税人，主管税务机关应当为其办理一般纳税人资格认定：有固定的生产经营场所；能够按照国家统一的会计制度规定设置账簿，根据合法、有效凭证核算，能够提供准确税务资料。

符合上述规定的纳税人按照下列程序办理一般纳税人资格认定：

1. 纳税人应当向主管税务机关填报申请表，并提供下列资料：

（1）《税务登记证》副本；

（2）财务负责人和办税人员的身份证明及其复印件；

（3）会计人员的从业资格证明或者与中介机构签订的代理记账协议及其复印件；

（4）经营场所产权证明或者租赁协议，或者其他可使用场地证明及其复印件；

（5）国家税务总局规定的其他有关资料。

2. 主管税务机关应当当场核对纳税人的申请资料，经核对一致且申请资料齐全、符合填列要求的，当场受理，制作《文书受理回执单》，并将有关资料的原件退还纳税人。对申请资料不齐全或者不符合填列要求的，应当当场告知纳税人需要补正的全部内容。

3. 主管税务机关受理纳税人申请以后，根据需要进行实地查验，并制作查验报告。查验报告由纳税人法定代表人（负责人或者业主）、税务查验人员共同签字（签章）确认。实地查验时，应当有两名或者两名以上税务机关工作人员同时到场。实地查验的范围和方法由各省税务机关确定并报国家税务总局备案。

4. 认定机关应当自主管税务机关受理申请之日起20日内完成一般纳税人资格认定，并由主管税务机关制作、送达《税务事项通知书》，告知纳税人。

另外，财税［2011］111号第五条第二款规定：除国家税务总局另有规定外，一经认定为一般纳税人后，不得转为小规模纳税人。目前为止，国家税务总局还没有所谓的“另有规定”，因此目前纳税人一经认定为一般纳税人后，就不得再转为小规模纳税人，之所以作如此硬性规定，是有其特殊原因的。

应征营业税劳务之所以要改征增值税，正如前文所述，就是因为增值税一般纳税人的计税原理能够解决重复征税的问题，但是增值税小规模纳税人却不能抵扣进项税额，这实质上是变异了的增值税，这种按销售额乘以征收率的计税方式和营业税有异曲同工之处，就是解决不了重复征税问题。因此无论是营改增相关政策，还是国家税务总局令第22号均强制规定一旦转为一般纳税人后不得再转为小规模纳税人，就是从政策上保障越来越多的纳税人采用增值税一般纳税人计税方法，实现整个流转税链条的逐环抵扣，最大程度解决重复征税的问题，充分体现出增值税的中性原则。

第五节　交通运输业和部分现代服务业范围

营改增试点行业包括交通运输业和部分现代服务业。

一、交通运输业

交通运输业，是指使用运输工具将货物或者旅客送达目的地，使其空间位置得到转移的业务活动。包括陆路运输服务、水路运输服务、航空运输服务和管道运输服务。

（一）陆路运输服务

陆路运输服务，是指通过陆路（地上或者地下）运送货物或者旅客的运输业务活动，包括公路运输、缆车运输、索道运输及其他陆路运输，暂不包括铁路运输。

（二）水路运输服务

水路运输服务，是指通过江、河、湖、川等天然、人工水道或者海洋航道运送货物或者旅客的运输业务活动。

远洋运输的程租、期租业务，属于水路运输服务。

程租业务，是指远洋运输企业为租船人完成某一特定航次的运输任务并收取租赁费的业务。

期租业务，是指远洋运输企业将配备有操作人员的船舶承租给他人使用一定期限，承租期内听候承租方调遣，不论是否经营，均按天向承租方收取租赁费，发生的固定费用均由船东负担的业务。

（三）航空运输服务

航空运输服务，是指通过空中航线运送货物或者旅客的运输业务活动。

航空运输的湿租业务，属于航空运输服务。湿租业务，是指航空运输企业将配备有机组人员的飞机承租给他人使用一定期限，承租期内听候承租方调遣，不论是否经营，均按一定标准向承租方收取租赁费，发生的固定费用均由承租方承担的业务。

（四）管道运输服务

管道运输服务，是指通过管道设施输送气体、液体、固体物质的运输业务活动。

根据《国家税务总局关于印发〈营业税税目注释〉（试行稿）的通知》（国税发［1993］149号）文件第一条规定："交通运输业，是指使用运输工具或人力、畜力将货物或旅客送达目的地，使其空间位置得到转移的业务活动。本税目的征收范围包括：陆路运输、水路运输、航空运输、管道运输、装卸搬运"。

《财政部 国家税务总局关于交通运输业和部分现代服务业营业税改征增值税试点应税服务范围等若干税收政策的补充通知》（财税［2012］86号）第一条规定：出租车公司向出租车司机收取的管理费用，出租车属于出租车公司的，按照"陆路运输服务"征收增值税，出租车属于出租车司机的，不征收增值税。

【提示】

1. 原营业税交通运输业营改增后，其中的陆路运输、水路运输、航空运输、管道运输属于交通运输业，而装卸搬运则改为物流辅助服务。

2. 根据《财政部 国家税务总局关于营业税若干政策问题的通知》（财税［2003］16号）第二条（二）规定：单位和个人从事快递业务按"邮电通信业"税目征收营业税。目前邮电通信业尚没有纳入营改增范畴，因此快递业仍属于营业税征税范畴。

3. 由于管道运输属于新兴行业，需要政策的扶持，因此试点纳税人中的一般纳税人提供管道运输服务，对其增值税实际税负超过3%的部分实行增值税即征即退政策。这里的增值税实际税负是指纳税人当期实际缴纳的增值税税额占纳税人当期提供应税服务取得的全部价款和价外费用的比例。

二、部分现代服务业

部分现代服务业，是指围绕制造业、文化产业、现代物流产业等提供技术性、知识性服务的业务活动。包括研发和技术服务、信息技术服务、文化创意服务、物流辅助服务、有形动产租赁服务、鉴证咨询服务。

（一）研发和技术服务

研发和技术服务，包括研发服务、技术转让服务、技术咨询服务、合同能源管理服务、工程勘察勘探服务。

1. 研发服务，是指就新技术、新产品、新工艺或者新材料及其系统进行研究与试验开发的业务活动。

2. 技术转让服务，是指转让专利或者非专利技术的所有权或者使用权的业务活动。

3. 技术咨询服务，是指对特定技术项目提供可行性论证、技术预测、专题技术调查、分析评价报告和专业知识咨询等业务活动。

4. 合同能源管理服务，是指节能服务公司与用能单位以契约形式约定节能目标，节能服务公司提供必要的服务，用能单位以节能效果支付节能服务公司投入及其合理报酬的业务活动。

5. 工程勘察勘探服务，是指在采矿、工程施工以前，对地形、地质构造、地下资源蕴藏情况进行实地调查的业务活动。

（二）信息技术服务

信息技术服务，是指利用计算机、通信网络等技术对信息进行生产、收集、处理、加工、存储、运输、检索和利用，并提供信息服务的业务活动。包括软件服务、电路设计及测试服务、信息系统服务和业务流程管理服务。

1. 软件服务，是指提供软件开发服务、软件咨询服务、软件维护服务、软件测试服务的业务行为。

2. 电路设计及测试服务，是指提供集成电路和电子电路产品设计、测试及相关技术支持服务的业务行为。

3. 信息系统服务，是指提供信息系统集成、网络管理、桌面管理与维护、信息系统应用、基础信息技术管理平台整合、信息技术基础设施管理、数据中心、托管中心、安全服务的业务行为。

> **【提示】**
> 《财政部 国家税务总局关于交通运输业和部分现代服务业营业税改征增值税试点应税服务范围等若干税收政策的补充通知》（财税［2012］86号）第一条规定：网站对非自有的网络游戏提供的网络运营服务按照“信息系统服务”征收增值税。

4. 业务流程管理服务，是指依托计算机信息技术提供的人力资源管理、财务经济管理、金融支付服务、内部数据分析、呼叫中心和电子商务平台等服务的业务活动。

（三）文化创意服务

文化创意服务，包括设计服务、商标著作权转让服务、知识产权服务、广告服务和会议展览服务。

1. 设计服务，是指把计划、规划、设想通过视觉、文字等形式传递出来的业务活动。包括工业设计、造型设计、服装设计、环境设计、平面设计、包装设计、动漫设计、展示设计、网站设计、机械设计、工程设计、创意策划等。

> **【提示】**
> 《财政部 国家税务总局关于交通运输业和部分现代服务业营业税改征增值税试点应税服务范围等若干税收政策的补充通知》（财税［2012］86号）第一条规定：文印晒图服务按照“设计服务”征收增值税。

2. 商标著作权转让服务，是指转让商标、商誉和著作权的业务活动。

3. 知识产权服务，是指处理知识产权事务的业务活动。包括对专利、商标、著作权、软件、集成电路布图设计的代理、登记、鉴定、评估、认证、咨询、检索服务。

4. 广告服务，是指利用图书、报纸、杂志、广播、电视、电影、幻灯、路牌、招贴、橱窗、霓虹灯、灯箱、互联网等各种形式为客户的商品、经营服务项目、文体节目或者通告、声明等委托事项进行宣传和提供相关服务的业务活动。包括广告的策划、设计、制作、发布、播映、宣传、展示等。

5. 会议展览服务，是指为商品流通、促销、展示、经贸洽谈、民间交流、企业沟通、国际往来等举办的各类展览和会议的业务活动。

> **【提示】**
> 《财政部 国家税务总局关于交通运输业和部分现代服务业营业税改征增值税试点应税服务范围等若干税收政策的补充通知》（财税［2012］86号）第一条规定：组织安排会议或展览的服务按照“会议展览服务”征收增值税。

（四）物流辅助服务

物流辅助服务，包括航空服务、港口码头服务、货运客运场站服务、打捞救助服务、货物运输代理服务、代理报关服务、仓储服务和装卸搬运服务。

1. 航空服务，包括航空地面服务和通用航空服务。

航空地面服务，是指航空公司、飞机场、民航管理局、航站等向在我国境内航行或者在我国境内机场停留的境内外飞机或者其他飞行器提供的导航等劳务性地面服务的业务活动。包括旅客安全检查服务、停机坪管理服务、机场候机厅管理服务、飞机清洗消毒服务、空中飞行管理服务、飞机起降服务、飞行通讯服务、地面信号服务、飞机安全服务、飞机跑道管理服务、空中交通管理服务等。

通用航空服务，是指为专业工作提供飞行服务的业务活动，包括航空摄影，航空测量，航空勘探，航空护林，航空吊挂播洒、航空降雨等。

2. 港口码头服务，是指港务船舶调度服务、船舶通讯服务、航道管理服务、航道疏浚服务、灯塔管理服务、航标管理服务、船舶引航服务、理货服务、系解缆服务、停泊和移泊服务、海上船舶溢油清除服务、水上交通管理服务、船只专业清洗消毒检测服务和防止船只漏油服务等为船只提供服务的业务活动。

> **【提示】**
> 《财政部 国家税务总局关于交通运输业和部分现代服务业营业税改征增值税试点应税服务范围等若干税收政策的补充通知》（财税［2012］86号）第一条规定：港口设施经营人收取的港口设施保安费按照“港口码头服务”征收增值税。

3. 货运客运场站服务，是指货运客运场站（不包括铁路运输）提供的货物配载服务、运输组织服务、中转换乘服务、车辆调度服务、票务服务和车辆停放服务等业务活动。

4. 打捞救助服务，是指提供船舶人员救助、船舶财产救助、水上救助和沉船沉物打捞服务的业务活动。

5. 货物运输代理服务，是指接受货物收货人、发货人的委托，以委托人的名义或者以自己的名义，在不直接提供货物运输劳务情况下，为委托人办理货物运输及相关业务手续的业务活动。

> **【提示】**
> 《财政部 国家税务总局关于交通运输业和部分现代服务业营业税改征增值税试点应税服务范围等若干税收政策的补充通知》（财税［2012］86号）第七条规定：船舶代理服务属于“货物运输代理服务”，国际船舶代理服务属于国际货物运输代理服务。船舶代理服务，是指接受货物收货人、发货人、船舶所有人、船舶承租人或船舶经营人的委托，以委托人的名义或者自己的名义，在不直接提供货物运输劳务情况下，为委托人办理货物运输以及船舶进出港口、联系安排引航、靠泊和装卸等相关业务手续的业务活动。

6. 代理报关服务，是指接受进出口货物的收、发货人委托，代为办理报关手续的业务活动。

7. 仓储服务，是指利用仓库、货场或者其他场所代客贮放、保管货物的业务活动。

8. 装卸搬运服务，是指使用装卸搬运工具或人力、畜力将货物在运输工具之间、装卸现场之间或者运输工具与装卸现场之间进行装卸和搬运的业务活动。

（五）有形动产租赁服务

有形动产租赁，包括有形动产融资租赁和有形动产经营性租赁。

1. 有形动产融资租赁，是指具有融资性质和所有权转移特点的有形动产租赁业务活动。即出租人根据承租人所要求的规格、型号、性能等条件购入有形动产租赁给承租人，合同期内设备所有权属于出租人，承租人只拥有使用权，合同期满付清租金后，承租人有权按照残值购入有形动产，以拥有其所有权。不论出租人是否将有形动产残值销售给承租人，均属于融资租赁。

2. 有形动产经营性租赁，是指在约定时间内将物品、设备等有形动产转让他人使用且租赁物所有权不变更的业务活动。

远洋运输的光租业务、航空运输的干租业务，属于有形动产经营性租赁。

光租业务，是指远洋运输企业将船舶在约定的时间内出租给他人使用，不配备操作人员，不承担运输过程中发生的各项费用，只收取固定租赁费的业务活动。

干租业务，是指航空运输企业将飞机在约定的时间内出租给他人使用，不配备机组人员，不承担运输过程中发生的各项费用，只收取固定租赁费的业务活动。

（六）鉴证咨询服务

鉴证咨询服务，包括认证服务、鉴证服务和咨询服务。

1. 认证服务，是指具有专业资质的单位利用检测、检验、计量等技术，证明产品、服务、管理体系符合相关技术规范、相关技术规范的强制性要求或者标准的业务活动。

2. 鉴证服务，是指具有专业资质的单位，为委托方的经济活动及有关资料进行鉴证，发表具有证明力的意见的业务活动。包括会计、税务、资产评估、律师、房地产土地评估、工程造价的鉴证。

【提示】

《财政部 国家税务总局关于交通运输业和部分现代服务业营业税改征增值税试点应税服务范围等若干税收政策的补充通知》（财税［2012］86号）第一条规定：建筑图纸审核服务、环境评估服务、医疗事故鉴定服务，按照“鉴证服务”征收增值税。

3. 咨询服务，是指提供和策划财务、税收、法律、内部管理、业务运作和流程管理等信息或者建议的业务活动。

【提示】

《财政部 国家税务总局关于交通运输业和部分现代服务业营业税改征增值税试点应税服务范围等若干税收政策的补充通知》（财税［2012］86号）第一条规定：代理记账服务按照“咨询服务”征收增值税。

第六节 营改增适用税率和征收率

按照《试点实施办法》的规定，在现行增值税标准税率17%和低税率13%、零税率的基础上，新增11%和6%两档低税率。其中，提供有形动产租赁服务，税率为17%；提供交通运输业服务，税率为11%；提供现代服务业服务（有形动产租赁服务除外），税率为6%；财政部和国家税务总局规定的应税服务，税率为零。

增值税征收率一律为3%。

具体变化见表1－1所示。

表 1－1　**营改增后税率变化对比表**

行业名称 1	行业名称 2	行业名称 3	增值税税率（征收率）	营业税税目	营业税税率
交通运输业	陆路运输服务	公路运输	11%（税率）、3%（征收率）	公路运输	3%
		缆车运输		缆车运输	
		索道运输		索道运输	
		其他陆路运输		其他陆路运输	
	水路运输服务	水路运输服务	11%（税率）、3%（征收率）	水路运输	3%
	航空运输服务	航空运输服务	11%（税率）、3%（征收率）	航空运输	3%
	管道运输服务	管道运输服务	11%（税率）、3%（征收率）	管道运输	3%
部分现代服务业	研发和技术服务	研发服务	6%（税率）、3%（征收率）	其他服务业	5%
		技术转让服务	6%（税率）、3%（征收率）	转让专利权、转让非专利技术	5%
		技术咨询服务	6%（税率）、3%（征收率）	其他服务业	5%
		合同能源管理服务	6%（税率）、3%（征收率）	其他服务业	5%
		工程勘察勘探服务	6%（税率）、3%（征收率）	测绘、勘探	5%
	信息技术服务	软件服务	6%（税率）、3%（征收率）	其他服务业	5%
		电路设计及测试服务	6%（税率）、3%（征收率）	其他服务业	5%
		信息系统服务	6%（税率）、3%（征收率）	其他服务业	5%
		业务流程管理服务	6%（税率）、3%（征收率）	其他服务业	5%
	文化创意服务	设计服务	6%（税率）、3%（征收率）	其他服务业	5%
		商标著作权转让服务	6%（税率）、3%（征收率）	转让商标权、转让著作权、转让商誉	5%
		知识产权服务	6%（税率）、3%（征收率）	其他服务业	5%
		广告服务	6%（税率）、3%（征收率）	广告业	5%
		会议展览服务	6%（税率）、3%（征收率）	其他文化业	3%

续表

部分现代服务业	物流辅助服务	航空服务	6%（税率）、3%（征收率）	航空运输	3%
		港口码头服务	6%（税率）、3%（征收率）	水路运输	3%
		货运客运场站服务	6%（税率）、3%（征收率）	公路运输、其他服务业	3%、5%
		打捞救助服务	6%（税率）、3%（征收率）	水路运输	3%
		货物运输代理服务	6%（税率）、3%（征收率）	代理业	5%
		代理报关服务	6%（税率）、3%（征收率）	代理业	5%
		仓储服务	6%（税率）、3%（征收率）	仓储业	5%
		装卸搬运服务	6%（税率）、3%（征收率）	装卸搬运	3%
	有形动产租赁服务	有形动产融资租赁	17%（税率）、3%（征收率）	融资租赁	5%
		有形动产经营性租赁	17%（税率）、3%（征收率）	租赁业	5%
	鉴证咨询服务	认证服务	6%（税率）、3%（征收率）	其他服务业	5%
		鉴证服务	6%（税率）、3%（征收率）	其他服务业	5%
		咨询服务	6%（税率）、3%（征收率）	咨询	5%

第七节　增值税一般计税方法

一、一般计税方法

一般纳税人提供应税服务适用一般计税方法计税。一般计税方法的应纳税额，是指当期销项税额抵扣当期进项税额后的余额。应纳税额计算公式：

应纳税额 = 当期销项税额 - 当期进项税额

当期销项税额小于当期进项税额不足抵扣时，其不足部分可以结转下期继续抵扣。

二、销项税额

（一）销项税额的定义

销项税额，是指纳税人提供应税服务按照销售额和增值税税率计算的增值税额。

销项税额计算公式：销项税额 = 销售额 × 税率

一般计税方法的销售额不包括销项税额，纳税人采用销售额和销项税额合并定价方法的，按照下列公式计算销售额：销售额 = 含税销售额 ÷（1 + 税率）

（二）销售额的确定

销售额是指纳税人提供应税服务取得的全部价款和价外费用。价外费用，是指价外收取的各种性质的价外收费，但不包括代为收取的政府性基金或者行政事业性收费。

1. 销售额以人民币计算。纳税人按照人民币以外的货币结算销售额的，应当折合成人民币计算，折合率可以选择销售额发生的当天或者当月1日的人民币汇率中间价。纳税人应当在事先确定采用何种折合率，确定后12个月内不得变更。

2. 纳税人提供适用不同税率或者征收率的应税服务，应当分别核算适用不同税率或者征收率的销售额；未分别核算的，从高适用税率。

3. 纳税人兼营营业税应税项目的，应当分别核算应税服务的销售额和营业税应税项目的营业额；未分别核算的，由主管税务机关核定应税服务的销售额。

4. 纳税人兼营免税、减税项目的，应当分别核算免税、减税项目的销售额；未分别核算的，不得免税、减税。

5. 纳税人提供应税服务，开具增值税专用发票后，提供应税服务中止、折让、开票有误等情形，应当按照国家税务总局的规定开具红字增值税专用发票。未按照规定开具红字增值税专用发票的，不得扣减销项税额或者销售额。

6. 纳税人提供应税服务，将价款和折扣额在同一张发票上分别注明的，以折扣后的价款为销售额；未在同一张发票上分别注明的，以价款为销售额，不得扣减折扣额。

7. 纳税人提供应税服务的价格明显偏低或者偏高且不具有合理商业目的的，或者发生视同提供应税服务而无销售额的，主管税务机关有权按照下列顺序确定销售额：

（1）按照纳税人最近时期提供同类应税服务的平均价格确定。

（2）按照其他纳税人最近时期提供同类应税服务的平均价格确定。

（3）按照组成计税价格确定。组成计税价格的公式为：

组成计税价格 = 成本 × （1 + 成本利润率），成本利润率由国家税务总局确定。

这里需要注意的是“顺序”的含义，即在确定视同销售价格时，必须依照顺序，而不能任意选择某一项价格，比如C公司购进电脑，价格10 000元，直接赠送给D单位，如果C公司没有同类电脑的销售价格，应按照其他纳税人最近时期销售同类电脑的平均价格确定，而不能直接按照组成计税价格确定。因为顺序二已经具备，不能再选择顺序三。

在这里引用两个文件，以进一步加强读者的印象，其一为《国家税务总局关于企业处置资产所得税处理问题的通知》（国税函［2008］828号）第三条规定：企业发生本通知第二条规定情形时，属于企业自制的资产，应按企业同类资产同期对外销售价格确定销售收入；属于外购的资产，可按购入时的价格确定销售收入。其二为《财政部 国家税务总局关于企业促销展业赠送礼品有关个人所得税问题的通知》（财税［2011］50号）第三条规定：企业赠送的礼品是自产产品（服务）的，按该产品（服务）的市场销售价格确定个人的应税所得；是外购商品（服务）的，按该商品（服务）的实际购置价格确定个人的应税所得。

例 1－4：2012 年 12 月，上海市 A 会计事务所有限责任公司为 B 制造有限公司提供年度审计服务，约定 2012 年 12 月收取价款 100 万元，按照“营改增”的规定，A 会计师事务所有限责任公司增值税纳税义务发生时间为 2012 年 12 月，应于 2013 年 1 月份纳税申报期内申报缴纳上述增值税款，但 B 制造有限公司迟至 2013 年 6 月才支付 100 万元款项，为此 A 会计事务所有限责任公司收取了 10 600 元的延期付款利息，则上述延期付款利息即属于价（100 万元）外费用，价外费用一律视为含税金额，应换算为不含税金额计算增值税。销项税额 = 10 600 ÷ (1 + 6%) × 6% = 600（元），并应开具增值税专用发票给 B 制造有限公司，其中发票票面的品目即写作“延期付款利息”。

例 1－5：C 会计事务所有限责任公司与 D 商贸有限公司签订年度审计合同，约定审计收费 100 万元，但 D 商贸公司在“货比三家”后，决定选择 E 会计师事务所有限责任公司，于是与 C 会计师事务所有限责任公司解约，但依据合同规定支付毁约金 5 万元，因为 C 会计事务所有限责任公司并没有提供任何应税服务，即没有“价”，因此收取的毁约金就不可能是“价外费用”，因此不需要申报缴纳增值税。

例 1－6：上海市 A 财产租赁公司 2012 年 12 月 8 日出租设备一台，以外汇计价收取租金 1 000 美元，当日汇率为 1 美元折合人民币 6.75 元，12 月 1 日汇率为 1 美元折合人民币 6.76 元，则如果选择当日汇率，显然销售额要低，所计算的增值税销项税额也要低一点，即人民币保持升值趋势情形下，选择当月 1 日汇率较为节税。另外需要注意这里的汇率是指中国人民银行公布的外汇汇率的中间价，既非最高价，也非最低价。

（三）不需要计算销项税额的情形

1. 非营业活动中提供的交通运输业和部分现代服务业服务不属于提供应税服务。

非营业活动，是指：

（1）非企业性单位按照法律和行政法规的规定，为履行国家行政管理和公共服务职能收取政府性基金或者行政事业性收费的活动。

（2）单位或者个体工商户聘用的员工为本单位或者雇主提供交通运输业和部分现代服务业服务。

（3）单位或者个体工商户为员工提供交通运输业和部分现代服务业服务。

（4）财政部和国家税务总局规定的其他情形。

上述第（1）项活动属于政府提供公共产品收取费用，税收一般只对“非公共产品”进行调节，因此公共产品收费不应纳入增值税范畴。

上述第（2）项活动属于单位或者个体工商户内部经济行为，以工资或福利费的形式购买员工提供的服务。

上述第（3）项活动属于单位或者个体工商户员工的集体福利，与第（2）项活动一样，属于一个增值税纳税人内部经济行为，没有形成流转，自然不需要缴纳增值税。

2. 在境内提供应税服务，是指应税服务提供方或者接受方在境内，但下列情形不属于在境内提供应税服务：

（1）境外单位或者个人向境内单位或者个人提供完全在境外消费的应税服务。

（2）境外单位或者个人向境内单位或者个人出租完全在境外使用的有形动产。

（3）财政部和国家税务总局规定的其他情形。

现行营业税也有类似的规定，《财政部 国家税务总局关于个人金融商品买卖等营业税若干免税政策的通知》（财税［2009］111号）第四条规定：境外单位或者个人在境外向境内单位或者个人提供的完全发生在境外的《中华人民共和国营业税暂行条例》（国务院令第540号，以下简称条例）规定的劳务，不属于条例第一条所称在境内提供条例规定的劳务，不征收营业税。上述劳务的具体范围由财政部、国家税务总局规定。

根据上述原则，对境外单位或者个人在境外向境内单位或者个人提供的文化体育业（除播映），娱乐业，服务业中的旅店业、饮食业、仓储业，以及其他服务业中的沐浴、理发、洗染、裱画、誊写、镌刻、复印、打包劳务，不征收营业税。

两相比较，可以发现原有形动产租赁（境外单位或者个人向境内单位或者个人出租完全在境外使用的有形动产）在财税［2009］111号文件中并不属于不征收营业税情形，但营改增后却从增值税征税范围中予以剔除。

（四）视同提供应税服务的情形

单位和个体工商户的下列情形，视同提供应税服务：

1. 向其他单位或者个人无偿提供交通运输业和部分现代服务业服务，但以公益活动为目的或者以社会公众为对象的除外。

2. 财政部和国家税务总局规定的其他情形。

上述规定相较于《增值税暂行条例实施细则》（财政部令2011年第65号）第四条第八款规定在立法上有所完善，第八款规定：单位或者个体工商户将自产、委托加工或者购进的货物无偿赠送其他单位或者个人的行为，视同销售货物。而营改增的财税［2011］111号文件将以公益活动为目的或者以社会公众为对象的无偿赠送行为予以剔除，之所以如此，主要是为了鼓励慈善事业的发展，而《增值税暂行条例实施细则》第四条第八款则并未考虑无偿赠送的原因，导致即使是向灾区捐赠也需要视同销售申报缴纳增值税，两者相较，显然财税［2011］111号文件更加体现了人文关怀精神，也有利于中国慈善事业的发展。

例1-7： 上海市A运输有限公司为灾区无偿运送救灾物资，上述行为以公益为目的，A运输有限公司不需要视同销售计算增值税销项税额。

例1-8： 上海市B会计事务所有限责任公司向所有客户承诺，当年的会计审计业务一律免费，上述行为表象上是免费，实则为一种营销行为，通过免费来获取更多的利益，因此对于上述无偿提供劳务的行为应视同销售申报缴纳增值税。

三、进项税额

（一）进项税额的定义

进项税额，是指纳税人购进货物或者接受加工修理修配劳务和应税服务，支付或者负担的增值税税额。

（二）进项税额的抵扣

下列进项税额准予从销项税额中抵扣：

1. 从销售方或者提供方取得的增值税专用发票上注明的增值税额；

2. 从海关取得的海关进口增值税专用缴款书上注明的增值税额；

3. 购进农产品，除取得增值税专用发票或者海关进口增值税专用缴款书外，按照农产品收购发票或者销售发票上注明的农产品买价和13%的扣除率计算的进项税额。计算公式为：

进项税额 = 买价 × 扣除率

买价，是指纳税人购进农产品在农产品收购发票或者销售发票上注明的价款和按照规定缴纳的烟叶税。

根据《财政部 国家税务总局关于免征部分鲜活肉蛋产品流通环节增值税政策的通知》（财税［2012］75号）第三条规定：《中华人民共和国增值税暂行条例》第八条所列准予从销项税额中扣除的进项税额的第（三）项所称的“销售发票”，是指小规模纳税人销售农产品依照3%征收率按简易办法计算缴纳增值税而自行开具或委托税务机关代开的普通发票。批发、零售纳税人享受免税政策后开具的普通发票不得作为计算抵扣进项税额的凭证。

因此需要注意，目前部分鲜活肉蛋与蔬菜产品在流通环节已免征增值税，批发、零售上述产品企业开具的农产品普通发票不得作为增值税扣除凭证。

4. 接受交通运输业服务，除取得增值税专用发票外，按照运输费用结算单据上注明的运输费用金额和7%的扣除率计算的进项税额。进项税额计算公式：

进项税额 = 运输费用金额 × 扣除率

运输费用金额，是指运输费用结算单据上注明的运输费用（包括铁路临管线及铁路专线运输费用）、建设基金，不包括装卸费、保险费等其他杂费。

5. 接受境外单位或者个人提供的应税服务，从税务机关或者境内代理人取得的解缴税款的中华人民共和国税收通用缴款书上注明的增值税额。

综上所述，目前增值税扣税凭证主要有增值税专用发票、海关进口增值税专用缴款书、农产品收购发票或销售发票、非营改增地区的运输费用结算单据和税收通用缴款书。纳税人凭通用缴款书抵扣进项税额的，应当具备书面合同、付款证明和境外单位的对账单或者发票；资料不全的，其进项税额不得从销项税额中抵扣。

（三）抵扣与申报时限

《国家税务总局关于调整增值税扣税凭证抵扣期限有关问题的通知》（国税函［2009］617号）第一条规定：增值税一般纳税人取得2010年1月1日以后开具的增值税专用发票、公路内河货物运输业统一发票和机动车销售统一发票，应在开具之日起180日内到税务机关办理认证，并在认证通过的次月申报期内，向主管税务机关申报抵扣进项税额。

第二条规定：实行海关进口增值税专用缴款书“先比对后抵扣”管理办法的增值税一般纳税人取得2010年1月1日以后开具的海关缴款书，应在开具之日起180日内向主管税务机关报送《海关完税凭证抵扣清单》（包括纸质资料和电子数据）申请稽核比对。未实行海关缴款书“先比对后抵扣”管理办法的增值税一般纳税人取得2010年1月1日以后开具的海关缴款书，应在开具之日起180日后的第一个纳税申报期结束以前，向主管税务机关申报抵扣进项税额。

【提示】

目前没有规定抵扣期限的增值税扣税凭证包括如下三个：

1. 购进农产品，取得的农产品收购发票或者销售发票。

2. 接受境外单位或者个人提供的应税服务，从税务机关或者境内代理人处取得的解缴税款的中华人民共和国通用税收缴款书。

3. 接受铁路运输劳务，以及接受非试点地区的纳税人提供的航空运输、管道运输和海洋运输劳务，取得的运输费用结算单据。纳税人申报抵扣上述运输费用结算单据的，应按照要求填写《增值税运输发票抵扣清单》，随同其他申报资料向主管税务机关进行申报。

对于有认证与抵扣期限的凭证，国税函［2009］617号文件第三条作出了相当严苛的规定：增值税一般纳税人取得2010年1月1日以后开具的增值税专用发票、公路内河货物运输业统一发票、机动车销售统一发票以及海关缴款书，未在规定期限内到税务机关办理认证、申报抵扣或者申请稽核比对的，不得作为合法的增值税扣税凭证，不得计算进项税额抵扣。

（四）不得抵扣的增值税进项税额

下列项目的进项税额不得从销项税额中抵扣：

1. 用于适用简易计税方法计税项目、非增值税应税项目、免征增值税项目、集体福利或者个人消费的购进货物、接受加工修理修配劳务或者应税服务。其中涉及的固定资产、专利技术、非专利技术、商誉、商标、著作权、有形动产租赁，仅指专用于上述项目的固定资产、专利技术、非专利技术、商誉、商标、著作权、有形动产租赁。

【提示】

增值税一般纳税人采用凭票抵扣制度，本流转环节的销项税额便是下一流转环节的进项税额，即本流转环节如果不存在销项税额，则进项税额就不应予以抵扣，因为一旦销项税额没有实现，本环节的进项税额没有销项税额据以抵扣，只能进入成本费用。

（1）为什么用于简易计税项目的进项税额不得从销项税额中抵扣？

一般纳税人某些生产经营项目由于极难取得增值税凭证，如果按增值税税率计算销项税额，则因为缺少进项税额抵扣，其增值税税负率将大增，因此财政部、国家税务总局对一般纳税人某些生产经营项目规定可以选择按简易计税方法计税。

一般纳税人如果采用一般计税方法，其税率将高达17%、11%、6%，由于其进项税额较少，其税负率就会很高，采用简易计税方法后，征收率只有3%，既然已经考虑了降低税负因素，如果其进项税额再予以抵扣，势必是重复优惠，因此用于适用简易计税项目的增值税进项税额不得从销项税额中抵扣。

（2）为什么用于非增值税应税项目的进项税额不得从销项税额中抵扣？

“非增值税应税项目”和“营业税应税项目”是同义词，是指非增值税应税劳务、转让无形资产（专利技术、非专利技术、商誉、商标、著作权除外）、销售不动产以及不动产在建工程。非增值税应税劳务，是指《应税服务范围注释》所列项目以外的营业税应税劳务。不动产，是指不能移动或者移动后会引起性质、形状改变的财产，包括建筑物、构筑物和其他土地附着物。纳税人新建、改建、扩建、修缮、装饰不动产，均属于不动产在建工程。

由于营业税应税劳务、转让无形资产、销售不动产在相关环节已经征收了营业税，便不可能再征收增值税，即不存在销项税额，因此进项税额便不能从销项税额中抵扣。

而不动产在建工程竣工结转为固定资产后，该固定资产仍属于不动产，无论是不动产到期折旧完毕还是将来处置不动产，都不会存在增值税销项税额，因此用于不动产在建工程的进项税额不得抵扣。

例 1－9：A运输有限公司为B公司厂房建设项目运输钢材一批，B公司索取货物运输业增值税专用发票，其中注明增值税税额11万元，由于该厂房建设属于不动产在建工程，因此增值税进项税额不得抵扣，转入固定资产成本。

《国家税务总局关于纳税人转让土地使用权或者销售不动产同时一并销售附着于土地或者不动产上的固定资产有关税收问题的公告》（国家税务总局公告2011年第47号）规定：纳税人转让土地使用权或者销售不动产的同时一并销售的附着于土地或者不动产上的固定资产中，凡属于增值税应税货物的，应按照《财政部国家税务总局关于部分货物适用增值税低税率和简易办法征收增值税政策的通知》（财税［2009］9号）第二条有关规定，计算缴纳增值税；凡属于不动产的，应按照《中华人民共和国营业税暂行条例》“销售不动产”税目计算缴纳营业税。纳税人应分别核算增值税应税货物和不动产的销售额，未分别核算或核算不清的，由主管税务机关核定其增值税应税货物的销售额和不动产的销售额。

“附着”于土地或不动产上的固定资产应当分为两类，一类为不能移动或者移动后会引起性质、形状改变的财产，亦可称之为“定着物”，即固定于土地并不能移动的有独立实用价值的物。如房屋、地下管道、树木、沟渠等。一类为可以移动且移动后不会引起性质、形状改变的财产，前者适用不动产法律，定着物所有权为不动产所有权。不动产所有权原则上以登记为变动公示，后者虽固定于土地，但仍属于动产，动产所有权原则上以交付为所有权转移标志，因此国家税务总局公告2011年第47号规定附着于土地或者不动产上的属于增值税税应税货物的固定资产，为征收增值税的范畴。

例 1－10：A运输有限公司为C公司运输一台冷库，该设备运至C公司后，用钢铁支架将其固定于地面。C公司支付运输费用，索取增值税专用发票，税额

11 万元。该冷库并不需要办理不动产所有权登记，且移动后并不改变其性质和形状，因此用于冷库在建的购进运输劳务的增值税进项税额可以抵扣销项税额。

例 1－11：A 运输有限公司为 D 公司运输用于厂房建设的防盗门，D 公司索取增值税专用发票，进项税额 1.1 万元，由于上述防盗门安装在厂房，虽然其拆卸后性质与形状不会改变，但由于其是不动产的组成部分，房屋必须配置门，其不属于附着于不动产的属于增值税应税货物的固定资产，因此取得的上述进项税额不得从销项税额中抵扣。

（3）为什么用于增值税免税项目的进项税额不得从销项税额中抵扣？

增值税免税免的是全部税额，即销项税额－进项税额与留抵税额的余额，因此在不计算增值税销项税额的同时，也不应当计算进项税额与留抵税额，进项税额应转出进入成本费用处理。

例 1－12：A 会计事务所有限责任公司为 B 农业合作社提供审计服务，由于农业合作社生产销售的农产品属于免征增值税项目，因此 B 农业合作社购买的审计服务的进项税额没有销项税额据以抵扣，就不需要索取增值税专用发票。

但是纳税人提供增值税应税行为适用免税、减税规定的，可以放弃免税、减税，缴纳增值税。放弃免税、减税后，36 个月内不得再申请免税、减税。则放弃减免税后的增值税进项税额由于有了销项税额，所以可以抵扣。

（4）为什么用于集体福利、个人消费的进项税额不得从销项税额中抵扣？

我们知道增值税是对应税货物与劳务征税，如果货物与劳务不存在了，则增值税就失去了征税的依据，而货物与劳务不存在的情形基本上就是进入最终消费环节，由于集体福利和个人消费均是应税货物或劳务的最终环节，不存在下游环节，也就不存在销项税额，因此其进项税额就不能抵扣，应转入成本费用中。

此处的“个人消费”，包括纳税人的交际应酬消费。

例 1－13：A 运输公司为 B 公司运输一批香烟，B 公司索取增值税专用发票，进项税额 1 万元，同时取得的香烟增值税专用发票，进项税额 10 万元，B 公司将上述香烟专门用于营销部发放给客户吸抽，很显然，这批香烟就被“消灭”了，其实体消失，也即进入最终消费环节，不再存在销项税额，则其增值税进项税额 11 万元均不得抵扣。也即无销项也无进项税额，不存在应交增值税。

例 1－14：A 运输公司为 C 公司运输一批香烟，C 公司索取增值税专用发票，进项税额 1 万元，同时取得香烟增值税专用发票，进项税额 10 万元，C 公司将上述香烟专门用于赠送客户，很显然，这批香烟实体仍然存在，仍处于流转环节，因此 C 公司必然存在销项税额，上述销项税额作为下一环节的进项税额从而维系增值税链条。由于 C 公司有了销项税额，则进项税额可以抵扣，同时该批香烟的视同销售价格应为其购进香烟时的价格（市场公允价格），即销项税额的计税依据与进项税额的计税依据保持一致，虽有销项与进项，但两者相抵为零，也不存在应交增值税。

例 1－15：A 运输公司为 D 公司运输一批香烟，D 公司未索取增值税专用发票，也未取得香烟增值税专用发票，进项税额 10 万元，D 公司将上述香烟专门用于赠送客户，则上述未取得增值税专用发票的行为属于企业自行放弃抵扣进项税额，对其将购进的香烟用于无偿赠送他人，仍然要视同销售计算增值税销项税额，即应纳税额为 10 万元。

（5）为什么专用于上述项目的固定资产、专利技术、非专利技术、商誉、商标、著作权、有形动产租赁取得的进项税额不得从销项税额中抵扣？

对兼用于增值税应税项目和上述项目的，由于很难分清哪些部分用于应税项目，哪些部分用于不得抵扣进项税额的项目，比如企业购进的某项专利很难分清其中计提的无形资产摊销部分哪些进入了增值税应税产品，哪些进入了免征增值税的产品，为减少征纳成本，规定上述混用的进项税额准予全部抵扣。

但是对于专用于上述项目的，由于其不存在销项税额，因此其进项税额不得抵扣。

例 1－16：A 企业购入一台电动汽车，该汽车主要由销售部经营使用，但偶尔也负责接送销售部员工上下班，则上述电动汽车属于混用于应税项目与其他项目的固定资产，这种情况下由于电动汽车并不申报缴纳消费税，因此上述电动汽车取得的增值税进项税额可以抵扣。

2. 非正常损失的购进货物及相关的加工修理修配劳务和交通运输业服务。

3. 非正常损失的在产品、产成品所耗用的购进货物（不包括固定资产）、加工修理修配劳务或者交通运输业服务。

非正常损失，是指因管理不善造成被盗、丢失、霉烂变质的损失，以及被执法部门依法没收或者强令自行销毁的货物。

显而易见，如果属于正常损失，则增值税进项税额不必转出，为什么要如此规定？损失后货物或劳务实体将消失，不会产生增值税销项税额，但上述责任并非人祸（管理不善），如果仅仅考虑增值税款的因素而不顾是否人为原因，将增值税进项税额转出，是典型的唯收入论，上述货物或劳务的销项税额某种意义上可以理解为零，即因为货物和劳务的瑕疵，其销售价格仅为零。

例 1－17：购进一批货物，因为遇到洪水，全部浸泡损毁，假设损毁后的货物可以对外出售，价格 1 元，则上述价格并不属于明显偏低且无正当理由，其进项税额可以全额抵扣，那么如果价格为 0 元，其进项税额当然也可以全额抵扣。

与《中华人民共和国增值税暂行条例实施细则》对非正常损失的表述相比，营改增条款增加了"被执法部门依法没收或者强令自行销毁的货物"。可谓与时俱进，因为上述原因同样可归集于"管理不善"，无论是被执法部门依法没收还是强令自行销毁，均不可能产生销项税额，但是由于其违反行政法规在先，因此责任在于纳税人，其进项税额如果予以抵扣，将产生不了对违法行为的惩戒效果。

计算非正常损失的购进货物与劳务的进项税额转出，与计算非正常损失的在产品、产成品所耗用的购进货物或应税劳务的进项税额转出有区别。计算公式分别为：

（1）非正常损失的购进货物的进项税额转出 = 非正常损失的购进货物的损失金额 × 税率

（2）非正常损失的在产品、产成品的进项税额转出在产品 = 在产品、产成品的损失金额 ×（年度耗用货物金额 ÷ 年度生产成本总额）× 税率

例 1－18： A 运输有限公司运输一批货物至 B 制造有限公司，开具货物运输业增值税专用发票，注明增值税税额 10 万元，该批货物的增值税进项税额为 34 万元，该批货物因为 B 公司管理不善导致全部丢失，则上述进项税额 44 万元应全部转出。

4. 接受的旅客运输服务。

为什么接受的旅客运输服务的增值税进项税额不能抵扣呢？一般意义上，旅客运输劳务主要接受对象是个人。对于一般纳税人购买的旅客运输劳务，难以准确地界定接受劳务的对象是企业还是个人。因此，一般纳税人接受的旅客运输劳务的进项税额不得从销项税额中抵扣。

5. 自用的应征消费税的摩托车、汽车、游艇，但作为提供交通运输业服务的运输工具和租赁服务标的物的除外。

自用的应征消费税的摩托车、汽车、游艇之所以不允许抵扣，主要是考虑它们多是用于集体福利或者个人消费，所以不得抵扣进项税额。另外，由于提供交通运输业服务和有形动产租赁服务已经作为营业税改征增值税的应税服务，分别依照 11% 和 17% 的适用税率征收增值税，因此，作为提供交通运输业服务的运输工具和租赁服务标的物而接受服务的，其进项税额允许抵扣。

（五）进项税额扣减（不得抵扣）的确定

1. 适用一般计税方法的纳税人，兼营简易计税方法计税项目、非增值税应税劳务、免征增值税项目而无法划分不得抵扣的进项税额，按照下列公式计算不得抵扣的进项税额：

不得抵扣的进项税额 = 当期无法划分的全部进项税额 ×（当期简易计税方法计税项目销售额 + 非增值税应税劳务营业额 + 免征增值税项目销售额）÷（当期全部销售额 + 当期全部营业额）

主管税务机关可以按照上述公式依据年度数据对不得抵扣的进项税额进行清算。

首先，在纳税人现实生产经营活动中，兼营行为是很常见的，经常出现进项税额不能准确划分的情形。比较典型的就是耗用的水和电力。有些单位只有一个电表或水表，因此无法准确反映耗用的水和电力哪些是可以抵扣进项税额的，哪些是不可以抵扣的，另外还有很多进项税额是可以划分清楚用途的，比如：纳税人购进的一些原材料，用途是确定的，所对应的进项税额也就可以准确划分。此处公式只是对不能准确划分的进项税额进行划分计算的方法，对于能够准确划分

的进项税额，直接按照归属进行区分。

其次，按照销售额比例法进行计算是税收管理中常用的方法，与此同时还存在其他的划分方法。一般情况下，按照销售额的比例划分是较为简单的方法，操作性比较强，便于纳税人和税务机关操作。

最后，是引入年度清算的概念。对于纳税人而言，进项税额转出是按月进行的，但由于年度内取得进项税额的不均衡性，有可能会造成按月计算的进项转出与按年度计算的进项转出产生差异，比如有的月份有当期认证抵扣的进项税额却没有销售额，而有的月份可能有销售额但当月却没认证通过的进项税额，因此主管税务机关可在年度终了对纳税人进项转出进行清算，可对相关差异进行调整。这里要注意“可”的理解，即这一清算并不是必须进行的，选择权在税务机关，如果纳税人自行年度测算认为不应转出的进项税额较多时，也可以向主管税务机关申请要求进行清算，以保障自身的合法权益。

2. 已抵扣进项税额的购进货物、接受加工修理修配劳务或者应税服务，发生不得从销项税额中抵扣的规定情形（简易计税方法计税项目、非增值税应税劳务、免征增值税项目除外）的，应当将该进项税额从当期进项税额中扣减；无法确定该进项税额的，按当期实际成本计算应扣减的进项税额。

我们知道，发生不得从销项税额中抵扣的规定情形（简易计税方法计税项目、非增值税应税劳务、免征增值税项目除外）的，是没有销售（营业）额的，比如集体福利、个人消费、非正常损失，均是产生不了增值税销售额的，显然不能按照销售额比例来划分不得抵扣的进项税额。所以对于进项税额转出采取了类似于按销售额比例计算不得抵扣进项税额的方法，即如果能分清不能抵扣的情形的，则直接将该进项税额从当期进项税额中扣减，而如果不能分清不得抵扣情形的，则按当期实际成本计算应扣减的进项税额。

例 1－19：A 制造有限公司 2012 年 12 月购买一批货物，取得货物与运输劳务在内的增值税专用发票，增值税进项税额共计 10 万元，当月认证通过并予以抵扣，但是 2013 年 2 月 A 制造有限公司将上述货物作为集体福利发放给所有员工，则上述 10 万元的进项税额应在 2013 年 2 月从进项税额中转出。

例 1－20：B 制造有限公司 2012 年 12 月购进一立式空调，价格 10 000 元，增值税进项税额 1 700 元，并在当月申报抵扣，该空调作为固定资产管理，折旧期限 5 年，假设无残值。2013 年 12 月公司将上述立式空调由生产车间移至职工食堂。

根据《财政部 国家税务总局关于全国实施增值税转型改革若干问题的通知》（财税［2008］170 号）文件第五条规定：纳税人已抵扣进项税额的固定资产发生条例第十条（一）至（三）项所列情形的，应在当月按下列公式计算不得抵扣的进项税额：不得抵扣的进项税额＝固定资产净值×适用税率；本通知所称固定资产净值，是指纳税人按照财务会计制度计提折旧后计算的固定资产净值。

2013 年 12 月，该固定资产净值为 8 万元，此前已提的折旧 2 000 元是应用于生产车间的，通过制造费用归集后转入产品销售成本后，已经由产品销售收入体现了增值税销项税额，因此上述2 000元对应的增值税进项税额340元可以抵扣。但是该立式空调转用于职工食堂，即属于用于集体福利的情形，不会产生增值税销项税额，因此其进项税额1 360元不能抵扣。分录如下：

即2012年12月，

借：固定资产——空调 10 000

应交税费——应交增值税（进项税额） 1 700

贷：银行存款 11 700

计提第1年折旧，

借：制造费用 2 000

贷：累计折旧 2 000

2013年12月份，转出进项税额，

借：固定资产 1 360

贷：应交税费——应交增值税（进项税额转出） 1 360

3. 纳税人提供的适用一般计税方法计算缴纳增值税的应税服务，因服务中止或者折让而退还给购买方的增值税额，应从当期的销项税额中扣减；发生服务中止、购进货物退出、折让而收回的增值税额，应从当期的进项税额中扣减。

对因服务中止或者折让而退还给购买方的增值税额，应税服务的提供方依照规定从当期的销项税额中扣减的，如果提供方已经向购买方开具了增值税专用发票且不符合作废条件的，则提供方必须相应取得《开具红字增值税专用发票通知单》，方可开具红字专用发票冲减销项税额；提供方未相应取得《通知单》的，不得开具红字专用发票冲减销项税额。

（六）不得抵扣进项税额的特殊情形

有下列情形之一者，应当按照销售额和增值税税率计算应纳税额，不得抵扣进项税额，也不得使用增值税专用发票：

1. 一般纳税人会计核算不健全，或者不能够提供准确税务资料的；

2. 应当申请办理一般纳税人资格认定而未申请的。

为了加强对符合一般纳税人条件的纳税人的管理，防止利用一般纳税人和小规模纳税人的两种不同的征税办法达到少缴税款的目的，《试点实施办法》制定了该项特殊的规定。通过上述强制性规定，一方面促进企业规范建账制，准确进行纳税核算；另一方面可以逐步缩小小规模纳税人范畴，让越来越多的增值税纳税人步入一般纳税人的“车道”，形成链条抵扣机制，健全增值税逐环节抵扣的循环机制。

第八节 增值税简易计税方法

小规模纳税人提供应税服务适用简易计税方法计税。一般纳税人提供财政部和国家税务总局规定的特定应税服务，可以选择适用简易计税方法计税，但一经选择，36个月内不得变更。

一、简易计税方法应纳税额的计算

简易计税方法应纳税额，是指按照销售额和增值税征收率计算的增值税额，不得抵扣进项税额。应纳税额计算公式：应纳税额 = 销售额 × 征收率

简易计税方法的销售额不包括其应纳税额，纳税人采用销售额和应纳税额合并定价方法的，按下列公式计算销售额：销售额 = 含税销售额 ÷ （1 + 征收率）

例 1 - 21：A 试点纳税人某项交通运输服务含税销售额为 103 元，选择按简易计税方法计算缴纳增值税。在计算时应先进行价税分离，即：不含税销售额 = 103 ÷ （1 + 3%） = 100 （元），则增值税应纳税额 = 100 × 3% = 3 （元）。

二、一般纳税人选择简易计税方法的应税服务范围

需要说明的是，一般纳税人原则上采用一般计税方法，但经财政部、国家税务总局规定，可以对部分项目采用简易计税办法。之所以对一般纳税人的部分项目采用简易计税方法，主要是考虑到上述项目很难取得增值税专用发票同时这些行业又是政策需要扶持与鼓励的。目前营改增行业一般纳税人有下列项目可以由一般纳税人自行选择按简易计税办法计算增值税：

（一）财税［2011］111 号文件附件二第一条第（五）项第 2 款规定：试点纳税人中的一般纳税人提供的公共交通运输服务（包括轮客渡、公交客运、轨道交通、出租车），可以选择按照简易计税方法计算缴纳增值税。《财政部 国家税务总局关于交通运输业和部分现代服务业营业税改征增值税试点应税服务范围等若干税收政策的补充通知》（财税［2012］86 号）进一步明确：长途客运、班车（指按固定路线、固定时间运营并在固定停靠站停靠的运送旅客的陆路运输服务）、地铁、城市轻轨服务属于《交通运输业和部分现代服务业营业税改征增值税试点有关事项的规定》（财税［2011］111 号）第一条第（五）项第 2 款规定的公共交通运输服务。试点纳税人中的一般纳税人提供上述服务，可以选择按照简易计税方法计算缴纳增值税。

（二）《财政部 国家税务总局关于交通运输业和部分现代服务业营业税改征增值税试点若干税收政策的补充通知》（财税［2012］53 号）第二条规定：被认定为动漫企业的试点纳税人中的一般纳税人，为开发动漫产品提供的动漫脚本编撰、形象设计、背景设计、动画设计、分镜、动画制作、摄制、描线、上色、画面合成、配音、配乐、音效合成、剪辑、字幕制作、压缩转码（面向网络动漫、手机动漫格式适配）服务，以及在境内转让动漫版权（包括动漫品牌、形象或者内容的授权及再授权），自试点开始实施之日至 2012 年 12 月 31 日，可以选择适用简易计税方法计算缴纳增值税，但一经选择，在此期间不得变更计税方法。此处不适用"一经选择，36 个月内不得变更"的规定，而是目前暂时截止至 2012 年 12 月 31 日。之所以如此主要是为了与原营业税相关规定进行衔接，《财政部 国家税务总局关于扶持动漫产业发展增值税、营业税政策的通知》（财税［2011］119 号）的执行时间也是到 2012 年 12 月 31 日截止。

（三）《财政部 国家税务总局关于交通运输业和部分现代服务业营业税改征增

值税试点若干税收政策的补充通知》（财税［2012］53号）第四条规定：试点纳税人中的一般纳税人，以试点实施之前购进或者自制的有形动产为标的物提供的经营租赁服务，试点期间可以选择适用简易计税方法计算缴纳增值税。

前两条其一为低利润率甚至亏损的公共交通行业，其二为需要政策扶持鼓励的动漫行业，而第三条则是为了解决有形动产租赁因政策因素无增值税进项税额的问题。

例1-22：A汽车租赁有限公司位于浙江省，2012年1月购入10辆汽车，未取得增值税专用发票，浙江省营改增之后，A汽车租赁公司提供租车服务按照增值税17%税率计算缴纳增值税，将是对营业额的全额征税，显然营改增反而加重了汽车租赁行业的增值税税负，因此上述企业可以选择按照简易计税办法即按照3%的征收率计算增值税，显然税负要比之前的营业税有所降低，这样纳税人才能得到营改增税改实实在在的好处。

第九节　纳税义务发生时间与纳税地点、期限、减免税规定

一、纳税义务发生时间

增值税纳税义务发生时间为：

（一）纳税人提供应税服务并收讫销售款项或者取得索取销售款项凭据的当天。

收讫销售款项，是指纳税人提供应税服务过程中或者完成后收到款项。取得索取销售款项凭据的当天，是指书面合同确定的付款日期的当天；未签订书面合同或者书面合同未确定付款日期的，为应税服务完成的当天。

例1-23：A会计师事务所为B制造有限公司提供年度审计服务，签订的合同规定当年6月30日向B制造有限公司收取支付款项10万元，则在6月30日B制造有限公司按照合同约定，如期支付上述10万元款项时，A会计师事务所的增值税纳税义务发生。

例1-24：A会计师事务所为B制造有限公司提供年度审计服务，签订的合同规定当年6月30日向B制造有限公司收取款项10万元并开具发票。对于此项业务，不论B公司是否如期支付10万元款项，A会计师事务所的增值税纳税义务发生时间均是6月30日。

例1-25：A会计师事务所为B制造有限公司提供年度审计服务，签订的合同规定当年6月30日向B制造有限公司收取款项10万元，由于A会计师事务所提供审计质量较高，B制造有限公司深感满意，于当年5月提前支付款项10万元。则主管税务机关应将实际收讫款项的5月确认为增值税纳税义务发生时间。

例1-26：A会计师事务所为B制造有限公司提供年度审计服务，但未签订书面合同，一直到审计业务结束，B制造有限公司仍未支付审计款项，A会计师事务所也未向B制造有限公司开具发票。依据“未签订书面合同的，增值税纳税义

务发生时间为应税服务完成的当天。”即以审计业务完成的当天作为增值税纳税义务发生时间。

（二）纳税人提供有形动产租赁服务采取预收款方式的，其纳税义务发生时间为收到预收款的当天。

这里要特别注意“预收款”的表述，没有采取会计“预收账款”的含义，“预收账款”科目核算企业按照合同规定或交易双方之间的约定，向购买单位或接受劳务的单位在未发出商品或提供劳务时预收的款项。可见预收账款确认前提是签订了合同或约定，如果没有签订合同或约定则不属于预收账款核算范畴，但税法上的“预收款”和会计概念的“预收账款”并不能等同，根据《营业税暂行条例及实施细则释义》规定：预收款包括所有预收性质的款项，如订金、看房费等等。

比如订金，订金并不是一个规范的概念，在法律上仅作为一种预付款的性质，是预付款的一部分，是当事人的一种支付手段而不具有担保性质。合同履行的只作为抵充价款，不履行也只能如数返还。《最高人民法院关于适用〈中华人民共和国担保法〉若干问题的解释》第一百一十八条规定“当事人交付留置金、担保金、保证金、订约金、押金或者订金等，但没有约定定金性质的，当事人主张定金权利的，人民法院不予支持”。

因此纳税人提供有形动产租赁服务采取预收款方式的，收取的订金均应计入增值税的应税收入。

（三）纳税人发生规定的视同提供应税服务的，其纳税义务发生时间为应税服务完成的当天。

《试点实施办法》第十一条规定：单位和个体工商户的下列情形，视同提供应税服务：

1. 向其他单位或者个人无偿提供交通运输业和部分现代服务业服务，但以公益活动为目的或者以社会公众为对象的除外；

2. 财政部和国家税务总局规定的其他情形。

由于在上述视同提供应税服务过程中并没有实际收取价款，无法按照收讫价款或取得索取价款凭据的当天来确认纳税义务发生时间，因此营改增文件规定以应税服务完成的当天为纳税义务发生时间。

另外需要注意的是目前财政部和国家税务总局还没有规定“其他情形”。

（四）增值税扣缴义务发生时间为纳税人增值税纳税义务发生的当天。

《试点实施办法》第六条规定：境外的单位或者个人在境内提供应税服务，在境内未设有经营机构的，以其代理人为增值税扣缴义务人；在境内没有代理人的，以接受方为增值税扣缴义务人。增值税扣缴义务发生时间为纳税人增值税纳税义务发生的当天，即：先按照《试点实施办法》第四十一条的相关规定确认境外单位或者个人提供应税服务的增值税纳税义务发生时间，再以增值税纳税义务发生的当天作为增值税扣缴义务发生时间。

（五）先开具发票的，为开具发票的当天。

提供应税服务由营业税改征增值税后，由于增值税实行凭票抵扣税款的办法，接受方在取得提供方开具的增值税专用发票后，即使尚未向提供方支付相关款项，仍然可以按照有关规定凭增值税专用发票抵扣进项税额。因此，如果再以收讫销售款项或者取得索取销售款项凭据的当天作为提供方的纳税义务发生时间，就会造成增值税的征收与抵扣相脱节，即：提供方尚未申报纳税，接受方已经提前抵扣了税款。此外，为使纳税人开具增值税普通发票与开具增值税专用发票的征税原则保持一致，因此税法规定：如果纳税人提供应税服务时先开具发票的，纳税义务发生时间为开具发票的当天。

但是如果先开具发票，但相应应征增值税服务并没有实际提供的话，应退还或抵顶已纳税款，虚开发票的除外。

二、增值税纳税地点

（一）固定业户应当向其机构所在地或者居住地主管税务机关申报纳税。总机构和分支机构不在同一县（市）的，应当分别向各自所在地的主管税务机关申报纳税；经财政部和国家税务总局或者其授权的财政和税务机关批准，可以由总机构合并向总机构所在地的主管税务机关申报纳税。

根据税收属地管辖原则，固定业户应当向其机构所在地的主管税务机关申报纳税，这是一般性规定。这里的机构所在地是指纳税人的注册登记地。如果固定业户设有分支机构，且不在同一县（市）的，应当分别向各自所在地的主管税务机关申报纳税。经财政部和国家税务总局或者其授权的财政和税务机关批准，可以由总机构汇总向总机构所在地的主管税务机关申报纳税。具体审批权限如下：

1. 总机构和分支机构不在同一省、自治区、直辖市的，经财政部和国家税务总局批准，可以由总机构汇总向总机构所在地的主管税务机关申报纳税。

2. 总机构和分支机构不在同一县（市），但在同一省、自治区、直辖市范围内的，经省、自治区、直辖市财政厅（局）、国家税务局审批同意，可以由总机构汇总向总机构所在地的主管税务机关申报纳税。

（二）非固定业户应当向应税服务发生地的主管税务机关申报纳税；未申报纳税的，由其机构所在地或者居住地的主管税务机关补征税款。

1. 非试点地区的非固定业户

机构所在地或者居住地在非试点地区的非固定业户在试点地区提供应税服务，应当向应税服务发生地的主管税务机关申报缴纳增值税；未申报纳税的，由其主管税务机关按照现行营业税有关规定补征营业税。

如果既未在试点地区申报缴纳增值税，其主管税务机关也未按照规定补征营业税，则为了确保税源的完整，应税服务发生地主管税机关在发现纳税人有欠缴税款情形之下可以有权追缴该笔税款。

2. 试点地区的非固定业户

机构所在地或者居住地在试点地区的非固定业户在非试点地区提供应税服务，应当向其机构所在地或者居住地主管税务机关申报缴纳增值税。

（三）扣缴义务人应当向其机构所在地或者居住地的主管税务机关申报缴纳其

扣缴的税款。

为促使扣缴义务人履行扣缴义务，同时方便其申报缴纳所扣缴税款，扣缴义务人应向其机构所在地或者居住地的主管税务机关申报缴纳其扣缴的税款。

三、增值税纳税期限

增值税的纳税期限，分别为1日、3日、5日、10日、15日、1个月或者1个季度。纳税人的具体纳税期限，由主管税务机关根据纳税人应纳税额的大小分别核定。以1个季度为纳税期限的规定适用于小规模纳税人以及财政部和国家税务总局规定的其他纳税人。不能按照固定期限纳税的，可以按次纳税。

纳税人以1个月或者1个季度为1个纳税期的，自期满之日起15日内申报纳税；以1日、3日、5日、10日或者15日为1个纳税期的，自期满之日起5日内预缴税款，于次月1日起15日内申报纳税并结清上月应纳税款。

扣缴义务人解缴税款的期限，按照上述规定执行。

四、增值税税收优惠

（一）在试点期间试点纳税人的下列项目免征增值税：

1. 个人转让著作权。

2. 残疾人个人提供应税服务。

3. 航空公司提供飞机播洒农药服务。

4. 试点纳税人提供技术转让、技术开发和与之相关的技术咨询、技术服务。这里要注意单纯的技术咨询和技术服务并不免税。

例1-27：A高新技术有限公司向B广告有限公司转让一项管理软件，在转让过程中同时帮助B公司正确使用该管理软件，共收取价款500万，则上述500万元价款包含的转让价款、咨询服务价款均免征增值税，且两项的价款应当开在同一张发票上。但之后A公司提供的后续技术服务则不再享受免征增值税的优惠。

5. 符合条件的节能服务公司实施合同能源管理项目中提供的应税服务。

上述“符合条件”是指同时满足下列条件：（1）节能服务公司实施合同能源管理项目相关技术，应当符合国家质量监督检验检疫总局和国家标准化管理委员会发布的《合同能源管理技术通则》（GB/T24915-2010）规定的技术要求；（2）节能服务公司与用能企业签订《节能效益分享型》合同，其合同格式和内容，符合《中华人民共和国合同法》和国家质量监督检验检疫总局和国家标准化管理委员会发布的《合同能源管理技术通则》（GB/T24915-2010）等规定。

6. 自本地区试点实施之日起至2013年12月31日，注册在属于试点地区的中国服务外包示范城市的企业从事离岸服务外包业务中提供的应税服务。

7. 台湾航运公司从事海峡两岸海上直航业务在大陆取得的运输收入。

8. 台湾航空公司从事海峡两岸空中直航业务在大陆取得的运输收入。

9. 美国ABS船级社在非营利宗旨不变、中国船级社在美国享受同等免税待遇的前提下，在中国境内提供的船检服务。

10. 随军家属就业。

（1）为安置随军家属就业而新开办的企业，自领取税务登记证之日起，其提供的应税服务3年内免征增值税。享受税收优惠政策的企业，随军家属必须占企业总人数的60%（含）以上，并有军（含）以上政治和后勤机关出具的证明。

（2）从事个体经营的随军家属，自领取税务登记证之日起，其提供的应税服务3年内免征增值税。随军家属必须有师以上政治机关出具的可以表明其身份的证明，但税务部门应当进行相应的审查认定。

主管税务机关在企业或个人享受免税期间，应当对此类企业进行年度检查，凡不符合条件的，取消其免税政策。每一名随军家属可以享受一次免税政策。

11. 军队转业干部就业。

（1）从事个体经营的军队转业干部，经主管税务机关批准，自领取税务登记证之日起，其提供的应税服务3年内免征增值税。

（2）为安置自主择业的军队转业干部就业而新开办的企业，凡安置自主择业的军队转业干部占企业总人数60%（含）以上的，经主管税务机关批准，自领取税务登记证之日起，其提供的应税服务3年内免征增值税。

享受上述优惠政策的自主择业的军队转业干部必须持有师以上部队颁发的转业证件。

12. 城镇退役士兵就业。

（1）为安置自谋职业的城镇退役士兵就业而新办的服务型企业当年新安置自谋职业的城镇退役士兵达到职工总数30%以上，并与其签订1年以上期限劳动合同的，经县级以上民政部门认定、税务机关审核，其提供的应税服务（除广告服务外）3年内免征增值税。

（2）自谋职业的城镇退役士兵从事个体经营的，自领取税务登记证之日起，其提供的应税服务（除广告服务外）3年内免征增值税。

新办的服务型企业，是指《国务院办公厅转发民政部等部门关于扶持城镇退役士兵自谋职业优惠政策意见的通知》（国办发［2004］10号）下发后新组建的企业。原有的企业合并、分立、改制、改组、扩建、搬迁、转产以及吸收新成员、改变领导或隶属关系、改变企业名称的，不能视为新办企业。

自谋职业的城镇退役士兵，是指符合城镇安置条件，并与安置地民政部门签订《退役士兵自谋职业协议书》，领取《城镇退役士兵自谋职业证》的士官和义务兵。

13. 失业人员就业。

（1）持《就业失业登记证》（注明“自主创业税收政策”或附着《高校毕业生自主创业证》）人员从事个体经营的，在3年内按照每户每年8 000元为限额依次扣减其当年实际应缴纳的增值税、城市维护建设税、教育费附加和个人所得税。

试点纳税人年度应缴纳税款小于上述扣减限额的，以其实际缴纳的税款为限；大于上述扣减限额的，应当以上述扣减限额为限。

享受优惠政策的个体经营试点纳税人，是指提供《应税服务范围注释》服务（除广告服务外）的试点纳税人。

持《就业失业登记证》（注明“自主创业税收政策”或附着《高校毕业生自主创业证》）人员是指：①在人力资源和社会保障部门公共就业服务机构登记失业半年以上的人员；②零就业家庭、享受城市居民最低生活保障家庭劳动年龄内的登记失业人员；③毕业年度内高校毕业生。

高校毕业生，是指实施高等学历教育的普通高等学校、成人高等学校毕业的学生；毕业年度，是指毕业所在自然年，即1月1日至12月31日。

（2）服务型企业（除广告服务外）在新增加的岗位中，当年新招用持《就业失业登记证》（注明“企业吸纳税收政策”）人员，与其签订1年以上期限劳动合同并依法缴纳社会保险费的，在3年内按照实际招用人数予以定额依次扣减增值税、城市维护建设税、教育费附加和企业所得税优惠。定额标准为每人每年4 000元，可上下浮动20%，由试点地区省级人民政府根据本地区实际情况在此幅度内确定具体定额标准，并报财政部和国家税务总局备案。按照上述标准计算的税收扣减额应当在企业当年实际应缴纳的增值税、城市维护建设税、教育费附加和企业所得税税额中扣减，当年扣减不足的，不得结转下年使用。

持《就业失业登记证》（注明“企业吸纳税收政策”）人员是指：①国有企业下岗失业人员；②国有企业关闭破产需要安置的人员；③国有企业所办集体企业（即厂办大集体企业）下岗职工；④享受最低生活保障且失业1年以上的城镇其他登记失业人员。

服务型企业，是指从事原营业税“服务业”税目范围内业务的企业。

国有企业所办集体企业（即厂办大集体企业），是指20世纪70、80年代，由国有企业批准或资助兴办的，以安置回城知识青年和国有企业职工子女就业为目的，主要向主办国有企业提供配套产品或劳务服务，在工商行政机关登记注册为集体所有制的企业。厂办大集体企业下岗职工包括在国有企业混岗工作的集体企业下岗职工。

（3）享受上述优惠政策的人员按照下列规定申领《就业失业登记证》、《高校毕业生自主创业证》等凭证：

①按照《就业服务与就业管理规定》（中华人民共和国劳动和社会保障部令第28号）第六十三条的规定，在法定劳动年龄内，有劳动能力，有就业要求，处于无业状态的城镇常住人员，可以到公共就业服务机构进行失业登记。其中，农村进城务工人员和其他非本地户籍人员在常住地稳定就业满6个月的，失业后可以在常住地登记。

②零就业家庭凭社区出具的证明，城镇低保家庭凭低保证明，在公共就业服务机构登记失业，申领《就业失业登记证》。

③毕业年度内高校毕业生在校期间凭学校出具的相关证明，经学校所在地省级教育行政部门核实认定，取得《高校毕业生自主创业证》（仅在毕业年度适用），并向创业地公共就业服务机构申请取得《就业失业登记证》；高校毕业生离校后直接向创业地公共就业服务机构申领《就业失业登记证》。

④服务型企业招录的人员，在公共就业服务机构申领《就业失业登记证》。

⑤《再就业优惠证》不再发放，原持证人员应当到公共就业服务机构换发《就业失业登记证》。正在享受下岗失业人员再就业税收优惠政策的原持证人员，继续享受原税收优惠政策至期满为止。

⑥上述人员申领相关凭证后，由就业和创业地人力资源和社会保障部门对人员范围、就业失业状态、已享受政策情况审核认定，在《就业失业登记证》上注明“自主创业税收政策”或“企业吸纳税收政策”字样，同时符合自主创业和企业吸纳税收政策条件的，可同时加注；主管税务机关在《就业失业登记证》上加盖戳记，注明减免税所属时间。

（4）上述税收优惠政策的审批期限为2011年1月1日至2013年12月31日，以试点纳税人到税务机关办理减免税手续之日起作为优惠政策起始时间。税收优惠政策在2013年12月31日未执行到期的，可继续享受至3年期满为止。

直接免税是对纳税人提供应税服务的这一环节免于征收增值税。纳税人用于免征增值税项目的购进货物、接受加工修理修配劳务或者应税服务的进项税额不得抵扣。纳税人提供应税服务享受免征增值税优惠政策的，不得开具增值税专用发票。

（二）下列项目实行增值税即征即退

1. 注册在洋山保税港区内试点纳税人提供的国内货物运输服务、仓储服务和装卸搬运服务。

2. 安置残疾人的单位，实行由税务机关按单位实际安置残疾人的人数，限额即征即退增值税的办法。

上述政策仅适用于从事原营业税“服务业”税目（广告服务除外）范围内业务取得的收入占其增值税和营业税业务合计收入的比例达到50%的单位。

3. 试点纳税人中的一般纳税人提供管道运输服务，对其增值税实际税负超过3%的部分实行增值税即征即退政策。

4. 经中国人民银行、银监会、商务部批准经营融资租赁业务的试点纳税人中的一般纳税人提供有形动产融资租赁服务，对其增值税实际税负超过3%的部分实行增值税即征即退政策。

> **【提示】**
>
> 增值税即征即退，是指税务机关按照有关税收规定将纳税人的增值税应纳税额及时足额征收入库，再由税务机关将已征收入库的增值税税款全部或部分退还给纳税人。一般纳税人提供应税服务享受增值税即征即退优惠政策的，可以开具增值税专用发票，并按照一般计税方法计算增值税的销项税额、进项税额和应纳税额。
>
> 对于税务机关、财政监察专员办事机构、审计机关等执法机关根据税法有关规定查补的增值税等各项税款，必须全部收缴入库，均不得执行由财政和税务机关给予返还的优惠政策。

（三）试点纳税人提供应税服务适用免税、减税规定的，可以放弃免税、减税，依照规定缴纳增值税。放弃免税、减税后，36个月内不得再申请免税、减税。

要理解上述规定还需注意以下几个问题：

1. 放弃免税权的增值税一般纳税人提供应税服务可以开具增值税专用发票。

2. 纳税人一旦放弃免税权，其提供的全部应税服务均应按照适用税率征税，不得选择某一免税项目放弃免税权，也不得根据不同的对象选择部分应税服务放弃免税权。

3. 纳税人在免税期内购进用于免税项目的货物、加工修理修配劳务或者应税服务所取得的增值税扣税凭证，一律不得抵扣。

（四）个人提供应税服务的销售额未达到增值税起征点的，免征增值税；达到起征点的，全额计算缴纳增值税。增值税起征点不适用于认定为一般纳税人的个体工商户。

增值税起征点幅度如下：

1. 按期纳税的，为月销售额5 000－20 000元（含本数）；

2. 按次纳税的，为每次（日）销售额300－500元（含本数）。

起征点的调整由财政部和国家税务总局规定。省、自治区、直辖市财政厅（局）和国家税务局应当在规定的幅度内，根据实际情况确定本地区适用的起征点，并报财政部和国家税务总局备案。

第十节 营改增政策衔接

一、跨年度业务

（一）跨年度租赁

试点纳税人在该地区试点实施之日前签订的尚未执行完毕的租赁合同，在合同到期日之前继续按照现行营业税政策规定缴纳营业税。

这条规定主要是考虑到营业税纳税义务发生时间的规定，比如以预收款方式提供的有形动产租赁服务，其营业税纳税义务已经在收到预收款时产生，税款已申报缴纳，相应的租赁合同自然就要延续到期。

（二）跨年度应税服务

1. 试点纳税人提供应税服务，按照国家有关营业税政策规定差额征收营业税的，因取得的全部价款和价外费用不足以抵减允许扣除项目金额，截至本地区试点实施之日前尚未扣除的部分，不得在计算试点纳税人本地区试点实施之日（含）后的销售额予以抵减，应当向主管税务机关申请退还营业税。试点纳税人按照《试点有关事项的规定》第一条第（六）项，继续缴纳营业税的有形动产租赁服务，不适用上述规定。

例1－28：上海A运输有限公司2011年12月与江苏省B运输有限公司签订联运合同，由A公司收取全程运费100 000元，应支付B公司90 000元联运费，但当月B公司实际发生运费成本105 000元，通过双方协商，A公司实际向B公司支付105 000元联运费，并取得B公司开具的运费发票，则A公司取得的全程运费和允许扣除项目的差额5 000元，只能向主管地税机关申请退还营业税150元，而不能抵减营改增后的销售额，如果给予抵减销售额，即要抵减增值税5 000 ×

11% =550（元），明显不合理。

2. 试点纳税人提供应税服务在本地区试点实施之日前已缴纳营业税，本地区试点实施之日（含）后因发生退款减除营业额的，应当向主管税务机关申请退还已缴纳的营业税。

发生退款是指提供应税服务应收取的价款低于原约定价款，本着实质重于形式的原则，原已缴纳的营业税应申请退还，不存在抵顶增值税的问题。

3. 试点纳税人在本地区试点实施之日前提供的应税服务，因税收检查等原因需要补缴税款的，应按照现行营业税政策规定补缴营业税。

二、试点地区与非试点地区衔接

1. 原增值税一般纳税人接受试点纳税人提供的应税服务，取得的增值税专用发票上注明的增值税额为进项税额，准予从销项税额中抵扣。

由于试点纳税人提供的应税服务已经改征增值税，开具的增值税专用发票上注明的增值税额就是提供劳务方的销项税额，接受劳务方需要有一个进项税额相对称，否则只有销项税额，而不能抵扣进项税额，则营改增将毫无意义。

2. 原增值税一般纳税人接受试点纳税人中的小规模纳税人提供的交通运输业服务，按照从提供方取得的增值税专用发票上注明的价税合计金额和7%的扣除率计算进项税额，从销项税额中抵扣。

试点纳税人中的小规模纳税人提供的交通运输业服务增值税征收率为3%，但是其由主管国税机关代开的增值税专用发票却可以抵扣7%，这主要是为了推进营改增改革的顺利进行。

例 1-29：湖南A制造公司从湖北省购进两批货物，其中一批由湖北省B运输公司承运，另一批由湖南省C运输公司承运，各支付运费10 000元，由于湖南尚未实行营改增，A公司向C公司索取的公路内河货物运输业发票注明的10 000元运费可以按7%计算抵扣增值税进项税额700元，而湖北省B公司增值税征收率只有3%，应交增值税10 000÷（1+3%）×3% =291.26（元），但如果只能抵扣291.26元，则作为营改增地区的货物运输业小规模纳税人将失去市场竞争的机会，因此特案规定，原增值税一般纳税人接受试点纳税人中的小规模纳税人提供的交通运输服务按照代开增值税专用发票价税合计的7%抵扣进项税额。

3. 试点地区的原增值税一般纳税人接受境外单位或者个人提供的应税服务，按照规定应当扣缴增值税的，准予从销项税额中抵扣的进项税额为从税务机关或者代理人取得的解缴税款的中华人民共和国税收通用缴款书上注明的增值税额。

上述纳税人凭通用缴款书抵扣进项税额的，应当具备书面合同、付款证明和境外单位的对账单或者发票。否则，进项税额不得从销项税额中抵扣。

4. 试点地区的原增值税一般纳税人购进货物或者接受加工修理修配劳务，用于《应税服务范围注释》所列项目的，不属于《中华人民共和国增值税暂行条例》（以下称《增值税条例》）第十条所称的用于非增值税应税项目，其进项税额准予从销项税额中抵扣。

5. 原增值税一般纳税人接受试点纳税人提供的应税服务，下列项目的进项税额不得从销项税额中抵扣：

（1）用于简易计税方法计税项目、非增值税应税项目、免征增值税项目、集体福利或者个人消费，其中涉及的专利技术、非专利技术、商誉、商标、著作权、有形动产租赁，仅指专用于上述项目的专利技术、非专利技术、商誉、商标、著作权、有形动产租赁。

（2）接受的旅客运输服务。

（3）与非正常损失的购进货物相关的交通运输业服务。

（4）与非正常损失的在产品、产成品所耗用购进货物相关的交通运输业服务。

上述非增值税应税项目，对于试点地区的原增值税一般纳税人，是指《增值税条例》第十条所称的非增值税应税项目，但不包括《应税服务范围注释》所列项目；对于非试点地区的原增值税一般纳税人，是指《增值税条例》第十条所称的非增值税应税项目。

6. 原增值税一般纳税人从试点地区取得的该地区试点实施之日（含）以后开具的运输费用结算单据（铁路运输费用结算单据除外），一律不得作为增值税扣税凭证。

这是因为试点地区的交通运输业（不包括铁路运输 ）已全部纳入增值税范畴，不得再开具原运输费用结算单据（铁路运输费用结算单据除外）。

第十一节　营改增发票管理相关规定

一、不得开具专用发票的情形

纳税人提供应税服务，应当向索取增值税专用发票的接受方开具增值税专用发票，并在增值税专用发票上分别注明销售额和增值税额。

这里注意“索取”两个关键字，也就是一般纳税人既可以开具增值税专用发票，也可以开具普通发票，如果接受方索取增值税专用发票才应当（必须）开具增值税专用发票，为什么要这样规定？主要是考虑到滞留票的问题，即提供方开具了增值税专用发票，但接受方却没有去认证抵扣，导致增值税稽核系统只发现销项，却缺少了进项信息，因此在接受方索取发票时如果明确其不能抵扣增值税进项税额，为减少征管成本，建议只开具普通发票，但如果接受方索取增值税专用发票且符合开具增值税专用发票情形的，则提供方应当开具增值税专用发票。

对于一些纳税人而言，索取增值税专用发票对其个体利益还是有利的。

例 1－30：A 有限责任公司购进一批西装，拟用于发放给员工作为福利，如果不索取增值税专用发票，则肯定不能抵扣增值税进项税额，但事后公司决定不再发放员工福利，而是将该批西装出售用于增加现金存量，那么 A 公司将因为没有增值税专用发票而白白失去一笔进项税额的抵扣权利。

另外小规模纳税人提供应税服务，接受方索取增值税专用发票的，可以向主管税务机关申请代开，一般情况下只能抵扣 3%，但交通运输业小规模纳税人较特殊，接受方可以按增值税专用发票上注明的价税合计金额和7%的扣除率计算进项税额抵扣。

属于下列情形之一的，不得开具增值税专用发票：

1. 向消费者个人提供应税服务。

2. 适用免征增值税规定的应税服务。

消费者个人接受的应税服务为增值税流转环节的最终端，即消费者个人不需要抵扣进项税额，提供劳务方不得开具增值税专用发票。而适用免征增值税规定的应税服务，由于其收取价款中不含有增值税，因此也不能开具增值税专用发票。

二、增值税发票问题

1. 自本地区试点实施之日起，试点地区增值税一般纳税人从事增值税应税行为（提供货物运输服务除外）统一使用增值税专用发票和增值税普通发票，一般纳税人提供货物运输服务统一使用货物运输业增值税专用发票和普通发票。

2. 试点地区提供港口码头服务、货运客运场站服务、装卸搬运服务以及旅客运输服务的一般纳税人可以选择使用定额普通发票。

3. 试点地区从事国际货物运输代理业务的一般纳税人，应使用六联增值税专用发票或五联增值税普通发票，其中第四联用作购付汇联；从事国际货物运输代理业务的小规模纳税人开具的普通发票第四联用作购付汇联。

4. 纳税人于本地区试点实施之日前提供改征增值税的营业税应税服务并开具发票后，如发生服务中止、折让、开票有误等，且不符合发票作废条件的，应开具红字普通发票，不得开具红字专用发票和红字货运专用发票。对于需重新开具发票的，应开具普通发票，不得开具专用发票和货运专用发票。

三、货物运输业增值税发票问题

1. 一般纳税人提供应税货物运输服务使用货运专用发票，提供其他应税项目、免税项目或非增值税应税项目不得使用货运专用发票。货物运输业增值税专用发票分为三联票和六联票，第一联：记账联，承运人记账凭证；第二联：抵扣联，受票方扣税凭证；第三联：发票联，受票方记账凭证；第四联至第六联由发票使用单位自行安排使用。

2. 货运专用发票中“承运人及纳税人识别号”栏内容为提供货物运输服务、开具货运专用发票的一般纳税人信息；“实际受票方及纳税人识别号”栏内容为实际负担运输费用、抵扣进项税额的一般纳税人信息；“费用项目及金额”栏内容为应税货物运输服务明细项目不含增值税额的销售额；“合计金额”栏内容为应税货物运输服务项目不含增值税额的销售额合计；“税率”栏内容为增值税税率；“税额”栏为按照应税货物运输服务项目不含增值税额的销售额和增值税税率计算的增值税额；“价税合计（大写）（小写）”栏内容为不含增值税额的销售额和增值税额的合计；“机器编号”栏内容为货物运输业增值税专用发票税控系统税控盘编号。

3. 税务机关在代开货运专用发票时，货物运输业增值税专用发票税控系统在货运专用发票左上角自动打印“代开”字样；货运专用发票“费用项目及金额”

栏内容为应税货物运输服务明细项目含增值税额的销售额；“合计金额”栏和“价税合计（大写）（小写）”栏内容为应税货物运输服务项目含增值税额的销售额合计；“税率”栏和“税额”栏均自动打印“＊＊＊”；“备注”栏打印税收完税凭证号码。

4. 一般纳税人提供货物运输服务，开具货运专用发票后，发生应税服务中止、折让、开票有误以及发票抵扣联、发票联均无法认证等情形，且不符合发票作废条件，需要开具红字货运专用发票的，实际受票方或承运人应向主管税务机关填报《开具红字货物运输业增值税专用发票申请单》，经主管税务机关审核后，出具《开具红字货物运输业增值税专用发票通知单》（以下简称《通知单》）。承运方凭《通知单》在货物运输业增值税专用发票税控系统中以销项负数开具红字货运专用发票。《通知单》暂不通过系统开具和管理，其他事项按照现行红字专用发票有关规定执行。

5. 货运专用发票暂不纳入失控发票快速反应机制管理。货运专用发票的认证结果、稽核结果分类暂与公路、内河货物运输业统一发票一致，认证、稽核异常货运专用发票的处理暂按照现行公路、内河货物运输业统一发票的有关规定执行。对稽核异常货运专用发票的审核检查暂按照现行公路、内河货物运输业统一发票的有关规定执行。

第十二节　营改增征收管理相关规定

一、营改增“零税率”应税服务征收管理规定

根据《营业税改征增值税试点地区适用增值税零税率应税服务免抵退税管理办法（暂行）》规定，试点地区提供增值税零税率应税服务并认定为增值税一般纳税人的单位和个人，在营业税改征增值税试点以后提供的零税率应税服务，适用增值税零税率，实行免抵退税办法，并不得开具增值税专用发票。

（一）零税率应税服务的范围是：

1. 国际运输服务

（1）在境内载运旅客或货物出境；

（2）在境外载运旅客或货物入境；

（3）在境外载运旅客或货物。

从境内载运旅客或货物至国内海关特殊监管区域及场所、从国内海关特殊监管区域及场所载运旅客或货物至国内其他地区以及在国内海关特殊监管区域内载运旅客或货物，不属于国际运输服务。

2. 向境外单位提供研发服务、设计服务

向国内海关特殊监管区域内单位提供研发服务、设计服务不实行免抵退税办法，应按规定征收增值税。

（二）零税率应税服务退税计算方法

零税率应税服务提供者提供零税率应税服务，免征增值税，相应的进项税额抵减应纳增值税额（不包括适用增值税即征即退、先征后退政策的应纳增值税

额)，未抵减完的部分予以退还。具体计算公式如下：

1. 零税率应税服务当期免抵退税额的计算：

当期零税率应税服务免抵退税额 = 当期零税率应税服务免抵退税计税价格 × 外汇人民币牌价 × 零税率应税服务退税率

零税率应税服务免抵退税计税价格为提供零税率应税服务取得的全部价款，扣除支付给非试点纳税人价款后的余额。

2. 当期应退税额和当期免抵税额的计算：

(1) 当期期末留抵税额 ≤ 当期免抵退税额时，

当期应退税额 = 当期期末留抵税额

当期免抵税额 = 当期免抵退税额 - 当期应退税额

(2) 当期期末留抵税额 > 当期免抵退税额时，

当期应退税额 = 当期免抵退税额

当期免抵税额 = 0

"当期期末留抵税额"为当期《增值税纳税申报表》的"期末留抵税额"。

(三) 办理零税率应税服务提供者办理出口退(免)税认定时需提供的资料

零税率应税服务提供者在申报办理零税率应税服务免抵退税前，应向主管税务机关办理出口退(免)税认定。办理出口退(免)税认定时，应提供以下资料：

1. 银行开户许可证。

2. 从事水路国际运输的应提供《国际船舶运输经营许可证》；从事航空国际运输的应提供《公共航空运输企业经营许可证》，且其经营范围应包括"国际航空客货邮运输业务"；从事陆路国际运输的应提供《道路运输经营许可证》和《国际汽车运输行车许可证》，且《道路运输经营许可证》的经营范围应包括"国际运输"；从事对外提供研发设计服务的应提供《技术出口合同登记证》。

零税率应税服务提供者在营业税改征增值税试点后提供的零税率应税服务，如发生在办理出口退(免)税认定前，在办理出口退(免)税认定后，可按规定申报免抵退税。

(四) 零税率应税服务纳税申报办法

零税率应税服务提供者在提供零税率应税服务，并在财务作销售收入次月(按季度进行增值税纳税申报的为次季度，下同)的增值税纳税申报期内，向主管税务机关办理增值税纳税和免抵退税相关申报。

零税率应税服务提供者应于收入之日的次月起至次年4月30日前的各增值税纳税申报期内收齐有关凭证，向主管税务机关如实申报免抵退税。资料不齐全或内容不真实的零税率应税服务，不得向税务机关申报办理免抵退税。逾期未收齐有关凭证申报免抵退税的，主管税务机关不再受理免抵退税申报，零税率应税服务提供者应缴纳增值税。

二、总机构汇总缴纳增值税办法

上海进行营业税改征增值税试点前，为解决中国东方航空公司营业税改征增值税试点期间总机构缴纳增值税，国家税务总局与财政部下发了《财政部 国家税务总局关于中国东方航空公司执行总机构试点纳税人增值税计算缴纳暂行办法的通知》（财税［2011］132号），明确在试点期间中国东方航空公司总机构应当汇总计算总机构及其分支机构的应交增值税，抵减分支机构已缴纳的增值税和营业税税款后解缴入库。

为什么作上述规定呢？因为位于上海的总机构和各地分支机构在流转税上属于独立的纳税人，如果各自独立纳税，则仍征收营业税的分支机构将无法抵扣税额，而征收增值税的分支机构的进项税额总机构得不到抵扣，为了扶持上述实行总分机制的重点企业，有必要采取汇总缴纳增值税办法以降低这些重点企业的税负，为营改增的顺利推进减轻改革的阻力。

根据《总机构试点纳税人增值税计算缴纳暂行办法》（财税［2011］132号）的规定，总机构应当汇总计算总机构及其分支机构的应交增值税，抵减分支机构已缴纳的增值税和营业税税款后，解缴入库。分支机构按现行规定计算缴纳增值税和营业税，并按规定归集汇总已缴纳的增值税和营业税数据，传递给总机构。

（一）总机构的汇总应征增值税销售额由以下两部分组成：

1. 总机构及其分支机构的应征增值税销售额；

2. 非试点地区分支机构发生《试点实施办法》中《应税服务范围注释》所列业务的销售额。计算公式如下：

销售额＝应税服务的营业额÷（1＋增值税适用税率）

应税服务的营业额，是指非试点地区分支机构发生《应税服务范围注释》所列业务的营业额。增值税适用税率，是指《试点实施办法》规定的增值税适用税率。

（二）总机构的销项税额，按照汇总应征增值税销售额和《试点实施办法》规定的增值税适用税率计算。

（三）总机构的进项税额，是指总机构及其分支机构购进货物或者接受加工修理修配劳务和应税服务，支付或者负担的增值税税额，用于销售货物、提供加工修理修配劳务和发生《应税服务范围注释》所列业务之外的进项税额不得抵扣。

非试点地区分支机构发生《应税服务范围注释》所列业务而购进货物或者接受加工修理修配劳务和应税服务，应当索取增值税扣税凭证。

（四）非试点地区分支机构销售货物、提供加工修理修配劳务，按照现行规定申报缴纳增值税；发生《应税服务范围注释》所列业务，按照现行规定申报缴纳营业税。

分支机构当期已缴纳的增值税税款和营业税税款，允许在总机构当期增值税应纳税额中抵减，抵减不完的，可以结转下期继续抵减。

（五）总机构及其分支机构，一律由其机构所在地主管国税机关认定为增值税一般纳税人。

发生《应税服务范围注释》所列业务的非试点地区分支机构，应按月将当月的营业税应税营业额和已缴纳的营业税税款归集汇总，填写《营业税传递单》，报送主管地税机关签章确认后，于次月 10 日前传递给总机构。

销售货物、提供加工修理修配劳务和应税服务的分支机构，应按月将当月应征增值税销售额、进项税额和已缴纳的增值税税款归集汇总，填写《增值税传递单》，报送主管国税机关签章确认后，于次月 10 日前传递给总机构。

（六）总机构的增值税纳税期限为一个季度。总机构应当在开具增值税专用发票的次月 15 日前向主管税务机关报税。总机构的增值税进项税额，应当在认证当季终了后的申报期内申报抵扣。总机构及其分支机构取得的增值税扣税凭证，应当在规定期限内到主管国税机关办理认证或者申请稽核比对。

例 1-31：2012 年 1 月，中国东方航空公司北京分公司航运业务收入 1 000 万元，上海分公司航运业务含增值税收入 2 000 万元，中国东方航空公司上海总机构含增值税收入 17 000 万元，假设进项税额均为 0。北京分公司 2 月 5 日向税务机关申报 1 月份应缴纳营业税 1 000 × 3% = 30（万元），在北京缴纳入库。上海分公司 2 月进行纳税申报缴纳增值税 2 000 ÷（1 + 11%）× 11% = 198.20（万元），分支机构在各自所在地缴纳的营业税、增值税以《营业税传递单》、《增值税传递单》的形式，传递至总机构。

总机构汇总的应征增值税销售额由两部分组成：

第一部分为总机构及其分支机构的应征增值税销售额。本例中，总机构收入加上上海分公司收入构成的销售额为（17 000 + 2 000）÷（1 + 11%）= 17 117.12（万元）。

第二部分为非试点地区分支机构发生《应税服务范围注释》所列业务的销售额。计算公式如下：销售额 = 应税服务的营业额 ÷（1 + 增值税适用税率）。北京分公司应税服务营业额为 1 000 万元，换算销售额为 1 000 ÷（1 + 11%）= 900.90（万元）。

总机构应当汇总计算总机构及其分支机构的应交增值税，抵减分支机构已缴纳的增值税和营业税税款后，解缴入库。总机构应缴纳增值税（17 117.12 + 900.9）× 11% - 30 - 198.2 = 1 753.78（万元）。

另外，《财政部 国家税务总局关于交通运输业和部分现代服务业营业税改征增值税试点若干税收政策的通知》（财税［2011］133 号）对航空运输企业还作出了如下规定：

1. 提供的旅客利用里程积分兑换的航空运输服务，不征收增值税。

旅客利用里程积分兑换航空运输服务，其本质上是商业折扣，为该旅客提供的航空运输服务的销项税额已申报缴纳。例如航空公司规定里程达 5 000 公里的赠送机票 1 000 元，这个 1 000 元就是商业折扣，旅客张某原已花费 10 000 元，但由于其乘坐航班频次多，本着批量优惠的原则，其本应只花费 9 000 元，因此航空公司给予其 1 000 元的航空积分，但该积分对应销项税额已经体现在 10 000 元中，因此不需要再次申报缴纳增值税。

2. 根据国家指令无偿提供的航空运输服务，属于《试点实施办法》第十一条规定的以公益活动为目的的服务，不征收增值税。

3. 试点航空企业的应征增值税销售额不包括代收的机场建设费和代售其他航空运输企业客票而代收转付的价款。

对于代售转付的价款不列为价外费用，是基于实质重于形式的原则，但目前仅针对试点航空企业，对于其他行业是否适用，目前并不明确，其他试点纳税人在处理时最好处理成代理行为，以避免被认同为价外费用而增加流转税负担。

4. 试点航空企业已售票但未提供航空运输服务取得的逾期票证收入，不属于增值税应税收入，不征收增值税。

逾期票证收入虽然系向旅客收取的款项，但由于并未提供交通运输服务，不存在营改增应税行为，因此即使收到款项，也不需要申报缴纳增值税，但上述收入应作为营业外收入纳入企业所得税处理范畴。

三、税控系统使用问题

（一）自本地区试点实施之日起，试点地区新认定的一般纳税人（提供货物运输服务的纳税人除外）应使用增值税防伪税控系统，提供货物运输服务的一般纳税人使用货物运输业增值税专用发票税控系统。试点地区使用的增值税防伪税控系统专用设备为金税盘和报税盘。纳税人应当使用金税盘开具发票，使用报税盘领购发票、抄报税。货物运输业增值税专用发票税控系统专用设备为税控盘和报税盘，纳税人应当使用税控盘开具发票，使用报税盘领购发票、抄报税。

（二）货物运输业增值税专用发票税控系统及专用设备管理按照现行增值税防伪税控系统有关规定执行，涉及的相关文书试点地区可在现有文书基础上适当调整。

（三）自试点实施之日起，北京市小规模纳税人可使用金税盘或税控盘开具普通发票，使用报税盘领购发票、抄报税。

四、纳税申报资料问题

纳税申报资料包括纳税申报表及其附列资料和纳税申报其他资料两类。

（一）纳税申报表及其附列资料

1. 增值税一般纳税人纳税申报表及其附列资料包括：

(1)《增值税纳税申报表（适用于增值税一般纳税人)》；

(2)《增值税纳税申报表附列资料（一)》(本期销售情况明细)；

(3)《增值税纳税申报表附列资料（二)》(本期进项税额明细)；

(4)《增值税纳税申报表附列资料（三)》(应税服务扣除项目明细)；

一般纳税人提供营业税改征增值税的应税服务，按照国家有关营业税政策规定差额征收营业税的，需填报《增值税纳税申报表附列资料（三)》。其他一般纳税人不填写该附列资料。

(5)《固定资产进项税额抵扣情况表》。

2. 增值税小规模纳税人（以下简称小规模纳税人）纳税申报表及其附列资料包括：

(1)《增值税纳税申报表（适用于增值税小规模纳税人)》；

(2)《增值税纳税申报表(适用于增值税小规模纳税人)附列资料》。

小规模纳税人提供营业税改征增值税的应税服务，按照国家有关营业税政策规定差额征收营业税的，需填报《增值税纳税申报表(适用于增值税小规模纳税人)附列资料》。其他小规模纳税人不填写该附列资料。

(二)纳税申报其他资料

1. 已开具的税控《机动车销售统一发票》和普通发票的存根联;

2. 符合抵扣条件且在本期申报抵扣的防伪税控《增值税专用发票》、《货物运输业增值税专用发票》、税控《机动车销售统一发票》、《公路、内河货物运输业统一发票》的抵扣联;

3. 符合抵扣条件且在本期申报抵扣的海关进口增值税专用缴款书、购进农产品取得的普通发票、运输费用结算单据的复印件;

4. 符合抵扣条件且在本期申报抵扣的代扣代缴增值税的税收通用缴款书及其清单，书面合同、付款证明和境外单位的对账单或者发票;

5. 已开具的农产品收购凭证的存根联或报查联;

6. 应税服务扣除项目的合法凭证及其清单;

7. 主管税务机关规定的其他资料。

第十三节 营改增一般会计处理

一般纳税人应在“应交税费”科目下设置“应交增值税”明细科目。在“应交增值税”明细账中，应设置“销项税额”“进项税额”等专栏。“销项税额”专栏，记录一般纳税人销售货物或者提供应税劳务和应税服务应收取的增值税额。一般纳税人销售货物或者提供应税劳务和应税服务应收取的销项税额，用蓝字登记;退回销售货物以及服务中止或者折让应冲销的销项税额，用红字登记。

“进项税额”专栏，记录一般纳税人购进货物或者接受加工修理修配劳务和应税服务而支付的、准予从销项税额中抵扣的增值税额。一般纳税人购进货物或者接受加工修理修配劳务和应税服务支付的进项税额，用蓝字登记;退回所购货物以及服务中止或者折让应冲销的进项税额，用红字登记。

除了上述两个重要专栏外，还应设置已交税金、减免税款、转出未交增值税、营改增抵减的销项税额、出口抵减内销产品应纳税额、进项税额转出、转出多交增值税、出口退税专栏。

当月缴纳本月增值税时，借记“应交税费——应交增值税(已交税金)”，贷记“银行存款”科目。

减免税款时，借记“应交税费——应交增值税(减免税款)”，贷记“递延收益”等科目。

转出本月应交未交增值税时，借记“应交税费——应交增值税(转出未交增值税)”，贷记“应交税费——未交增值税”。

转出本月多缴增值税时，借记“应交税费——未交增值税”，贷记“应交税费——应交增值税(转出多交增值税)”科目。

本月上缴上月应缴未缴增值税时，借记“应交税费——未交增值税”，贷记“银行存款”科目。

小规模纳税人不进行增值税的进销项核算，所以只需设置“应交税费——应交增值税”科目，不需要设置专栏。

例1-32：试点地区的A运输有限公司为公司大客户张某提供运输服务，取得不含税收入300元，运输的成本为200元。A公司为增值税一般纳税人，增值税税率为11%。

借：银行存款	333
贷：主营业务收入	300
应交税费——应交增值税（销项税额）	33
借：主营业务成本	200
贷：劳务成本	200

例1-33：菲律宾某海运公司为上海A进出口贸易有限公司提供海运劳务，收取款项103万元，则A公司应扣缴增值税额=103÷（1+3%）×3%=3（万元）。

借：库存商品	1 000 000
应交税费——应交增值税（进项税额）	30 000
贷：应付账款——某海运公司	1 000 000
应交税费——代扣税款	30 000

向机构所在地或居住地主管税务机关缴纳该笔代扣税款和通过外汇部门汇出上述款项时，

借：应付账款——某海运公司	1 000 000
应交税费——代扣税款	30 000
贷：银行存款	1 030 000

第十四节 营改增特殊会计处理

一、一般纳税人差额征税的会计处理

根据《营业税改征增值税试点有关企业会计处理规定》（财会［2012］13号）规定，一般纳税人提供应税服务，试点期间按照营业税改征增值税有关规定允许从销售额中扣除其支付给非试点纳税人价款的，应在“应交税费——应交增值税”科目下增设“营改增抵减的销项税额”专栏，用于记录该企业因按规定扣减销售额而减少的销项税额；同时，“主营业务收入”、“主营业务成本”等相关科目应按经营业务的种类进行明细核算。

企业接受应税服务时，按规定允许扣减销售额而减少的销项税额，借记“应交税费——应交增值税（营改增抵减的销项税额）”科目，按实际支付或应付的金额与上述增值税额的差额，借记“主营业务成本”等科目，按实际支付或应付的金额，贷记“银行存款”、“应付账款”等科目。

对于期末一次性进行账务处理的企业，期末，按规定当期允许扣减销售额而

减少的销项税额，借记“应交税费——应交增值税（营改增抵减的销项税额）”科目，贷记“主营业务成本”等科目。

例1-34：上海市A运输有限公司属于增值税一般纳税人，2012年7月取得运输收入总额100万元（含税），同时支付给非试点地区联运单位运输费60万元。

营业收入：1 000 000/（1+11%）=900 900.90（元）

销项税额：900 900.90×11%=99 099.10（元）

借：银行存款	1 000 000
贷：主营业务收入	900 900.90
应交税费——应交增值税（销项税额）	99 099.10

企业支付给非试点地区联营单位60万元，取得符合规定的发票时，按照税法规定可以抵减销售额，计算不含税金额为：600 000/（1+11%）=540 540.54（元），按规定允许扣减销售额而减少的销项税额为540 540.54×11%=59 459.46（元）。

借：应交税费——应交增值税（营改增抵减的销项税额）	59 459.46
主营业务成本	540 540.54
贷：银行存款	600 000

注意取得的非试点地区联运单位开具的公路内河货物运输业发票不得按照价税合计金额的7%计算抵扣增值税进项税额，否则会导致企业低抵高出，结果导致营改增反而使企业税负增加。

二、小规模纳税人差额征税的会计处理

小规模纳税人提供应税服务，试点期间按照营业税改征增值税有关规定允许从销售额中扣除其支付给非试点纳税人价款的，按规定扣减销售额而减少的应交增值税应直接冲减“应交税费——应交增值税”科目。

企业接受应税服务时，按规定允许扣减销售额而减少的应交增值税，借记“应交税费——应交增值税”科目，按实际支付或应付的金额与上述增值税额的差额，借记“主营业务成本”等科目，按实际支付或应付的金额，贷记“银行存款”、“应付账款”等科目。

对于期末一次性进行账务处理的企业，期末，按规定当期允许扣减销售额而减少的应交增值税，借记“应交税费——应交增值税”科目，贷记“主营业务成本”等科目。

例1-35：上海市A运输公司为增值税小规模纳税人，2012年7月取得运输收入总额100万元，支付给非试点地区联运单位运输费60万元。营业收入：1 000 000÷（1+3%）=970 873.79（元），增值税款：970 873.79×3%=29 126.21（元）

借：银行存款	1 000 000
贷：主营业务收入	970 873.79
应交税费——应交增值税	29 126.21

其支付给非试点地区联运单位运输费60万元并取得符合规定发票时，按规定允许扣减销售额而减少的应交增值税：600 000 ÷ （1 + 3%） × 3% = 17 475.73（元）

借：应交税费——应交增值税 17 475.73

主营业务成本 582 524.27

贷：银行存款 600 000

三、增值税期末留抵税额的会计处理

试点地区兼有应税服务的原增值税一般纳税人，截止到开始试点当月月初的增值税留抵税额按照营业税改征增值税有关规定不得从应税服务的销项税额中抵扣的，应在“应交税费”科目下增设“增值税留抵税额”明细科目。

开始试点当月月初，企业应按不得从应税服务的销项税额中抵扣的增值税留抵税额，借记“应交税费——增值税留抵税额”科目，贷记“应交税费——应交增值税（进项税额转出）”科目。待以后期间允许抵扣时，按允许抵扣的金额，借记“应交税费——应交增值税（进项税额）”科目，贷记“应交税费——增值税留抵税额”科目。

“应交税费——增值税留抵税额”科目期末余额应根据其流动性在资产负债表中的“其他流动资产”项目或“其他非流动资产”项目列示。

例1-36：上海市C有限公司2011年12月（所属期）期末增值税留抵税额10万元（按政策规定需要作挂账处理，即按照营业税改征增值税有关规定不得从应税服务的销项税额中抵扣）。该企业2012年1月初应作如下会计处理：

借：应交税费——增值税留抵税额 100 000

贷：应交税费——应交增值税（进项税额转出） 100 000

2012年1月（所属期）销售货物取得不含税销售额80万元，提供仓储服务取得不含税销售额50万元，当期认证的进项税额6万元。以下分步骤计算：

1. 当期货物销项税额800 000 × 17% = 136 000（元）；

借：银行存款 936 000

贷：主营业务收入——货物 800 000

应交税费——应交增值税（销项税额） 136 000

2. 当期应税服务销项税额500 000 × 6% = 30 000（元）；

借：银行存款 530 000

贷：主营业务收入——劳务 500 000

应交税费——应交增值税（销项税额） 30 000

3. 当期销项税额合计 = 货物销项税额 + 应税服务销项税额 = 136 000 + 30 000 = 166 000（元）；

4. 当期货物销项税额比例 = 当期货物销项税额 ÷ 当期销项税额合计 = 136 000 ÷ 166 000 = 81.93%

5. 一般计税方法的一般货物及劳务应纳税额 = （当期销项税额合计 - 当期进

项税额）×比例 =（166 000 - 60 000）×81.93% = 86 845.80（元）；

6. 将“货物和劳务挂账留抵税额本期期初余额”与“一般计税方法的一般货物及劳务应纳税额”两个数据作比较，取小值。由于 86 845.80 元 < 100 000 元，取 86 845.80 元。本期用于抵扣的挂账留抵税额为 86 845.80 元，余下的 13 154.20 元留作下期继续挂账。

借：应交税费——应交增值税（进项税额）　86 845.80

　贷：应交税费——增值税留抵税额　86 845.80

7. 本期应纳增值税额 = 当期销项税额合计 - 当期进项税额 - 当期可抵扣的挂账留抵税额 = 136 000 + 30 000 - 60 000 - 86 845.80 = 19 154.20（元）。

当月缴纳本月增值税时，

借：应交税费——应交增值税（已交税金）　19 154.20

　贷：银行存款　19 154.20

五、增值税税控系统专用设备和技术维护费用抵减增值税额的会计处理

1. 增值税一般纳税人的会计处理

按税法有关规定，增值税一般纳税人初次购买增值税税控系统专用设备支付的费用以及缴纳的技术维护费允许在增值税应纳税额中全额抵减的，应在“应交税费——应交增值税”科目下增设“减免税款”专栏，用于记录该企业按规定抵减的增值税应纳税额。

企业购入增值税税控系统专用设备，按实际支付或应付的金额，借记“固定资产”科目，贷记“银行存款”、“应付账款”等科目。按规定抵减的增值税应纳税额，借记“应交税费——应交增值税（减免税款）”科目，贷记“递延收益”科目。按期计提折旧，借记“管理费用”等科目，贷记“累计折旧”科目；同时，借记“递延收益”科目，贷记“管理费用”等科目。

企业发生技术维护费，按实际支付或应付的金额，借记“管理费用”等科目，贷记“银行存款”等科目。按规定抵减的增值税应纳税额，借记“应交税费——应交增值税（减免税款）”科目，贷记“管理费用”等科目。

例 1-37：上海市 A 有限公司为增值税一般纳税人，2012 年 1 月 1 日初次购置税控系统专用设备 5 000 元（含税价），该项资产使用年限为 10 年，每年折旧 500 元（预计净残值为 0）。

购入固定资产，

借：固定资产　5 000

　贷：银行存款　5 000

按规定全额抵减的增值税，

借：应交税费——应交增值税（减免税款）　5 000

　贷：递延收益　5 000

计提的折旧，

借：管理费用　500

贷：累计折旧 500

同时，

借：递延收益 500

贷：管理费用 500

注意：即使取得税控专用设备增值税专用发票，该专用发票也不得认证抵扣。

例1－38：上海市A有限公司为增值税一般纳税人，2012年1月发生税控系统技术维护费2 000元。

借：管理费用 2 000

贷：银行存款 2 000

抵减当期应缴纳的增值税额，

借：应交税费——应交增值税（减免税款） 2 000

贷：管理费用 2 000

2. 小规模纳税人会计处理

企业购入增值税税控专用设备，按实际支付或应付的金额，借记“固定资产”科目，贷记“银行存款”、“应付账款”等科目。按规定抵减的增值税应纳税额，借记“应交税费——应交增值税”科目，贷记“递延收益”科目。按期计提折旧，借记“管理费用”等科目，贷记“累计折旧”科目；同时，借记“递延收益”科目，贷记“管理费用”等科目。

企业发生技术维护费，按实际支付或应付的金额，借记“管理费用”等科目，贷记“银行存款”等科目。按规定抵减的增值税应纳税额，借记“应交税费——应交增值税”科目，贷记“管理费用”等科目。

“应交税费——应交增值税”科目期末如为借方余额，应根据其流动性在资产负债表中的“其他流动资产”项目或“其他非流动资产”项目列示；如为贷方余额，应在资产负债表中的“应交税费”项目列示。

例1－39：上海市A有限公司2012年1月1日初次购置税控系统专用设备5 000元（含税价），该项资产使用年限为10年，每年折旧500元（预计净残值为0）。该公司为增值税小规模纳税人。

购入固定资产，

借：固定资产 5 000

贷：银行存款 5 000

按规定全额抵减的增值税，

借：应交税费——应交增值税 5 000

贷：递延收益 5 000

计提的折旧，

借：管理费用 500

贷：累计折旧 500

同时，

借：递延收益　500

　　贷：管理费用　500

例 1-40：上海市 A 有限公司为增值税小规模纳税人，2012 年 1 月发生税控系统技术维护费 2 000 元。

借：管理费用　2 000

　　贷：银行存款　2 000

抵减当期应缴纳的增值税额，

借：应交税费——应交增值税　2 000

　　贷：管理费用　2 000

本章笔记

第二章 小企业执行《小企业会计准则》有关问题衔接规定

财政部于2011年10月18日发布了《小企业会计准则》（财会［2011］17号），自2013年1月1日起在小企业范围内施行。为促进小企业严格遵循《中华人民共和国会计法》及《小企业会计准则》的规定，做好自《小企业会计制度》（以下简称旧制度）向《小企业会计准则》（以下简称新准则）转换的衔接工作，财政部于2012年10月29日发布了《关于印发小企业执行〈小企业会计准则〉有关问题衔接规定的通知》（财会［2012］20号），对此我们进行了相关解读，以期能够使小企业更好的执行新准则并能做好新旧准则的衔接工作：

第一节 总体要求

首次执行新准则的小企业应当认真做好内部会计核算办法修订、资产和负债清查、科目转换与账务调整、会计信息系统改造等工作，确保新旧制度的顺利衔接和平稳过渡。

（一）及时修订内部会计核算办法。小企业应当根据新准则的规定，结合自身实际情况，确定会计政策和会计估计，修订小企业内部会计核算办法，细化会计核算内容，确保会计确认、计量和报告行为制度化、规范化。

（二）认真做好资产负债清查工作。小企业应当在执行新准则前全面清查各项资产和负债，如实反映其状况及潜在风险。对于清查出的损益，应先记入“待处理财产损溢”科目，经批准后，调整相关所有者权益。

（三）认真做好有关账务衔接工作。小企业应当根据新准则的规定，结合自身实际情况，设置会计科目并进行相应的账务处理。对于一级科目，在不违反新准则确认、计量和报告规定的前提下，可以根据本企业的实际情况自行增设、分拆与合并；对于明细科目，可以根据本企业的实际情况自行设置。首次执行新准则时，应当对原制度有关科目按新准则要求进行余额转换，确保新旧会计科目顺利衔接。

（四）及时调整会计信息系统。小企业应当对原有会计核算软件和会计信息系统进行及时更新和调试，正确实现数据转换，确保新旧账套的有序衔接。

第二节 账目调整

一、资产类

1. “现金”、“银行存款”、“其他货币资金”和“短期投资”科目

新准则设置了“库存现金”、“银行存款”、“其他货币资金”和“短期投资”科目，其核算内容与原制度相应科目的核算内容基本相同。转账时，应将原账中

上述科目的余额直接转入新账中相应科目，也可沿用原账。

2. “应收票据”、“应收股息”、“应收账款”和“其他应收款”科目

新准则设置了“应收票据”、“应收账款”和“其他应收款”科目，其核算内容与原制度相应科目的核算内容基本相同。原制度和新准则均规定，预付款项不多的小企业可以将预付款项直接记入“应付账款”科目借方，预付款项较多的小企业也可单独设置“预付账款”科目核算。转账时，应将原账中上述科目的余额直接转至新账，也可沿用原账。

新准则设置了“应收股利”和“应收利息”科目，这两个科目的核算内容与原账中“应收股息”科目的核算内容基本相同。转账时，应对原账中“应收股息”科目的余额进行分析，将应收取现金股利或利润的金额转入新账中“应收股利”科目，将应收取利息的金额转入新账中“应收利息”科目。

例 2-1：光华家具公司属于小规模纳税人，符合小企业条件，2013 年以前执行《小企业会计制度》，从 2013 年 1 月 1 日开始执行《小企业会计准则》（下同）。2012 年 12 月 31 日该企业“应收股息”科目的余额 58 000 元，其中：应收被投资单位（A 公司）已宣告尚未发放的现金股利 52 000 元，应收债券投资（B 公司）已到付息期尚未支付的利息 6 000 元。在 2012 年 12 月 31 日原制度和新准则衔接转换时，作如下调整分录：

借：应收股利——A 公司	52 000	
应收利息——B 公司	6 000	
贷：应收股息——A 公司		52 000
——B 公司		6 000

3. “短期投资跌价准备”、“坏账准备”和“存货跌价准备”科目

新准则没有设置“短期投资跌价准备”、“坏账准备”和“存货跌价准备”科目。转账时，应将上述资产减值准备科目的余额转入“利润分配——未分配利润”科目。

例 2-2：光华家具公司 2012 年 12 月 31 日“短期投资跌价准备”科目的余额 22 000 元，“坏账准备”科目的余额 4 000 元，“存货跌价准备”科目的余额 3 500 元。在 2012 年 12 月 31 日原制度和新准则衔接转换时，作如下调整分录：

借：短期投资跌价准备	22 000	
坏账准备	4 000	
存货跌价准备	3 500	
贷：利润分配——未分配利润		29 500

4. “在途物资”、“材料”、“低值易耗品”、“库存商品”、“商品进销差价”、“委托加工物资”、“委托代销商品”科目

新准则设置了“在途物资”、“原材料”、“库存商品”、“商品进销差价”、“委托加工物资”科目，采用支付手续费方式委托其他单位代销商品的小企业还可以单独设置“委托代销商品”科目，这些科目的核算内容与原制度相应科目的核算

内容基本相同。原制度规定，采用计划成本进行材料日常核算的小企业，可以增设“物资采购”和“材料成本差异”科目；新准则相应设置了“材料采购”和“材料成本差异”科目，其核算内容也基本相同。转账时，应将原账中上述科目的余额直接转入新账中相应科目，也可沿用原账。

新准则设置了“周转材料”科目，用于核算小企业库存的周转材料的成本，包括包装物、低值易耗品，以及小企业（建筑业）的钢模板、木模板、脚手架等。转账时，应将原账中“低值易耗品”科目的余额转入新账中“周转材料”科目。新准则下单独设置了“包装物”和“低值易耗品”科目的小企业，转账时，应对原账中“低值易耗品”等科目的余额进行分析，分别转入新账中的相应科目。

针对小企业（农、林、牧、渔业），新准则专门设置了“消耗性生物资产”科目，用于核算小企业持有的消耗性生物资产的实际成本。转账时，小企业（农、林、牧、渔业）应对原账中存货类科目的余额进行分析，将其中属于消耗性生物资产的部分转入新账中“消耗性生物资产”科目。

5. “待摊费用”科目

新准则没有设置“待摊费用”科目，但允许小企业根据需要自行增设相应科目用于日常核算。分两种情况处理，一是新准则下不再增设“待摊费用”科目的小企业，转账时，应对原账中“待摊费用”科目的余额进行分析，转入新账中“预付账款”等科目；二是新准则下增设了“待摊费用”科目的小企业，转账时，应将原账中“待摊费用”科目的余额直接转至新账，也可沿用原账，并在以后期间按原摊销期限继续摊销。资产负债表日，对于新旧转换时转入的尚未摊销完毕的待摊费用余额，或者执行新准则后发生的尚未摊销完毕的待摊费用余额，应根据其性质进行分析，在资产负债表“预付账款”、“其他流动资产”等项目中填列。

例2-3：光华家具公司2012年12月31日“待摊费用”科目的余额15 000元，为预付经营租赁固定资产的租金。假定该公司执行《小企业会计准则》后，不再增设“待摊费用”科目。在2012年12月31日原制度和新准则衔接转换时，作如下调整分录：

借：预付账款　　15 000

　贷：待摊费用　　15 000

6. “长期股权投资”科目

新准则设置了“长期股权投资”科目，其核算内容与原制度相应科目的核算内容基本相同，但核算方法有所不同。新准则要求小企业对长期股权投资一律采用成本法核算。转账时，应将原账中“长期股权投资”科目的余额直接转至新账，也可沿用原账。

对于原制度下采用权益法核算的长期股权投资，因以前期间投资收益确认导致长期股权投资账面余额大于其投资成本的，在以后期间被投资单位宣告分派现金股利或利润时，应按照应分得的金额冲减长期股权投资账面余额，直至该项投资账面余额冲减至原投资成本。

7. “长期债权投资”科目

新准则设置了“长期债券投资”科目，其核算内容与原制度相应科目的核算内容基本相同。转账时，应将原账中“长期债权投资”科目的余额转入新账中“长期债券投资”科目，也可沿用原账。

8. “固定资产”、“累计折旧”、“在建工程”、“工程物资”和“固定资产清理”科目

新准则设置了“固定资产”、“累计折旧”、“在建工程”、“工程物资”和“固定资产清理”科目，其核算内容与原制度相应科目的核算内容基本相同。转账时，应将原账中上述科目的余额直接转至新账，也可沿用原账。

针对小企业（农、林、牧、渔业），新准则专门设置了“生产性生物资产”和“生产性生物资产累计折旧”科目，分别核算小企业持有的生产性生物资产的原价（成本）及成熟生产性生物资产的累计折旧。转账时，小企业（农、林、牧、渔业）应对原账中“固定资产”和“累计折旧”科目的余额进行分析，将属于生产性生物资产的部分转入新账中“生产性生物资产”和“生产性生物资产累计折旧”科目。

9. “无形资产”科目

新准则设置了“无形资产”和“累计摊销”科目，分别核算小企业持有的无形资产成本及其计提的累计摊销。转账时，应对原账中“无形资产”科目的余额进行分析，将无形资产成本的金额转入新账中“无形资产”科目，将无形资产已计提的累计摊销额转入新账中“累计摊销”科目；如上述调整不切实可行的，应将原账中“无形资产”科目的余额直接转入新账中“无形资产”科目，也可沿用原账。

例 2-4：光华家具公司 2012 年 12 月 31 日“无形资产”科目的余额 160 000 元，为商标使用权的摊余价值。经分析，该项商标使用权原值 200 000 元，累计已摊销 40 000 元。在 2012 年 12 月 31 日原制度和新准则衔接转换时，作如下调整分录：

借：无形资产——商标使用权（新）	200 000
贷：无形资产——商标使用权（旧）	160 000
累计摊销（新）	40 000

10. “长期待摊费用”科目

新准则设置了“长期待摊费用”科目，其核算内容与原制度相应科目的核算内容略有不同。转账时，应对原账中“长期待摊费用”科目的余额进行分析，将小企业筹建期间内发生的尚未摊销完毕的开办费冲减“利润分配——未分配利润”科目；将其他尚未摊销完毕的长期待摊费用直接转入新账中“长期待摊费用”科目，以后期间按原摊销期限继续摊销。

例 2-5：光华家具公司 2012 年 12 月 31 日“长期待摊费用”科目的余额

128 000元，其中30 000元为尚未摊销的开办费。在2012年12月31日原制度和新准则衔接转换时，作如下调整分录：

借：利润分配——未分配利润　　30 000
　贷：长期待摊费用　　30 000

二、负债类

1．“短期借款”、“应付票据”、“应付账款”、“预收账款”、“应付工资”、“应付福利费”、“应付利润”、“应交税金”、“其他应交款”和“其他应付款”科目

新准则设置了“短期借款”、“应付票据”、“应付账款”、“应付利润”和“其他应付款”科目，其核算内容与原制度相应科目的核算内容基本相同。原制度和新准则均规定，预收款项不多的小企业可以将预收款项直接记入“应收账款”科目贷方，预收款项较多的小企业也可单独设置“预收账款”科目核算。

转账时，应将原账中上述科目的余额直接转至新账，也可沿用原账。

新准则设置了“应付职工薪酬”科目，用于核算小企业根据有关规定应付给职工的各种薪酬，小企业（外商投资）按照规定从净利润中提取的职工奖励及福利基金也通过该科目核算。转账时，应将原账中“应付工资”和“应付福利费”科目的余额一并转入新账中“应付职工薪酬”科目。

新准则设置了“应交税费”科目，用于核算小企业按照税法等规定计算应交纳的各种税费。转账时，应将原账中“应交税金”和“其他应交款”科目的余额一并转入新账中“应交税费”科目。

例2-6：光华家具公司2012年12月31日“应付工资”科目的余额85 000元，“应付福利费”科目的余额11 900元，“其他应交款——住房公积金”科目的余额2 600元。在2012年12月31日原制度和新准则衔接转换时，作如下调整分录：

借：应付工资　　85 000
　　应付福利费　　11 900
　　其他应交款——住房公积金　　2 600
　贷：应付职工薪酬——职工工资、奖金、津贴和补贴　　85 000
　　　　　　　　——职工福利费　　11 900
　　　　　　　　——住房公积金　　2 600

例2-7：光华家具公司2012年12月31日“应交税金——应交所得税”科目的余额12 000元，“应交税金——应交增值税”科目的余额5 300元，“应交税金——应交城市维护建设税”371元，“其他应交款——教育费附加”科目的余额159元。在2012年12月31日原制度和新准则衔接转换时，作如下调整分录：

借：应交税金——应交所得税　　12 000
　　　　　　——应交增值税　　5 300
　　　　　　——应交城市维护建设税　　371

其他应交款——教育费附加　159
贷：应交税费——应交所得税　12 000
——应交增值税　5 300
——应交城市维护建设税　371
——应交教育费附加　159

2. "预提费用"科目

新准则没有设置"预提费用"科目，但允许小企业根据需要自行增设相应科目用于日常核算。

分两种情况处理：一是新准则下不再增设"预提费用"科目的小企业，转账时，应对原账中"预提费用"科目的余额进行分析，转入新账中"应付利息"、"其他应付款"等科目；二是新准则下增设"预提费用"科目的小企业，转账时，应将原账中"预提费用"科目的余额直接转至新账，也可沿用原账，并在以后期间实际支付时予以冲销。资产负债表日，对于新旧转换时转入的尚未冲减完毕的预提费用余额，或者执行新准则后发生的尚未冲减完毕的预提费用余额，应根据其性质进行分析，在资产负债表"应付利息"、"其他应付款"、"其他流动负债"等项目中填列。

例2-8：光华家具公司2012年12月31日"预提费用"科目的余额4 200元，均为应付短期借款利息，假定该公司执行《小企业会计准则》后，不再增设"预提费用"科目。在2012年12月31日原制度和新准则衔接转换时，作如下调整分录：

借：预提费用　4 200
贷：应付利息　4 200

3. "待转资产价值"科目

新准则没有设置"待转资产价值"科目。转账时，应将原账中"待转资产价值"科目的余额转入"利润分配——未分配利润"科目。

例2-9：光华家具公司2012年12月31日"待转资产价值"科目的贷方余额17 400元，为接受捐赠货币资金（已扣除应交所得税），在2012年12月31日原制度和新准则衔接转换时，作如下调整分录：

借：待转资产价值　17 400
贷：利润分配——未分配利润　17 400

4. "长期借款"和"长期应付款"科目

新准则设置了"长期借款"和"长期应付款"科目，其核算内容与原制度相应科目的核算内容基本相同。转账时，应将原账中上述科目的余额直接转至新账，也可沿用原账。

三、所有者权益类

1. "实收资本"科目

新准则设置了“实收资本”科目，其核算内容与原制度相应科目的核算内容相同。转账时，应将原账中“实收资本”科目的余额直接转至新账，也可沿用原账。

2. “资本公积”科目

新准则设置了“资本公积”科目，其核算内容较原制度有所减少。转账时，应将原账中“资本公积”科目的金额在冲减有关损失后的余额转至新账，也可沿用原账。

3. “盈余公积”科目

新准则设置了“盈余公积”科目，其核算内容与原制度相应科目的核算内容相同。转账时，应将原账中“盈余公积”科目的金额在冲减有关损失后的余额转至新账，也可沿用原账。

4. “本年利润”科目

新准则设置了“本年利润”科目，其核算内容与原制度相应科目的核算内容相同。由于“本年利润”科目年末无余额，不需要进行转账处理。

5. “利润分配”科目

新准则设置了“利润分配”科目，其核算内容与原制度相应科目的核算内容相同。

转账时，应首先结转执行新准则前各项资产和负债所清查出的损益，经批准后，从“待处理财产损溢”科目转入“利润分配——未分配利润”科目。同时，将相关资产减值准备科目的余额以及“待转资产价值”科目的余额转入“利润分配——未分配利润”科目，将小企业筹建期间内发生的尚未摊销完毕的开办费冲减“利润分配——未分配利润”科目。

经上述调整后，“利润分配——未分配利润”科目如为借方余额的，属于按规定已经提取盈余公积的小企业或者“资本公积”科目有贷方余额的小企业，还应依次冲减盈余公积和资本公积。

最后，应将“利润分配——未分配利润”科目的金额在进行相关调整后的余额转至新账，也可沿用原账。

例 2-10：光华家具公司 2012 年 12 月 31 日“待处理财产损溢”科目的借方余额 8 900 元，为执行新准则前财产清查时发现的原材料盘亏，经管理层批准后，在 2012 年 12 月 31 日原制度和新准则衔接转换时，作如下调整分录：

借：利润分配——未分配利润　　8 900

　贷：待处理财产损溢　　8 900

四、成本类

1. “生产成本”和“制造费用”科目

新准则设置了“生产成本”和“制造费用”科目，其核算内容与原制度相应科目的核算内容相同。转账时，应将原账中“生产成本”科目的余额直接转至新账，也可沿用原账。

关于“制造费用”科目，区分两种情况：一是对于季节性生产性小企业之外的小企业，“制造费用”科目年末无余额，不需要进行转账处理；二是对于季节性生产性小企业，“制造费用”科目年末有余额的，应在转账时将原账中该科目的余额直接转至新账，也可沿用原账。

2. “研发支出”、“工程施工”和“机械作业”科目

原制度没有设置“研发支出”科目，且不允许研发支出资本化，因此不需要进行转账处理。

针对小企业（建筑业），新准则专门设置了“工程施工”和“机械作业”科目，分别核算小企业（建筑业）实际发生的各种工程成本，小企业（建筑业）及其内部独立核算的施工单位、机械站和运输队使用自有施工机械和运输设备进行机械作业（含机械化施工和运输作业等）所发生的各项费用。转账时，应将原账中相关科目的余额转入新账中“工程施工”科目。

五、损益类

原制度设置了“主营业务收入”、“其他业务收入”、“投资收益”、“营业外收入”、“主营业务成本”、“主营业务税金及附加”、“其他业务支出”、“营业费用”、“管理费用”、“财务费用”、“营业外支出”和“所得税”科目。新准则设置了“主营业务收入”、“其他业务收入”、“投资收益”、“营业外收入”、“主营业务成本”、“营业税金及附加”、“其他业务成本”、“销售费用”、“管理费用”、“财务费用”、“营业外支出”和“所得税费用”科目，其核算内容与原制度相应科目的核算内容相比有所调整。由于原账中上述损益类科目年末无余额，不需要进行转账处理。

第三节　会计报表

一、会计报表简述

（一）资产负债表

小企业执行新准则当年年末“资产负债表”的“年初余额”栏内各项目数字，应根据上年末“资产负债表”的“期末数”栏内所列数字按照新准则的规定进行调整后填列。调整方法根据上述有关规定处理。执行新准则当年的“资产负债表”应按新准则的规定编制。

（二）利润表

小企业执行新准则当年“利润表”的“上年金额”栏内各项目数字，应根据上年“利润表”的“本年累计数”栏内各项目数字经调整后填列，即原制度下“利润表”项目与新准则规定的“利润表”项目如有不同，应将原制度下“利润表”各项目数字按照新准则规定的项目进行调整后填列。执行新准则当年的“利润表”应按新准则的规定编制。

（三）现金流量表

小企业执行新准则当年“现金流量表”的“上年金额”栏内各项目数字，应根据上年“现金流量表”（如果小企业上年编制）的“本年数”栏内各项目数字

经调整后填列，即原制度下“现金流量表”项目与新准则规定的“现金流量表”项目如有不同，应将原制度下“现金流量表”各项目数字按照新准则规定的项目进行调整后填列。

如果小企业上年没有编制现金流量表或者上述调整不切实可行的，小企业执行新准则当年“现金流量表”的“上年金额”栏可以不予填列。执行新准则当年的“现金流量表”应按新准则的规定编制。

二、其他有关问题

执行《工业企业会计制度》、《企业会计制度》等其他会计制度的小企业，在首次执行新准则时应比照本规定执行。小企业会计制度与小企业会计准则会计科目转换对照表见表 2－1 所示。

附一：小企业会计制度与小企业会计准则会计科目转换对照表

表 2－1 小企业会计制度与小企业会计准则会计科目转换对照表

小企业会计制度会计科目			小企业会计准则会计科目		
顺序号	编号	会计科目名称	顺序号	编号	会计科目名称
		一、资产类			一、资产类
1	1001	现金	1	1001	库存现金
2	1002	银行存款	2	1002	银行存款
3	1009	其他货币资金	3	1012	其他货币资金
4	1101	短期投资	4	1101	短期投资
5	1102	短期投资跌价准备			
6	1111	应收票据	5	1121	应收票据
7	1121	应收股息	8	1131	应收股利
			9	1132	应收利息
8	1131	应收账款	6	1122	应收账款
			7	1123	预付账款
9	1133	其他应收款	10	1221	其他应收款
10	1141	坏账准备			
			11	1401	材料采购
11	1201	在途物资	12	1402	在途物资

续表

小企业会计制度会计科目			小企业会计准则会计科目		
顺序号	编号	会计科目名称	顺序号	编号	会计科目名称
12	1211	材料	13	1403	原材料
			14	1404	材料成本差异
13	1231	低值易耗品	18	1411	周转材料
14	1243	库存商品	15	1405	库存商品
15	1244	商品进销差价	16	1407	商品进销差价
16	1251	委托加工物资	17	1408	委托加工物资
17	1261	委托代销商品			
18	1281	存货跌价准备			
19	1301	待摊费用			
			19	1421	消耗性生物资产
20	1401	长期股权投资	21	1511	长期股权投资
21	1402	长期债权投资	20	1501	长期债券投资
22	1501	固定资产	22	1601	固定资产
23	1502	累计折旧	23	1602	累计折旧
25	1603	在建工程	24	1604	在建工程
24	1601	工程物资	25	1605	工程物资
26	1701	固定资产清理	26	1606	固定资产清理
			27	1621	生产性生物资产
			28	1622	生产性生物资产累计折旧
27	1801	无形资产	29	1701	无形资产
			30	1702	累计摊销

续表

小企业会计制度会计科目			小企业会计准则会计科目		
顺序号	编号	会计科目名称	顺序号	编号	会计科目名称
28	1901	长期待摊费用	31	1801	长期待摊费用
			32	1901	待处理财产损溢
		二、负债类			二、负债类
29	2101	短期借款	33	2001	短期借款
30	2111	应付票据	34	2201	应付票据
31	2121	应付账款	35	2202	应付账款
			36	2203	预收账款
32	2151	应付工资	37	2211	应付职工薪酬
33	2153	应付福利费			
34	2161	应付利润	40	2232	应付利润
35	2171	应交税金	38	2221	应交税费
36	2176	其他应交款			
			39	2231	应付利息
37	2181	其他应付款	41	2241	其他应付款
38	2191	预提费用			
39	2201	待转资产价值			
			42	2401	递延收益
40	2301	长期借款	43	2501	长期借款
41	2321	长期应付款	44	2701	长期应付款
		三、所有者权益类			三、所有者权益类
42	3101	实收资本	45	3001	实收资本
43	3111	资本公积	46	3002	资本公积

续表

小企业会计制度会计科目			小企业会计准则会计科目		
顺序号	编号	会计科目名称	顺序号	编号	会计科目名称
44	3121	盈余公积	47	3101	盈余公积
45	3131	本年利润	48	3103	本年利润
46	3141	利润分配	49	3104	利润分配
		四、成本类			四、成本类
47	4101	生产成本	50	4001	生产成本
48	4105	制造费用	51	4101	制造费用
			52	4301	研发支出
			53	4401	工程施工
			54	4403	机械作业
		五、损益类			五、损益类
49	5101	主营业务收入	55	5001	主营业务收入
50	5102	其他业务收入	56	5051	其他业务收入
51	5201	投资收益	57	5111	投资收益
52	5301	营业外收入	58	5301	营业外收入
53	5401	主营业务成本	59	5401	主营业务成本
54	5402	主营业务税金及附加	61	5403	营业税金及附加
55	5405	其他业务支出	60	5402	其他业务成本
56	5501	营业费用	62	5601	销售费用
57	5502	管理费用	63	5602	管理费用
58	5503	财务费用	64	5603	财务费用
59	5601	营业外支出	65	5711	营业外支出
60	5701	所得税	66	5801	所得税费用

【提示】

《小企业会计准则》和《小企业会计制度》相比，会计科目的对应关系，大致可以为以下几种情况：

1. 科目名称、核算内容基本不变

包括：

（1）资产类：银行存款、其他货币资金、短期投资、应收票据、其他应收款、库存商品、商品进销差价、委托加工物资、长期股权投资、固定资产、累计折旧、在建工程、工程物资、固定资产清理、无形资产、长期待摊费用；

（2）负债类科目：短期借款、应付票据、应付利润、长期应付款；

（3）所有者权益科目：实收资本、资本公积、本年利润、利润分配；

（4）成本类科目：生产成本、制造费用；

（5）损益类科目：主营业务收入、其他业务收入、投资收益、主营业务成本、管理费用、财务费用。

2. 核算内容基本相同、科目名称变更

包括："现金"改为"库存现金"，"低值易耗品"改为"周转材料"，"材料"科目改为"原材料"科目，"营业费用"改为"销售费用"，"所得税"改为"所得税费用"。

3. 在原科目基础上增设关联科目

包括："应收账款"科目沿用，增设"预收账款"科目；"在途物资"科目沿用，增设"材料采购"、"材料成本差异"科目；"无形资产"科目沿用，增设"累计摊销"科目；"应付账款"科目沿用，增设"预付账款"科目。

4. 分拆、合并一些科目

包括：

（1）将"应收股息"分拆为"应收股利"、"应收利息"两个科目；

（2）将"应付工资"、"应付福利费"和原"其他应付款"科目中的一些涉及职工薪酬方面的内容合并成"应付职工薪酬"科目；将"应交税金"、"其他应交款"两个科目合并为"应交税费"科目。

5. 取消、新设一些科目

包括：

（1）取消原"短期投资跌价准备"、"坏账准备"、"存货跌价准备"、"委托代销商品"、"待摊费用"、"预提费用"、"待转资产价值"科目，相应内容转归其他相关科目；

（2）增设了一些新的科目，包括："消耗性生物资产"、"生产性生物资产"、"生产性生物资产累计折旧"、"待处理财产损溢"、"应付利息"、"递延收益"、"研发支出"、"工程施工"、"机械作业"。

6. 调整一些科目的核算内容和名称

包括：

（1）将原核算债权投资的"长期债权投资"科目，改变为专门核算债券投资的"长期债券投资"科目；

（2）将专门核算主营业务的"主营业务税金及附加"科目，变更为同时核算主营业务、其他业务的"营业税金及附加"科目；

（3）将包含其他业务税费的"其他业务支出"变更为不包含其他业务税费的"其他业务成本"科目；

（4）将同时核算长期借款本金和利息的"长期借款"科目变更为专门核算借款本金的"长期借款"科目，利息部分转归"应付利息"科目核算；

（5）将原在"其他应付款"科目核算的应缴社会保障费用等内容转入"应付职工薪酬"科目核算；

（6）营业外收支科目沿用，但增加了一部分原在其他损益科目核算的收支内容。

（7）将"长期待摊费用"中包含的筹建期间内发生的尚未摊销完毕的开办费冲减"利润分配——未分配利润"科目。

附二：原制度和新准则衔接转换程序

1. 以2012年12月31日为资产负债表日，对于执行《小企业会计制度》或《工业企业会计制度》、《企业会计制度》等其他会计制度的小企业，将2012年发生的经济业务仍按原制度全部处理完毕，进行结账，编制“总账账户期末余额试算平衡表”或“科目汇总表”，在此基础上编制“资产负债表”等财务报表。

2. 按照财政部《关于印发小企业执行〈小企业会计准则〉有关问题衔接规定的通知》，进行科目衔接处理，对于相关科目余额进行调整，编制2012年12月31日“科目余额转换试算平衡表”。

3. 在“科目余额转换试算平衡表”的基础上，编制2013年1月1日的资产负债表，形成2013年1月1日新会计科目的初始化余额。

4. 对财务管理信息系统进行初始化

在2012年结账后，按照新准则的核算标准对财务管理信息系统进行初始化，将新会计科目的初始化余额录入系统，完成初始化建账工作，正常进行2013年的会计核算处理。

5. 衔接转换要求

使用财务管理信息系统的单位，新旧会计科目“科目余额转换试算平衡表”可以只保留本单位适用的科目，编制人、复核人、财务机构负责人、企业财务负责人（总会计师）、企业负责人签章。“科目余额转换试算平衡表”作为2012年封账的依据和2013年系统初始化建账的依据进行存档。

附三：原制度和新准则衔接转换的综合举例

一、基本资料

大明塑料制品厂属于增值税一般纳税人，符合小企业的认定条件，在2013年之前执行《小企业会计制度》，按照财政部的要求，从2013年1月1日开始执行《小企业会计准则》。

要求：根据2012年12月31日总账和明细账期末余额等资料，对于该企业按照新准则衔接要求，进行账目和报表的衔接转换。

二、具体衔接转换过程

第一步：根据该企业2012年12月31日的总账期末余额资料，以《小企业会计制度》为基础，编制“总账账户期末余额试算平衡表”如表2－2所示。

表2－2　总账账户期末余额试算平衡表

2012年12月31日　　单位：元

账户名称	调整前期末余额	
	借方金额	贷方金额
现金	2818	
银行存款	481400	

续表

账户名称	调整前期末余额	
	借方金额	贷方金额
短期投资	11000	
短期投资减值准备		1000
应收票据	400000	
应收账款	223000	
坏账准备		700
其他应收款	19800	
材料	1050862	
低值易耗品	36000	
库存商品	740000	
存货跌价准备		25000
待摊费用	25920	
长期股权投资	100000	
固定资产	3460000	
累计折旧		1000000
无形资产	54000	
长期待摊费用	20000	
短期借款		100000
应付票据		130000
应付账款		186000
其他应付款		2800
应付福利费		24000
应交税金		57600

续表

账户名称	调整前期末余额	
	借方金额	贷方金额
应付利润		240000
其他应交款		800
预提费用		56900
长期借款		700000
实收资本		3400000
资本公积		120000
盈余公积		150000
利润分配		430000
合计	6624800	6624800

说明：

1. 对其所属无形资产进行检查确认。经对原账中"无形资产"科目的累计借方、贷方发生额进行分析，查明：无形资产原价 67 800 元，无形资产累计摊销额 13 800 元。

2. "预提费用"科目余额 56 900 元为预提的短期借款和长期借款的利息。

3. "待摊费用"科目余额 25 920 元为预付下一年度的财产保险费。

4. "长期待摊费用"科目余额 20 000 元中，尚未摊销的开办费 15 000 元。

第二步：根据上述"总账科目余额试算表"，以《小企业会计制度》、《工业企业会计制度》、《企业会计制度》等其他会计制度为基础，编制 2012 年 12 月 31 日的资产负债表如表 2－3 所示。

表 2－3　　资产负债表（旧制度）

编制单位：大明塑料制品厂　　2012 年 12 月 31 日　　单位：元

资产	期末余额	负债和所有者权益	期末余额
流动资产		流动负债	
货币资金	484218	短期借款	100000
短期投资	10000	应付票据	130000

续表

资产	期末余额	负债和所有者权益	期末余额
应收票据	400000	应付账款	186000
应收账款	222300		
其他应收款	19800	其他应付款	2800
存货	1801862	应付福利费	24000
待摊费用	25920	应交税金	57600
一年内到期的长期债权投资	0	应付利润	240000
其他流动资产	0	其他应交款	800
流动资产合计	2964100	预提费用	56900
长期投资		一年内到期的长期负债	0
长期股权投资	100000	其他流动负债	0
长期债权投资	0	流动负债合计	798100
长期投资合计	100000	长期负债	
固定资产		长期借款	700000
固定资产原价	3460000	其他长期负债	0
减：累计折旧	1000000	长期负债合计	700000
固定资产净值	2460000	负债合计	1498100
固定资产清理	0	所有者权益	
在建工程	0	实收资本	3400000
固定资产合计	2460000	资本公积	120000
无形资产及其他资产		盈余公积	150000
无形资产	54000	未分配利润	430000
长期待摊费用	20000	所有者权益合计	4100000
其他长期资产	0		

续表

资产	期末余额	负债和所有者权益	期末余额
无形资产及其他资产合计	74000		
资产合计	5598100	负债和所有者权益合计	5598100

第三步：进行账务衔接处理

根据上述资料，按照《关于印发小企业执行〈小企业会计准则〉有关问题衔接规定的通知》，作如下账务衔接处理：

（一）无需进行调账，可以直接过入新账的项目

对于下列科目，因为新旧科目的名称相同，核算内容也基本相同，其余额可以直接过入新账：

银行存款、短期投资、应收票据、应收账款、预付账款、其他应收款、库存商品、长期股权投资、长期债权投资、固定资产、累计折旧、在建工程、短期借款、应付票据、应付账款、预收账款、其他应付款、应付利润、长期借款、实收资本、资本公积、盈余公积、未分配利润等科目。

（二）需要通过分析，才能过入新账的项目

下列科目，新旧科目的名称不同，或核算内容有较大差异，或已被取消，其余额需要通过分析才能过入新账：

现金、短期投资跌价准备、坏账准备、存货跌价准备、材料、低值易耗品、待摊费用、无形资产、应付福利费、应交税金、其他应交款、预提费用等科目。

具体调账过程如下：

1. 由于科目名称改变，将原制度下的“现金”科目余额 2 818 元转入新准则下的“库存现金”科目。

借：库存现金　　2 818

　贷：现金（旧）　　2 818

2. 由于科目名称改变，将原制度下的“材料”科目余额 1 050 862 元转入新准则下的“原材料”科目。

【注：要将“材料”各个明细科目余额一并结转】

借：原材料——相关明细科目（新）　　1 050 862

　贷：材料——相关明细科目（旧）　　1 050 862

3. 由于科目名称改变，将原制度下的“低值易耗品”科目余额 36 000 元，转入新准则下的“周转材料”科目。

【注：要将“低值易耗品”各个明细科目余额一并结转】

借：周转材料——相关明细科目（新）　　36 000

　贷：低值易耗品——相关明细科目（旧）　　36 000

4. 由于科目名称改变，将原制度下的“应付福利费”科目余额 24 000 元，转

入新准则下的“应付职工薪酬”科目。

借：应付福利费（旧） 24 000

贷：应付职工薪酬（新） 24 000

【提示】

“应付工资”科目如有余额，比照“应付福利费”科目结转。新准则将《小企业会计制度》中的“应付工资”和“应付福利费”合并为“应付职工薪酬”科目。不仅核算范围扩大了，而且核算方法也发生较大变化。本准则明确了应付职工薪酬，是指小企业为获得职工提供的服务而应付给职工的各种形式的报酬以及其他相关支出。小企业的职工薪酬具体包括：

(1) 职工工资、奖金、津贴和补贴。

(2) 职工福利费。

(3) 医疗保险费、养老保险费、失业保险费、工伤保险费和生育保险费等社会保险费。

(4) 住房公积金。

(5) 工会经费和职工教育经费。

(6) 非货币性福利。

(7) 因解除与职工的劳动关系给予的补偿。

(8) 其他与获得职工提供的服务相关的支出等。

按照新准则规定，小企业应当在职工为其提供服务的会计期间，将应付的职工薪酬确认为负债，并根据职工提供服务的受益对象，分别不同情况进行会计处理。

5. 由于科目名称改变，将原制度下的“应交税金”科目余额57 600元和“其他应交款”800元，一并转入新准则下的“应交税费”科目。

借：应交税金——相关明细科目（旧） 57 600

其他应交款——相关明细科目（旧） 800

贷：应交税费——相关明细科目（新） 58 400

【提示】

结转时，要将“应交税金”和“其他应交款”各个明细科目余额一并结转。新准则将《小企业会计制度》中的“应交税金”和“其他应交款”两个科目合并为“应交税费”科目。同时适应新的增值税转型改革的需要，对一般纳税人购建的主要用于生产经营用的固定资产增值税的核算发生了变化。本准则将小企业应交的矿产资源补偿费、排污费纳入本科目，小企业应交的城镇土地使用税、房产税、车船税、矿产资源补偿费、排污费，记入“营业税金及附加”科目。小企业按照规定实行企业所得税、增值税、消费税、营业税等先征后返的，应当在实际收到返还的企业所得税、增值税（不含出口退税）、消费税、营业税等时，作为政府补助处理，借记“银行存款”科目，贷记“营业外收入”科目。

6. 由于新准则没有设置“预提费用”科目，假定该企业实施新准则后，不再设置“预提费用”科目，则需将原制度下的“预提费用”科目余额56 900元，转入“应付利息”科目。

借：预提费用（旧） 56 900

贷：应付利息（新） 56 900

【提示】

新准则没有设置“预提费用”科目，但允许小企业根据需要自行增设相应科目用于日常核算。分两种情况处理：一是对于新准则下不再增设“预提费用”科目的小企业，转账时，应对原账中“预提费用”科目的余额进行分析，转入新账中“应付利息”、“其他应付款”等科目；二是对于新准则下增设“预提费用”科目的小企业，转账时，应将原账中“预提费用”科目的余额直接转至新账，也可沿用原账，并在以后期间实际支付时予以冲销。资产负债表日，对于新旧转换时转入的尚未冲减完毕的预提费用余额，或者执行新准则后发生的尚未冲减完毕的预提费用余额，应根据其性质进行分析，在资产负债表“应付利息”、“其他应付款”、“其他流动负债”等项目中填列。

7. 由于新准则没有设置“待摊费用”科目，假定该企业实施新准则后，不再设置“待摊费用”科目，则需将原制度下的“待摊费用”科目余额25 920元，转入“预付账款”科目。

借：预付账款（新） 25 920

贷：待摊费用（旧） 25 920

【提示】

新准则没有设置“待摊费用”科目，但允许小企业根据需要自行增设相应科目用于日常核算。分两种情况处理，一是对于新准则下不再增设“待摊费用”科目的小企业，转账时，应对原账中“待摊费用”科目的余额进行分析，转入新账中“预付账款”等科目；二是新准则下增设了“待摊费用”科目的小企业，转账时，应将原账中“待摊费用”科目的余额直接转至新账，也可沿用原账，并在以后期间按原摊销期限继续摊销。资产负债表日，对于新旧转换时转入的尚未摊销完毕的待摊费用余额，或者执行新准则后发生的尚未摊销完毕的待摊费用余额，应根据其性质进行分析，在资产负债表“预付账款”、“其他流动资产”等项目中填列。

8. 由于新准则没有设置“短期投资减值准备”、“坏账准备”、“存货跌价准备”科目，需要将原制度下的“短期投资减值准备”科目余额1 000元、“坏账准备”科目余额700元、“存货跌价准备”科目余额25 000元，一并转入“利润分配——未分配利润”科目。

借：短期投资跌价准备（旧） 1 000

坏账准备（旧） 700

存货跌价准备（旧） 25 000

贷：利润分配——未分配利润 26 700

9. 由于新准则下“长期待摊费用”科目核算内容发生变化，将小企业筹建期间内发生的尚未摊销完毕的开办费15 000元冲减“利润分配——未分配利润”科目。

借：利润分配——未分配利润 15 000

贷：长期待摊费用 15 000

【提示】

新准则虽然设置了“长期待摊费用”科目，其核算内容与原制度相应科目的核算内容略有不同，小企业的长期待摊费用包括：已提足折旧的固定资产的改建支出、经营租入固定资产的改建支出、固定资产的大修理支出和其他长期待摊费用等，并规定了摊销期限。新准则中不再包括开办费。所以转账时，应对原账中“长期待摊费用”科目的余额进行分析，将小企业筹建期间内发生的尚未摊销完毕的开办费冲减“利润分配——未分配利润”科目；将其他尚未摊销完毕的长期待摊费用直接转入新账中“长期待摊费用”科目，以后期间按原摊销期限继续摊销。

10. 对“无形资产”科目余额54 000元进行分析，查明：该项无形资产原价67 800元，累计摊销金额为13 800元。

借：无形资产（新） 67 800

　贷：无形资产（旧） 54 000

　　累计摊销（新） 13 800

【提示】

新准则设置了“无形资产”和“累计摊销”科目，分别核算小企业持有的无形资产成本及其计提的累计摊销。转账时，应对原账中“无形资产”科目的余额进行分析，将无形资产成本的金额转入新账中“无形资产”科目，将无形资产已计提的累计摊销额转入新账中“累计摊销”科目；如上述调整不切实可行的，应将原账中“无形资产”科目的余额直接转入新账中“无形资产”科目，也可沿用原账。

第四步：根据上述调整分录，编制2012年12月31日“科目余额转换试算平衡表”如表2-4所示：

表2-4 科目余额转换试算平衡表

2012年12月31日

单位：元

原科目名称	原制度余额		本期调整额		新准则科目名称	本期调整额		转入新报表余额	
	借方	贷方	借方	贷方		借方	贷方	借方	贷方
现金	2818			2818	库存现金	2818		2818	
银行存款	481400			481400	银行存款	481400		481400	
短期投资	11000			11000	短期投资	11000		11000	
短期投资跌价准备		1000	1000						
应收票据	400000			400000	应收票据	400000		400000	
应收账款	223000			223000	应收账款	223000		223000	
坏账准备		700	700						
待摊费用	25920			25920					

续表

原科目名称	原制度余额		本期调整额		新准则科目名称	本期调整额		转入新报表余额	
	借方	贷方	借方	贷方		借方	贷方	借方	贷方
其他应收款	19800			19800	其他应收款	19800		19800	
					预付账款	25920		25920	
材料	1050862			1050862	原材料	1050862		1050862	
低值易耗品	36000			36000	周转材料	36000		36000	
库存商品	740000			740000	库存商品	740000		740000	
存货跌价准备		25000	25000						
长期股权投资	100000			100000	长期股权投资	100000		100000	
固定资产	3460000			3460000	固定资产	3460000		3460000	
累计折旧		1000000	1000000		累计折旧		1000000		1000000
无形资产	54000			54000	无形资产	67800		67800	
					累计摊销		13800		13800
长期待摊费用	20000			20000	长期待摊费用	20000	15000	5000	
短期借款		100000	100000		短期借款		100000		100000
应付票据		130000	130000		应付票据		130000		130000
应付账款		186000	186000		应付账款		186000		186000
其他应付款		2800	2800		其他应付款		2800		2800
应付福利费		24000	24000		应付职工薪酬		24000		24000
预提费用		56900	56900		应付利息		56900		56900
应交税金		57600	57600		应交税费		58400		58400
其他应交款		800	800						
应付利润		240000	240000		应付利润		240000		240000
长期借款		700000	700000		长期借款		700000		700000
实收资本		3400000	340000		实收资本		3400000		3400000
资本公积		120000	120000		资本公积		120000		120000
盈余公积		150000	150000		盈余公积		150000		150000
未分配利润		430000	430000		未分配利润	15000	456700		441700
合计	6624800	6624800	6624800	6624800	合计	6653600	6653600	6623600	6623600

或者：只编制新准则下“科目余额试算平衡表”，如表2-5所示。

表2-5 科目余额试算平衡表

新准则科目名称	调整后期末余额	
	借方	贷方
库存现金	2818	
银行存款	481400	
短期投资	11000	
应收票据	400000	
应收账款	223000	
其他应收款	19800	
预付账款	25920	
原材料	1050862	
周转材料	36000	
库存商品	740000	
长期股权投资	100000	
固定资产	3460000	
累计折旧		1000000
无形资产	67800	
累计摊销		13800
长期待摊费用	5000	
短期借款		100000
应付票据		130000
应付账款		186000
其他应付款		2800
应付职工薪酬		24000
应付利息		56900
应交税费		58400
应付利润		240000
长期借款		700000
实收资本		3400000
资本公积		120000
盈余公积		150000
未分配利润		441700
合计	6623600	6623600

第五步：根据上述“科目余额转换试算平衡表”或“科目余额试算平衡表”资料，编制2013年1月1日的资产负债表如表2-6所示：

表2-6　**资产负债表（新准则）**

会小企01表

编制单位：大明塑料制品厂　　2013年1月1日　　单位：元

资产	行次	期末余额	年初余额	负债和所有者权益	行次	期末余额	年初余额
流动资产：				流动负债：			
货币资金	1		484218	短期借款	31		100000
短期投资	2		11000	应付票据	32		130000
应收票据	3		400000	应付账款	33		186000
应收账款	4		223000	预收账款	34		
预付账款	5		25920	应付职工薪酬	35		24000
应收股利	6			应交税费	36		58400
应收利息	7			应付利息	37		56900
其他应收款	8		19800	应付利润	38		240000
存货	9		1826862	其他应付款	39		2800
其中：原材料	10		1050862	其他流动负债	40		
在产品	11			流动负债合计	41		798100
库存商品	12		740000	非流动负债：			
周转材料	13		36000	长期借款	42		700000
其他流动资产	14			长期应付款	43		
流动资产合计	15		2990800	递延收益	44		
非流动资产：				其他非流动负债	45		
长期债券投资	16			非流动负债合计	46		700000
长期股权投资	17		100000	负债合计	47		1498100
固定资产原价	18		3460000				
减：累计折旧	19		1000000				
固定资产账面价值	20		2460000				
在建工程	21						
工程物资	22						
固定资产清理	23						

续表

资产	行次	期末余额	年初余额	负债和所有者权益	行次	期末余额	年初余额
生产性生物资产	24			所有者权益（或股东权益）：			
无形资产	25		54000	实收资本（或股本）	48		3400000
开发支出	26			资本公积	49		120000
长期待摊费用	27		5000	盈余公积	50		150000
其他非流动资产	28			未分配利润	51		441700
非流动资产合计	29		2619000	所有者权益（或股东权益）合计	52		4111700
资产总计	30		5609800	负债和所有者权益（或股东权益）总计	53		5609800

本章笔记

第三章　最新税收政策剖析

第一节　流转税政策

一、既要讲法也要讲理，法中有理理中说法

【解读条文】

《国家税务总局关于一般纳税人销售自己使用过的固定资产增值税有关问题的公告》（国家税务总局公告 2012 年第 1 号）

> 【文件摘要】
>
> 增值税一般纳税人销售自己使用过的固定资产，属于以下两种情形的，可按简易办法依4%征收率减半征收增值税，同时不得开具增值税专用发票：
>
> 一、纳税人购进或者自制固定资产时为小规模纳税人，认定为一般纳税人后销售该固定资产。
>
> 二、增值税一般纳税人发生按简易办法征收增值税应税行为，销售其按照规定不得抵扣且未抵扣进项税额的固定资产。

出台背景

根据《财政部 国家税务总局关于全国实施增值税转型改革若干问题的通知》（财税［2008］170 号）第四条规定：自 2009 年 1 月 1 日起，纳税人销售自己使用过的固定资产（以下简称已使用过的固定资产），应区分不同情形征收增值税：

（一）销售自己使用过的 2009 年 1 月 1 日以后购进或者自制的固定资产，按照适用税率征收增值税；

（二）2008 年 12 月 31 日以前未纳入扩大增值税抵扣范围试点的纳税人，销售自己使用过的 2008 年 12 月 31 日以前购进或者自制的固定资产，按照 4% 征收率减半征收增值税；

（三）2008 年 12 月 31 日以前已纳入扩大增值税抵扣范围试点的纳税人，销售自己使用过的在本地区扩大增值税抵扣范围试点以前购进或者自制的固定资产，按照 4% 征收率减半征收增值税；销售自己使用过的在本地区扩大增值税抵扣范围试点以后购进或者自制的固定资产，按照适用税率征收增值税。

但是对于 2009 年 1 月 1 日之后购进或者自制固定资产的小规模纳税人而言，如果其后来认定为一般纳税人，则销售使用过的固定资产按适用税率 17% 征收，由于没有进项税额可以抵扣，相应的税负将大大增加。

【专家点评】

由于小规模纳税人在 2009 年 1 月 1 日之后购进或自制的固定资产不能抵扣进

项税额，认定为一般纳税人后再销售已使用过的固定资产，税负太重，上述原因并非企业不主动索取增值税专用发票导致失去抵扣权利，而是因为税制因素导致不能抵扣进项税额，因此对于这种没有在财税［2008］170号文件中明确的特殊情形，同样采取按4%征收率减半征收增值税的优惠政策。

另外1号公告还明确增值税一般纳税人发生按简易办法征收增值税应税行为，销售其按照规定不得抵扣且未抵扣进项税额的固定资产也按4%征收率减半征收增值税，之所以如此规定，主要也是因为政策因素不得抵扣进项税额。

因此1号公告从实际情况出发，本着不加重纳税人负担的原则，考虑了上述两种情形，给出了令纳税人满意的答案。

【案例点评】

天华公司为增值税小规模纳税人，2010年购进固定资产117万元，因是小规模纳税人，不允许抵扣进项税额，因此取得增值税普通发票，该固定资产使用两年后，于2012年售出，作价60万元，但此时天华公司已申请认定为一般纳税人，根据2012年国家税务总局第1号公告，上述销售已使用过的固定资产应申报缴纳增值税 $60 \div (1+4\%) \times 2\% = 1.15$（万元）。如果没有该公告规定，则需要申报缴纳增值税 $60 \div (1+17\%) \times 17\% = 8.72$（万元）。

二、动产以交付为准，不动产以登记为准

【解读条文】

《国家税务总局关于二手车经营业务有关增值税问题的公告》（国家税务总局公告2012年第23号）

> **【文件摘要】**
>
> 经批准允许从事二手车经销业务的纳税人按照《机动车登记规定》的有关规定，收购二手车时将其办理过户登记到自己名下，销售时再将该二手车过户登记到买家名下的行为，属于《中华人民共和国增值税暂行条例》规定的销售货物的行为，应按照现行规定征收增值税。
>
> 除上述行为以外，纳税人受托代理销售二手车，凡同时具备以下条件的，不征收增值税；不同时具备以下条件的，视同销售征收增值税。
>
> （一）受托方不向委托方预付货款；
>
> （二）委托方将《二手车销售统一发票》直接开具给购买方；
>
> （三）受托方按购买方实际支付的价款和增值税额（如系代理进口销售货物则为海关代征的增值税额）与委托方结算货款，并另外收取手续费。
>
> 本公告自2012年7月1日起开始施行。

出台背景

二手车买家相当一部分系个人，因此二手车市场上销售中介与个人之间的交易往往采取阴阳合同的方式，对此税务机关采取了核定最低计税价格等征管办法，但还有不少销售中介在增值税与营业税之间打擦边球，因此对于二手车经销业务纳税人流转税的界定需要予以进一步明确。

【专家点评】

根据《中华人民共和国物权法》第九条规定：不动产物权的设立、变更、转让和消灭，经依法登记，发生效力；未经登记，不发生效力，但法律另有规定的除外。依法属于国家所有的自然资源，所有权可以不登记。

第十条规定：不动产登记，由不动产所在地的登记机构办理。国家对不动产实行统一登记制度。统一登记的范围、登记机构和登记办法，由法律、行政法规规定。

因此收购二手车时将其办理过户登记到自己名下，销售时再将该二手车过户登记到买家名下的行为，实质上就是二手车销售中介购入二手车再销售的行为，属于应征增值税的销售货物行为，应当征收增值税。但是为合理界定增值税与营业税的范畴，23号公告又规定纳税人受托代理销售二手车，凡同时具备以下条件的，不征收增值税；不同时具备以下条件的，视同销售征收增值税。

（一）受托方不向委托方预付货款；

（二）委托方将《二手车销售统一发票》直接开具给购买方；

（三）受托方按购买方实际支付的价款和增值税额（如系代理进口销售货物则为海关代征的增值税额）与委托方结算货款，并另外收取手续费。

对于这个规定，曾有过类似文件，《财政部 国家税务总局关于增值税、营业税若干政策规定的通知》（财税字［1994］026号）文件第五条规定：代购货物行为，凡同时具备以下条件的，不征收增值税；不同时具备以下条件的，无论会计制度规定如何核算，均征收增值税。

（一）受托方不垫付资金；

（二）销货方将发票开具给委托方，并由受托方将该项发票转交给委托方；

（三）受托方按销售方实际收取的销售额和增值税额（如系代理进口货物则为海关代征的增值税额）与委托方结算货款，并另外收取手续费。

可见前者为代销，后者为代购，但基本要求均一致，即必须同时满足三个条件才不征收增值税，而就代销代购手续费征收营业税，否则一律征收增值税。

【案例点评】

天华公司（增值税一般纳税人）为二手车销售中介，替客户张某销售一辆二手车，当时即支付给张某9万元，尔后作价10万元销售给李某，天华公司向张某预付货款导致其不满足不征收增值税的规定，由于天华公司应申报缴纳增值税 $10\div(1+4\%)\times4\%\times50\%=0.19$（万元）。如果其满足三项条件，则应该按代理服务业申报缴纳营业税 $(10-9)\times5\%=0.05$（万元）。

三、出口退税大调整，减负增效是根本

【解读条文】

《财政部 国家税务总局关于出口货物劳务增值税和消费税政策的通知》（财税［2012］39号）

《国家税务总局关于发布〈出口货物劳务增值税和消费税管理办法〉的公告》（国家税务总局公告2012年第24号）

《国家外汇管理局 海关总署 国家税务总局关于货物贸易外汇管理制度改革的公告》（国家外汇管理局公告2012年第1号）

【文件摘要】

出口企业或其他单位销售给国际运输企业用于国际运输工具上的货物。上述规定暂仅适用于外轮供应公司、远洋运输供应公司销售给外轮、远洋国轮的货物，国内航空供应公司生产销售给国内和国外航空公司国际航班的航空食品。

外贸企业出口委托加工修理修配货物增值税退（免）税的计税依据，为加工修理修配费用增值税专用发票注明的金额。外贸企业应将加工修理修配使用的原材料（进料加工海关保税进口料件除外）作价销售给受托加工修理修配的生产企业，受托加工修理修配的生产企业应将原材料成本并入加工修理修配费用开具发票。

出口企业或其他单位未按规定申报或未补齐增值税退（免）税凭证的出口货物劳务。

具体是指：

（1）未在国家税务总局规定的期限内申报增值税退（免）税的出口货物劳务。

（2）未在规定期限内申报开具《代理出口货物证明》的出口货物劳务。

（3）已申报增值税退（免）税，却未在国家税务总局规定的期限内向税务机关补齐增值税退（免）税凭证的出口货物劳务。

对于适用增值税免税政策的出口货物劳务，出口企业或其他单位可以依照现行增值税有关规定放弃免税，并依照本通知第七条的规定缴纳增值税。

（摘自财税［2012］39号）

企业当月出口的货物须在次月的增值税纳税申报期内，向主管税务机关办理增值税纳税申报、免抵退税相关申报及消费税免税申报。

企业应在货物报关出口之日（以出口货物报关单〈出口退税专用〉上的出口日期为准，下同）次月起至次年4月30日前的各增值税纳税申报期内收齐有关凭证，向主管税务机关申报办理出口货物增值税免抵退税及消费税退税。逾期的，企业不得申报免抵退税。

（摘自国家税务总局2012年24号公告）

改革之日起，取消出口收汇核销单（以下简称核销单），企业不再办理出口收汇核销手续。国家外汇管理局分支局（以下简称外汇局）对企业的贸易外汇管理方式由现场逐笔核销改变为非现场总量核查。外汇局通过货物贸易外汇监测系统，全面采集企业货物进出口和贸易外汇收支逐笔数据，定期比对、评估企业货物流与资金流总体匹配情况，便利合规企业贸易外汇收支；对存在异常的企业进行重点监测，必要时实施现场核查。

（摘自国家外汇管理局公告2012年第1号）

出台背景

出口退税政策涉及财政部、国家税务总局、海关总署、国务院关税税则委员会、外汇管理局等多家政府机关，自 1985 年实施出口退税政策鼓励出口以来，各部门相继下发文件达 650 余份，其中全文或部分废止以及自然失效的达 395 份，占单独发文的 86%。虽然出口退（免）税政策对外贸经济的稳步增长起到了不可替代的作用，但由于文件出台或废止过多，给企业以及税务人员掌握和执行政策带来了困难，容易引发征纳争议；出口退（免）税文件条款繁杂，影响退税进度等。

针对以上实际问题，为了贯彻落实国务院关于“稳增长、调结构、促转型”的总体要求，财政部、国家税务总局、国家外汇管理局于 2012 年及时制定出台通知和公告，结合财税体制、外汇体制改革现状，减轻企业办税负担、加快出口退税进度、推进出口经济，2012 年财政部、国家税务总局、国家外汇管理局的重磅文件财税［2012］39 号与国家税务总局 2012 年 24 号公告和国家外汇管理局公告 2012 年第 1 号相继出台。

【专家点评】

财政部、国家税务总局日前发出《关于出口货物劳务增值税和消费税政策的通知》（财税［2012］39 号），对近年来陆续制定的一系列出口货物、对外提供加工修理修配劳务增值税和消费税政策进行了梳理归类，并对在实际操作中反映的个别问题作了明确。国家税务总局和国家外汇管理局同时发布《出口货物劳务增值税和消费税管理办法》（国家税务总局公告 2012 年第 24 号）和《国家外汇管理局 海关总署 国家税务总局关于货物贸易外汇管理制度改革的公告》（国家外汇管理局公告 2012 年第 1 号）。

上述三个重量级文件对纳税人有以下几大利好：

一、新政策调整从适应当前经济形势发展的需求入手，打破自始以来出口退（免）税的操作模式。如未在规定期限内收齐单证无法实现出口退（免）税的货物，出口企业可以自行选择免税或征税，改变了以往出口货物不退则征的传统做法，有利于减轻企业负担，简化退税手续。

二、归并清理，利于操作。通知和公告对原政策中不清楚或未明确的条款进行了清理，对反响强烈和过期文件进行了调整。据粗略统计，本次清理后，有效文件约 60 余份，较好地解决了文件繁琐、管理不便的问题，利于出口企业以及税务人员掌握和操作。

三、缓解矛盾，利于公平。新政策的出台是在出口企业与税务机关双方共识、运作合理的基础上对现行有效规定进行的整合。如放宽出口企业申报退税的期限至次年 4 月 30 日之前的各增值税纳税申报期内，减轻过去短时间企业收齐单证的压力，避免征纳双方发生的税收争议。

上述三个文件主要有以下变化点：

通知和公告对原政策中不规范的称谓、计税依据、政策操作、日常管理等内容进行了调整，公告还明确对未纳入的出口货物增值税、消费税其他管理规定，仍按原规定执行。

一、界定出口与非出口企业范围

通知第一条第一项规定，出口企业是指依法办理工商登记、税务登记、对外贸易经营者备案登记，自营或委托出口货物的单位或个体工商户，以及依法办理工商登记、税务登记但未办理对外贸易经营者备案登记，委托出口货物的生产企业。那么，范围之外的应视为非出口企业。这是一个新称谓，单指不具有进出口经营权委托出口货物的商贸企业或个人。出口企业与非出口企业的不同点在于，前者是自营或委托出口的货物实行退（免）税，后者是委托出口的货物按免税办理。

二、梳理视同出口货物范围

通知在原政策的基础上，将出口企业或其他单位视同出口的货物重新划分为7类，包括：1. 对外援助、对外承包、境外投资的出口货物；2. 进入特殊区域的出口货物；3. 免税品经营企业销售的货物；4. 中标机电产品；5. 销售海洋工程结构物；6. 销售用于国际运输工具上的货物；7. 输入特殊区域的水、电、气。主要解决视同出口货物由于政策特殊而不好统一执行的问题，如原政策对出口加工区内生产企业生产出口货物耗用的水、电、气，准予退还所含的增值税。保税港区、保税物流园区等其他特殊区域虽然与出口加工区的退税政策保持一致，但此项政策单独对出口加工区进行了明确，导致各地执行不尽统一。此次调整统一明确了输入特殊区域的水、电、气，区内企业可以办理退（免）税。另外，新增加国内航空供应公司销售给国内航空公司国际航班的航空食品也实行出口退税政策。销售给国际航班的货物，是出口的一种形式，应该实行出口退税。目前只对销售给国外航空公司的航空食品实行出口退税，而对销售给国内航空公司国际航班的航空食品没有实行这一政策，导致政策不平衡，因此，通知对该类业务，也实行出口退税。

三、重申出口退税原始凭证的有关规定

一是重申增值税专用发票有关规定，明确丢失发票分为两种情况办理退税。对出口企业和其他单位丢失增值税专用发票的发票联和抵扣联的，经认证相符后，可凭增值税专用发票记账联复印件及销售方所在地主管税务机关出具的丢失增值税专用发票已报税证明单，向主管税务机关申报退（免）税。出口企业和其他单位丢失增值税专用发票抵扣联的，在增值税专用发票认证相符后，可凭增值税专用发票的发票联复印件向主管出口退税的税务机关申报退（免）税。二是增加海关进口增值税专用缴款书规定，外贸企业进口的货物，如再出口的，可凭此申报出口退（免）税。三是明确受托方将代理出口货物与其他货物一笔报关出口的，委托方可以用出口货物报关单复印件申报退（免）税。四是取消出口货物明细单，不再列为备案单证的内容。

四、理顺出口退税认定程序

一是取消出口企业逾期认定的处罚。按原政策，未按规定办理出口货物退（免）税认定、变更或注销认定手续的，税务机关应按照《中华人民共和国税收征收管理法》第六十条规定予以处罚。通知和公告对此未再进行列明，应视为取消此项处罚。二是重新明确出口退税企业注销程序。在出口货物退税认定管理中，出口企业如需要注销税务登记的，应先申请注销出口货物退（免）税认定。

五、放宽出口退税申报期限

2004 年退税机制改革后，为促使企业加快申报进度，规定企业须在货物报关出口后 90 天内申报退税，否则不予退税，并且外贸企业和生产企业申报期限不完全统一，外贸企业必须在“出口之日起 90 天后的第一个增值税纳税申报期”之前申报退税，生产企业申报期限为“出口之日起 90 天内，但到期之日超过当月的免抵退税申报期的，可在次月申报期内申报”，其细微差别在实际操作中容易混淆，引发争议。对此，公告将两类企业申报期限统一为“在出口货物报关出口之日次月起至次年 4 月 30 日前的各增值税纳税申报期内，收齐凭证申报退（免）税”，进一步放宽了企业申报退税的期限。

六、扩大出口货物免税范围

一是增加出口货物免税管理的内容。原政策只对小规模纳税人、来料加工出口的货物，以及出口卷烟和含金产品等若干项目有免税管理的规定。此次调整，将特殊区域内的企业出口的货物、出口企业或其他单位未按规定申报或未补齐增值税退（免）税凭证的出口货物劳务等情况合并列入免税管理，并要求出口企业按照规定，向主管税务机关办理免税申报手续。否则，按内销规定征税。二是部分出口货物征税改免税。原政策对未按规定申报办理退税的出口货物，不予退税应视同内销征税，主要包括出口企业未在规定期限内申报退税和虽已申报退税但未在规定期限内向税务机关补齐有关凭证的货物等，通知和公告将其调整为免税。三是考虑到与国内增值税免税规定相一致，公告增加了对免税出口货物，出口企业可以放弃免税，实行征税的规定，一旦放弃免税，36 个月内不得变更。

七、调整生产企业出口退税条件

一是扩大生产企业收购货物出口退税的范围，增加了视同自产的与本企业生产经营活动相关的货物。二是废止生产企业代理出口不予退税的规定，明确生产企业代理出口的货物可按规定实行出口退（免）税政策。三是调整生产型集团公司收购成员企业货物出口退税的办法，取消了提供县级以上政府主管部门批件的规定，同时规定集团内成员企业收购出口的成员企业及集团公司生产的货物，可视同自产货物予以退（免）税。四是调整“先退税后核销”政策，对凭出口合同和销售明细账办理退税出口货物的范围与生产企业的条件进行明确，货物范围扩大为交通运输工具和机器设备，取消出口规模达到 3 000 万美元以上的条件限制，增加已取得一般纳税人资格条件，将企业拥有一定资产改为上一年度净资产大于同期出口货物增值税、消费税退税额之和的 3 倍，将从未发生过出口骗税改为从未发生逃税、骗税、虚开发票、接受虚开发票行为。五是取消了小型企业、新发生出口业务的企业审核期满 12 个月后办理退税的规定。

八、调整外贸企业计税依据

按原规定外贸企业委托加工的出口货物，加工费和原材料应分别计算退税，其中加工费的退税率为出口货物的退税率，由于在执行中存在耗用的原材料金额、退税率等难以确定。因此，通知进行了调整，明确申报退税的增值税专用发票所列加工费应包含原材料成本金额，并统一按出口货物的退税率退税。另外，需注意外贸企业出口业务应单独设账用于核算货物购进的金额与进项税额的情况，如果购进货物时不能确定是用于出口的，也应先记入出口库存账中，待用于其他用途时从此账中转出。

九、改进进料加工征税计税方式

一是调整外贸企业作价销售进口料件税收的管理规定。按原规定出口企业作价销售保税进口料件的应征增值税，暂不入库，待收回的货物出口后抵减应退的出口退税款。目前，加工贸易由海关监管，海关总署规定保税进口料件，不允许企业作价销售，只能采取委托加工收回出口的方式。对此，为了避免冲突，统一管理，通知调整为作价销售保税进口料件按内销征税，比照一般贸易委托加工的方式计算退税。二是调整进料加工应税出口货物的增值税计算。原规定对一般纳税人以进料加工复出口贸易方式出口视同内销的货物比照小规模纳税人的简易办法征缴税款，应纳税额 =（出口货物离岸价格 × 外汇人民币牌价）÷（1 + 征收率）× 征收率。通知调整为恢复按差额征税，明确了按差额征税的计算公式，销项税额 =（出口货物离岸价 - 出口货物耗用的进料加工保税进口料件金额）÷（1 + 适用税率）× 适用税率。如某生产企业仅进口了一笔保税料件，外汇折算人民币价格为 9 000 元，在当月一次性耗用完毕并报关出口一笔货物，外汇离岸价换算人民币为 10 300 元，按原规定计算，应纳税额 = 10 300 ÷ 1.03 × 0.03 = 300（元）。如果按新规定计算（以购进法核算进料加工），其征税率为 17%，销项税额 =（10 300 - 9 000）÷ 1.17 × 0.17 = 188.89（元）。考虑到如果出口企业采用实耗法或抵减进口料件金额不实的，通知要求应对出口货物耗用的进料加工保税进口料件金额进行清算。

十、调整出口退税报表

公告对用于出口退（免）税的报表进行了调整，将过去所用的近 80 张报表调整为了 43 张，主要有以下变化：一是调增报表项目，如在《免抵退税申报汇总表》中增加零税率应税服务免抵退税的有关内容，以适应试点地区“营改增”业务的处理，为全国推广打好伏笔。二是合并使用报表，如将增值税小规模纳税人出口货物等 17 项不同情况的免税业务，采取通用一张《免税出口货物劳务明细表》的方式来实现申报，减少报表成本，避开报表多样，利于申报操作。三是取消报表内容，如许多报表的签字栏由过去的三栏次变为了两栏次，以减少审批周转的环节，利于出口企业退（免）税。

十一、政策执行追溯上年业务

通知和公告考虑到调整中可能会遇到难以处理的各种问题，在执行中将部分条款的时间向前作了追溯。通知规定，对未在规定期限内申报或补齐单证的出口货物实行免税，对免税品经营企业销售给所属免税店的免税进口货物免征增值税，免税店零售的货物免征增值税，以及航空供应公司销售给国内航空公司国际航班的航空食品实行退税的规定，追溯到从2011年1月1日起执行；公告规定，申报退（免）税期限、免税的申报期限（单指未在规定期限内申报或补齐单证的出口货物）、申请开具代理证明期限的规定也相应追溯到从2011年1月1日开始执行。除此之外的其他规定，从2012年7月1日起执行。同时，明确对2011年出口货物的退税、免税、征税申报期限分别延长至2012年7月、8月、9月的各增值税纳税申报期内。

【案例点评】

天华公司在2011年1月1日出口的货物，原规定出口退（免）税最后1个申报期应在2011年4月20日（征期顺延）之前，收齐单证申报时间最多为110天。依照新政策，出口退（免）税最后1个申报期应在2012年4月18日（征期顺延）之前，收齐单证申报时间最多为474天。同为一个出口时间，新旧计算对比，申报退税期相差364天。

天华公司7月份购入一批面料委托A公司加工服装出口，购入面料的计税金额为100 000元，税额17 000元，收回服装时加工费计税金额为50 000元，税额8 500元。按原规定假设服装出口退税率为16%，面料出口退税率为13%，征税率均为17%，其外贸公司的出口退税＝50 000×16%＋100 000×13%＝21 000（元）。如果按新政策计算，外贸公司将购进的面料按原价卖给A公司，加工收回时，A公司将购入面料成本并入加工费中开票给外贸公司，计税金额为150 000元，税额25 500元。则外贸公司的出口退税＝（100 000＋50 000）×16%＝24 000（元）。可以看到，在新旧两种不同计算方式下，当原材料与出口成品的出口退税率一致时，对退税额的影响并不大；但当出口退税率不一致时，就会出现上例中退税额的差异。

四、菜篮子工程税收又给力，上环节无销下环节无进

【解读条文】

《财政部 国家税务总局关于免征部分鲜活肉蛋产品流通环节增值税政策的通知》（财税［2012］75号）

> **【文件摘要】**
>
> 对从事农产品批发、零售的纳税人销售的部分鲜活肉蛋产品免征增值税。
>
> 《中华人民共和国增值税暂行条例》第八条所列准予从销项税额中扣除的进项税额的第（三）项所称的“销售发票”，是指小规模纳税人销售农产品依照3%征收率按简易办法计算缴纳增值税而自行开具或委托税务机关代开的普通发票。批发、零售纳税人享受免税政策后开具的普通发票不得作为计算抵扣进项税额的凭证。

出台背景

继《财政部 国家税务总局关于免征蔬菜流通环节增值税有关问题的通知》（财税［2011］137号）文件发布后，为进一步保障民生，提升民众福利，财政部、国家税务总局又以财税［2012］75号文件规定，部分鲜活肉蛋产品在批发、零售环节给予免征增值税的优惠。上述两个文件均旨在通过增值税免税政策，减轻中间环节流通成本，最终惠及普通民众。

【专家点评】

财税［2012］75号文件的最大亮点是对农产品销售发票的规范表述，《中华人民共和国增值税暂行条例》（国务院令第538号）第八条规定：下列进项税额准予从销项税额中抵扣：（三）购进农产品，除取得增值税专用发票或者海关进口增值税专用缴款书外，按照农产品收购发票或者销售发票上注明的农产品买价和13%的扣除率计算的进项税额。进项税额计算公式：进项税额＝买价×扣除率。

由于鲜活肉蛋产品批发零售商已经免征增值税，其销售额是不含增值税的，且批发零售商经营鲜活肉蛋产品也不属于农业生产者自产农产品，因此取得的鲜活肉蛋产品批发零售商开具的农产品销售发票不得计算增值税进项税额抵扣。

对于零售环节来说，由于购买肉蛋产品的消费者个人本就不需要抵扣增值税进项税额，这项影响并不大，但是对于批发商而言，由于其下游零售商不能抵扣增值税进项税额，从而可能与上游批发商展开价格博弈，将税负前转，则从事肉蛋产品批发的经销商并不一定能获得流通环节免征增值税的实实在在的好处。

【案例点评】

天华公司为增值税小规模纳税人，2012年9月与11月分别销售一批鲜活肉蛋产品给天宝肉蛋商场，零售价103万元。

由于财税［2012］75号于2012年10月1日起实施，则2012年9月，天华公司应纳增值税103÷（1＋3%）×3%＝3（万元）。天宝肉蛋商场属于一般纳税人，可以抵扣进项税额103×13%＝13.39（万元），但是2012年11月，天华公司不再缴纳增值税，虽然天华公司免征增值税3万元，但是下游的天宝肉蛋商场却损失了进项税额13.39万元，显然从整个流通环节而言，这项惠民的菜篮子工程在某些方面并没有带来实实在在的税收优惠。

第二节　所得税政策

一、实质重于形式，简便胜于复杂

【解读条文】

《国家税务总局关于企业所得税应纳税所得额若干税务处理问题的公

告》（国家税务总局公告2012年第15号）

【文件摘要】

一、关于季节工、临时工等费用税前扣除问题

企业因雇用季节工、临时工、实习生、返聘离退休人员以及接受外部劳务派遣用工所实际发生的费用，应区分为工资薪金支出和职工福利费支出，并按《企业所得税法》规定在企业所得税前扣除。其中属于工资薪金支出的，准予计入企业工资薪金总额的基数，作为计算其他各项相关费用扣除的依据。

二、关于企业融资费用支出税前扣除问题

企业通过发行债券、取得贷款、吸收保户储金等方式融资而发生的合理的费用支出，符合资本化条件的，应计入相关资产成本；不符合资本化条件的，应作为财务费用，准予在企业所得税前据实扣除。

三、关于从事代理服务企业营业成本税前扣除问题

从事代理服务、主营业务收入为手续费、佣金的企业（如证券、期货、保险代理等企业），其为取得该类收入而实际发生的营业成本（包括手续费及佣金支出），准予在企业所得税前据实扣除。

四、关于电信企业手续费及佣金支出税前扣除问题

电信企业在发展客户、拓展业务等过程中（如委托销售电话入网卡、电话充值卡等），需向经纪人、代办商支付手续费及佣金的，其实际发生的相关手续费及佣金支出，不超过企业当年收入总额5%的部分，准予在企业所得税前据实扣除。

五、关于筹办期业务招待费等费用税前扣除问题

企业在筹建期间，发生的与筹办活动有关的业务招待费支出，可按实际发生额的60%计入企业筹办费，并按有关规定在税前扣除；发生的广告费和业务宣传费，可按实际发生额计入企业筹办费，并按有关规定在税前扣除。

六、关于以前年度发生应扣未扣支出的税务处理问题

根据《中华人民共和国税收征收管理法》的有关规定，对企业发现以前年度实际发生的、按照税收规定应在企业所得税前扣除而未扣除或者少扣除的支出，企业做出专项申报及说明后，准予追补至该项目发生年度计算扣除，但追补确认期限不得超过5年。

企业由于上述原因多缴的企业所得税税款，可以在追补确认年度企业所得税应纳税款中抵扣，不足抵扣的，可以向以后年度递延抵扣或申请退税。

亏损企业追补确认以前年度未在企业所得税前扣除的支出，或盈利企业经过追补确认后出现亏损的，应首先调整该项支出所属年度的亏损额，然后再按照弥补亏损的原则计算以后年度多缴的企业所得税款，并按前款规定处理。

七、关于企业不征税收入管理问题

企业取得的不征税收入，应按照《财政部 国家税务总局关于专项用途财政性资金企业所得税处理问题的通知》（财税［2011］70号，以下简称《通知》）的规定进行处理。凡未按照《通知》规定进行管理的，应作为企业应税收入计入应纳税所得额，依法缴纳企业所得税。

八、关于税前扣除规定与企业实际会计处理之间的协调问题

根据《企业所得税法》第二十一条规定，对企业依据财务会计制度规定，并实际在财务会计处理上已确认的支出，凡没有超过《企业所得税法》和有关税收法规规定的税前扣除范围和标准的，可按企业实际会计处理确认的支出，在企业所得税前扣除，计算其应纳税所得额。

出台背景

企业所得税自2008年内外资税制统一以来，总的趋势是不断减少税企之间的差异，从而降低征纳成本，比如旧税制下内资企业的工资税前扣除受到计税工资的严格控制，但新税制下合理的工资即可在税前扣除，也就是说，企业所得税的改革方向是尽可能减少纳税调整的工作量，但由于我国是立法高度集中的体制，有些问题在中央没有明确之前，各地由于理解的差异仍存在着各行其是的现实，为廓清理念、规范标准，国家税务总局2012年15号公告对若干问题予以了澄清。

【专家点评】

根据《企业所得税法实施条例》第三十四条规定，企业发生的合理的工资薪金支出，准予扣除。所称工资薪金是指企业每一纳税年度支付给在本企业任职或者受雇员工的所有现金形式或者非现金形式的劳动报酬。企业雇佣季节工、临时工、实习生、返聘离退休人员以及接受外部劳务派遣用工，也属于企业任职或者受雇员工范畴，因此《国家税务总局关于企业所得税应纳税所得额若干税务问题的公告》（以下简称《公告》）明确，企业支付给上述人员的相关费用，可以区分工资薪金支出和职工福利费支出后，准予按《企业所得税法》的规定进行税前扣除。其中属于工资薪金支出的，准予计入企业工资薪金总额的基数，作为计算其他各项相关费用扣除的依据。

企业通过发行债券、取得贷款、吸收保户储金等方式融资而发生的费用支出如何进行税前扣除，以前税法没有具体规定。根据《企业会计准则第17号——借款费用》规定的原则，以及《企业所得税法实施条例》第三十七条的相关规定，《公告》明确：企业通过发行债券、取得贷款、吸收保户储金等方式融资而发生的合理的费用支出，符合资本化条件的，应计入相关资产成本；不符合资本化条件的，应作为财务费用（包括手续费及佣金支出），准予在企业所得税前据实扣除。

根据企业所得税税前扣除原则，企业主营业务成本（支出）应当允许据实扣除，期间费用除税法有明确规定外（比如广告费、业务招待费、手续费及佣金支出等），一般也允许据实扣除。对于从事代理服务的企业来说，与该项收入相关的手续费及佣金支出是属于营业成本，还是属于期间费用，不仅税企双方存在争议，而且各地税务机关认识也不统一。针对上述情况，《公告》明确：从事代理服务、且主营业务收入为手续费及佣金的企业，其手续费及佣金支出属于企业营业成本范畴，并准予在税前据实扣除。

经纪人、代办商代电信企业销售电话入网卡、电话充值卡等，不是提供居间服务或咨询服务，而是直接向电信企业提供销售劳务，因此，电信企业向经纪人、代办商支付的手续费及佣金，属于劳务费支出，根据企业所得税税前扣除原则，应当准予据实扣除。但是考虑到已销售的电话入网卡、电话充值卡等在当期是否形成收入，具有不确定性，为了防止税收政策漏洞，作适当限制是必要的。针对这一情况，《公告》明确规定：电信企业为发展客户、拓展业务过程中（如委托销售电话入网卡、电话充值卡等），需要委托经纪人、代办商支付手续费及佣金的，其实际发生的手续费及佣金支出，不超过企业当年收入总额5%的部分，准予在企业所得税前扣除。

根据《企业所得税实施条例》第四十三条和第四十四条规定，企业正常生产经营活动期间发生的业务招待费、广告费和业务宣传费，可以按企业当年收入情况计算确定扣除限额。但是，对于在筹办期间没有取得收入的企业发生的上述费用如何进行税前扣除，未作具体规定。考虑到以上费用属于筹办费范畴，《公告》明确，企业筹办期发生的业务招待费直接按实际发生额的60%、广告费和业务宣传费按实际发生额，计入筹办费，按照《国家税务总局关于企业所得税若干税务事项衔接问题的通知》（国税函［2009］98号）第九条规定的筹办费税务处理办法进行税前扣除。

根据《中华人民共和国税收征收管理法》（以下简称《征管法》）第五十一条规定，"纳税人超过应纳税额缴纳的税款，税务机关发现后应当立即退还；纳税人自结算缴纳税款之日起三年内发现的，可以向税务机关要求退还多缴的税款并加算银行同期存款利息，税务机关及时查实后应当立即退还"。企业由于出现应在当期扣除而未扣除的税费，从而多缴了税款，以后年度发现后应当准予追补确认退还，但根据权责发生制原则，不得改变税费扣除的所属年度，应追补至该项目发生年度计算扣除。

对于追补确认期的确定，根据《征管法》第五十二条第二款、第三款规定，"因纳税人、扣缴义务人计算错误等失误，未缴或者少缴税款的，税务机关在三年内可以追征税款、滞纳金；有特殊情况的，追征期可以延长到五年。对偷税、抗税、骗税的，税务机关追征其未缴或者少缴的税款、滞纳金或者所骗取的税款，不受前款规定期限的限制。"根据权利和义务对等的原则，可以将追补确认期限确定为5年。此外，根据《国家税务总局关于发布〈企业资产损失税前扣除管理办法〉的公告》（国家税务总局公告2011年第25号）第六条规定，企业以前年度未扣除的资产损失也可以追补确认，其追补确认期限也不得超过5年。未扣除的税费与未扣除的资产损失性质相同，因此，两项政策应当保持一致，追补确认期限均不得超过5年。

《财政部 国家税务总局关于专项用途财政性资金企业所得税处理问题的通知》（财税［2011］70号）规定了企业取得的专项用途财政性资金作为不征税收入处理需要符合的条件。为加强对不征税收入的管理，《公告》重申企业取得不征税收入，应按财税［2011］70号文件的规定进行管理。如果企业管理条件或其他原因，无法达到财税［2011］70号文件规定管理要求的，应计入企业应纳税所得额计算缴纳企业所得税。

根据《中华人民共和国企业所得税法》第二十一条规定，"在计算应纳税所得额时，企业财务、会计处理办法与税收法律、行政法规的规定不一致的，应当依照税收法律、行政法规的规定计算。"但企业按照会计要求确认的支出，没有超过《中华人民共和国企业所得税法》规定的标准和范围（如折旧年限的选择）的，为减少会计与税收差异的调整，便于税收征管，企业按照会计上确认的支出，在税务处理时，将不再进行调整。

【案例点评】

天华公司因季节性生产任务较重，于是聘用一批季节工，为上述季节工发放工资100 000元，虽然上述季节工因系临时用工，并未与公司签订正式用工合同，也没有为上述人员办理社会保险，表面上虽然企业并不直接与上述人员订立单项劳动合同，也不任命这些人员，但通过劳务用工合同，这些人员在企业相关人员的领导下，按照企业的工作计划和安排，为企业提供与本企业职工类似的服务；换句话，如果企业不使用这些劳务用工人员，也需要雇佣职工订立劳动合同提供类似服务，因而，这些劳务用工人员属于《企业会计准则第9号—职工薪酬》《企业会计准则》所称的职工。因此对支付的上述100 000元应比照工资处理，不需要开具发票。

天华公司大楼因年久失修，聘用一批维修工人进行维修，支付费用100 000元，由于上述维修工人从事的房屋维修业务并不需要在企业相关人员的领导下从事与本企业职工类似的服务，其从事的维修服务具有独立性，支付的上述100 000元应当属于劳务费用，通过开具发票的方式在企业所得税前扣除。

二、桥归桥来路归路，搬迁收支另行算

【解读条文】

《国家税务总局关于发布〈企业政策性搬迁所得税管理办法〉的公告》（国家税务总局公告2012年第40号）

> **【文件摘要】**
>
> 企业搬迁资产处置收入，是指企业由于搬迁而处置企业各类资产所取得的收入。企业由于搬迁处置存货而取得的收入，应按正常经营活动取得的收入进行所得税处理，不作为企业搬迁收入。
>
> 企业应按本办法的要求，就政策性搬迁过程中涉及的搬迁收入、搬迁支出、搬迁资产税务处理、搬迁所得等所得税征收管理事项，单独进行税务管理和核算。不能单独进行税务管理和核算的，应视为企业自行搬迁或商业性搬迁等非政策性搬迁进行所得税处理，不得执行本办法规定。
>
> 企业在搬迁期间发生的搬迁收入和搬迁支出，可以暂不计入当期应纳税所得额，而在完成搬迁的年度，对搬迁收入和支出进行汇总清算。
>
> 企业以前年度发生尚未弥补的亏损的，凡企业由于搬迁停止生产经营无所得的，从搬迁年度次年起，至搬迁完成年度前一年度止，可作为停止生产经营活动年度，从法定亏损结转弥补年限中减除；企业边搬迁、边生产的，其亏损结转年度应连续计算。

出台背景

《国家税务总局关于企业政策性搬迁或处置收入有关企业所得税处理问题的通知》（国税函［2009］118号）文件出台后，由于具体条文理解的不一，各地在执

行中出现了相当多的歧义理解，为统一标准，国家税务总局于2012年出台了总局第40号公告，对相关问题予以了准确界定。

【专家点评】

一、政策性搬迁范围有哪些？

按照《国家税务总局关于发布〈企业政策性搬迁所得税管理办法〉的公告》（国家税务总局公告2012年第40号）的规定，由于社会公共利益的需要，在政府主导下企业进行的整体搬迁或部分搬迁，为政策性搬迁。企业由于下列需要之一，能够提供相关文件证明资料的搬迁，属于政策性搬迁：（一）国防和外交的需要；（二）由政府组织实施的能源、交通、水利等基础设施的需要；（三）由政府组织实施的科技、教育、文化、卫生、体育、环境和资源保护、防灾减灾、文物保护、社会福利、市政公用等公共事业的需要；（四）由政府组织实施的保障性安居工程建设的需要；（五）由政府依照《中华人民共和国城乡规划法》有关规定组织实施的对危房集中、基础设施落后等地段进行旧城区改建的需要；（六）法律、行政法规规定的其他公共利益的需要。

二、政策性搬迁收入包括哪些？

企业的搬迁收入，《企业政策性搬迁所得税管理办法》（以下简称《办法》）中规定为搬迁补偿收入和搬迁资产处置收入等。搬迁补偿收入，是指企业在搬迁过程中取得的货币性和非货币性补偿收入，具体包括：对被征用资产价值的补偿；因搬迁、安置而给予的补偿；对停产停业形成的损失而给予的补偿；资产搬迁过程中遭到毁损而取得的保险赔款和其他补偿收入。搬迁资产处置收入，是指企业由于搬迁而处置企业的各类资产所取得的收入。但由于对存货的处置不会因政策性搬迁而受较大影响，因此企业由于搬迁处置存货而取得的收入，应按正常经营活动取得的收入进行所得税处理，不作为企业搬迁收入。

三、政策性搬迁支出包括哪些？

企业的搬迁支出，《办法》规定包括搬迁费用支出和资产处置支出。搬迁费用支出包括，职工安置费用和停工期间工资及福利费、搬迁资产存放费、搬迁资产安装费用以及其他与搬迁相关的费用。资产处置支出包括，变卖及处置各类资产的净值，以及处置过程中所发生的税费等支出。对于企业搬迁中报废或废弃的资产，其净值也作为企业的资产处置支出处理。

四、政策性搬迁涉及的资产如何进行税务处理？

企业政策性搬迁所涉及的资产，《办法》中区分两种情况进行处理：一是搬迁后原资产经过简单安装或不安装（如无形资产）仍可以继续使用的，在该资产重新投入使用后，继续计提折旧或摊销费用；二是搬迁后原资产需要大修理后才能重新使用的，该资产的净值加上大修理支出，为该资产的计税成本。在该资产重新投入使用后，按该资产尚可使用的年限计提折旧。同时，该大修理支出应进行资本化，不得从搬迁收入中扣除。

五、企业政策性搬迁新购置的资产如何进行税务处理？

《办法》中规定，企业政策性搬迁期间新购置的资产，一律按税法的规定进行处理，其支出不得从搬迁收入中扣除。

六、政策性搬迁所得如何计算及处理？

企业的搬迁收入，扣除搬迁支出后的余额，为企业搬迁所得。企业按照《办法》要求进行搬迁核算及报送搬迁相关材料的，在搬迁期间发生的搬迁收入暂不计入当期应纳税所得额，应在符合《办法》规定的搬迁完成年度，进行搬迁清算，计入当年度企业应纳税所得额计算纳税。

七、政策性搬迁损失如何进行税务处理？

企业政策性搬迁损失是指，企业搬迁收入扣除搬迁支出后为负数的数额。搬迁损失可以选择一次性在搬迁完成年度，作为企业损失扣除；也可以选择自搬迁完成年度起，分3个年度均匀作为企业损失扣除。企业一经选定处理方法，不得改变。

八、政策性搬迁时，企业亏损弥补期限如何计算？

由于企业搬迁一般停止正常生产经营活动，会对亏损弥补期限造成影响，因此，企业以前年度发生尚未弥补的亏损，凡企业由于搬迁停止生产经营无所得的，从搬迁年度次年起，至搬迁完成年度前一年度止，可作为停止生产经营活动年度，从法定亏损结转弥补年限中减除。企业边搬迁、边生产的，其亏损结转年度应连续计算。

九、政策性搬迁需要向税务机关报送哪些材料？何时报送？

企业政策性搬迁，应该单独进行税务管理和会计核算。不能单独进行的，应按企业自行搬迁或商业性搬迁进行所得税处理，不得执行《办法》规定。

鉴于政策性搬迁情况比较复杂，容易产生征管漏洞，《办法》要求，企业应当自搬迁开始年度，至次年5月31日前，向主管税务机关（包括迁出地和迁入地）报送政策性搬迁依据、搬迁规划等相关材料。逾期未报的，除特殊原因并经主管税务机关认可外，按非政策性搬迁处理，不得执行本办法的规定。此外，企业在搬迁完成年度，向主管税务机关报送企业所得税年度纳税申报表时，还应同时报送《企业政策性搬迁清算损益表》及相关材料。

十、企业搬迁的其他事项如何处理？

由于《办法》规定的内容有限，且企业搬迁还会涉及许多一般性事项，因此《办法》未规定的企业搬迁事项，一律应按照《税法》及其实施条例相关规定进行企业所得税处理。

十一、政策性搬迁与非政策性搬迁的税务处理有何区别？

《办法》中对政策性搬迁所做出的规定与非政策性搬迁的主要区别体现为：一是企业取得搬迁补偿收入，不立即作为当年度的应税收入征税，而是在搬迁周期内，扣除搬迁支出后统一核算；二是给予最长五年的搬迁期限；三是企业以前年度发生尚未弥补的亏损的，搬迁期间从法定亏损结转年限中减除。

【案例点评】

天华公司2012年因市政府整体搬迁计划由市内迁至城郊，2012年取得搬迁补偿款3 000万元，拆迁的固定资产原值600万元，已提折旧560万元，拆迁的土地使用权账面余值360万元，2012年10月天华公司在城郊租赁厂房经营，重置机器设备支出1 200万元，2013年末搬迁改造项目完毕。（假设天华公司执行新会计准则，机器设备按10年计提折旧，不考虑残值）

1. 2012年取得搬迁补偿款时，

借：银行存款 3 000

　贷：专项应付款 3 000

2. 清理固定资产时，

借：累计折旧 560

　　固定资产清理 40

　贷：固定资产 600

3. 结转资产处置损失，

借：递延收益 400

　贷：固定资产清理 40

　　　无形资产——土地使用权 360

同时核销专项应付款，

借：专项应付款 400

　贷：递延收益 400

4. 重置机器设备时，

借：固定资产 1 200

　贷：银行存款 1 200

同时核销专项应付款，

借：专项应付款 1 200

　贷：递延收益 1 200

5. 11－12月计提设备折旧时，

借：制造费用 20

　贷：累计折旧 20

同时结转递延收益，

借：递延收益 20

　贷：营业外收入 20（备注：制造费用全部结转产品销售成本）

2013年计提设备折旧，

借：制造费用 120

　贷：累计折旧 120

同时结转递延收益，

借：递延收益 120

　贷：营业外收入 120

结转搬迁补偿款余额时，

借：专项应付款 1 400

贷：资本公积 1 400

按照40号公告，上述2 600万元应当属于应纳税所得额，但收入3 000万元与支出400万元均在2013年处理。

按照118号文件：准予其搬迁或处置收入扣除固定资产重置或改良支出、技术改造支出和职工安置支出后的余额，计入企业应纳税所得额。

2012年支出400万先行列支，2013年3 000万元再作为征税收入。

第三节 个人所得税政策

一、性质相同税负类似，证券经纪人个税明确

【解读条文】

《国家税务总局关于证券经纪人佣金收入征收个人所得税问题的公告》（国家税务总局公告2012年第45号）

> **【文件摘要】**
>
> 一、根据《中华人民共和国个人所得税法》及其实施条例规定，证券经纪人从证券公司取得的佣金收入，应按照“劳务报酬所得”项目缴纳个人所得税。
>
> 二、证券经纪人佣金收入由展业成本和劳务报酬构成，对展业成本部分不征收个人所得税。根据目前实际情况，证券经纪人展业成本的比例暂定为每次收入额的40%。
>
> 三、证券经纪人以一个月内取得的佣金收入为一次收入，其每次收入先减去实际缴纳的营业税及附加，再减去本公告第二条规定的展业成本，余额按个人所得税法规定计算缴纳个人所得税。
>
> 四、证券公司是证券经纪人个人所得税的扣缴义务人，应按照《国家税务总局关于印发〈个人所得税全员全额扣缴申报管理暂行办法〉的通知》（国税发［2005］205号）规定，认真做好个人所得税全员全额扣缴报告工作。

出台背景

继《国家税务总局关于保险营销员取得佣金收入征免个人所得税问题的通知》（国税函［2006］454号）文件发布后，保险营销员由于展业成本的扣除，个税税负体现出一定的公平，然而证券经纪人的职业性质类似于保险营销员，其个人所得税政策却一直没有定论，为解决此问题，国家税务总局出台了《国家税务总局关于证券经纪人佣金收入征收个人所得税问题的公告》（国家税务总局公告2012年第45号）

【专家点评】

国家税务总局公告2012年第45号与国税函［2006］454号均从保险经纪人与证券经纪人职业特点、运作规则的实际出发，考虑到其取得的所得中有相当一部分是补偿其展业成本，鉴于个人所得税系对所得征税，而不能对成本征税，因此

本着国税函［2006］454号文件精神，给予证券经纪人一定比例的展业成本在个人所得税前扣除的优惠政策。

【案例点评】

纳税人何某取得保险营销员佣金收入10 000元，纳税人肖某取得证券经纪人佣金收入10 000元，分别缴纳营业税金及附加550元，请问应缴多少个人所得税？

根据《国家税务总局关于保险营销员取得佣金收入征免个人所得税问题的通知》（国税函［2006］454号）文件第一条规定：保险营销员的佣金由展业成本和劳务报酬构成。按照税法规定，对佣金中的展业成本，不征收个人所得税；对劳务报酬部分，扣除实际缴纳的营业税金及附加后，依照税法有关规定计算征收个人所得税。根据目前保险营销员展业的实际情况，佣金中展业成本的比例暂定为40%。

因此保险营销员何某的个人所得税为：［10 000×（1－40%）－550］×（1－20%）×20%＝872（元）。证券经纪人肖某的个人所得税根据国家税务总局公告2012年第45号规定为：（10 000－550－10 000×40%）×（1－20%）×20%＝872（元）。

二、鼓励投资抑制投机，个税政策再出重拳

【解读条文】

《财政部 国家税务总局 证监会关于实施上市公司股息红利差别化个人所得税政策有关问题的通知》（财税［2012］85号）

> **【文件摘要】**
>
> 一、个人从公开发行和转让市场取得的上市公司股票，持股期限在1个月以内（含1个月）的，其股息红利所得全额计入应纳税所得额；持股期限在1个月以上至1年（含1年）的，暂减按50%计入应纳税所得额；持股期限超过1年的，暂减按25%计入应纳税所得额。上述所得统一适用20%的税率计征个人所得税。
>
> 二、上市公司派发股息红利时，对截止股权登记日个人已持股超过1年的，其股息红利所得，按25%计入应纳税所得额。对截止股权登记日个人持股1年以内（含1年）且尚未转让的，税款分两步代扣代缴：第一步，上市公司派发股息红利时，统一暂按25%计入应纳税所得额，计算并代扣税款。第二步，个人转让股票时，证券登记结算公司根据其持股期限计算实际应纳税额，超过已扣缴税款的部分，由证券公司等股份托管机构从个人资金账户中扣收并划付证券登记结算公司，证券登记结算公司应于次月5个工作日内划付上市公司，上市公司在收到税款当月的法定申报期内向主管税务机关申报缴纳。

出台背景

2012年中国A股市场熊熊大火，领跌全球股市，其中一个较为重要的原因，是相当一部分股民将A股市场当作了投机市场，而非投资市场，而此前《财政部 国家税务总局关于股息红利个人所得税有关政策的通知》（财税［2005］102号）

文件规定：对个人投资者从上市公司取得的股息红利所得，暂减按50%计入个人所得税应纳税所得额，依照现行税法规定计征个人所得税。

上述取得的股息红利并不区分持有时间的长短，一律减半扣缴个人所得税，因此从抑制过度投机，鼓励长期投资的角度，有必要修正财税［2005］102号的文件规定，实行差别化的股利征收政策，从税收角度进行股市政策调控。

【专家点评】

政策实施前，上市公司股息红利个人所得税的税负为10%。该政策实施后，股息红利所得按持股时间长短确定实际税负。持股超过1年的，税负为5%，税负比政策实施前降低一半；持股1个月至1年的，税负为10%，与政策实施前维持不变；持股1个月以内的，税负为20%，则恢复至法定税负水平。因此，个人投资者持股时间越长，其股息红利所得个人所得税的税负就越低。

【案例点评】

持股期限是指个人从公开发行和转让市场取得上市公司股票之日至转让交割该股票之日前一日的持续时间。个人转让股票时，按照先进先出法计算持股期限，即证券账户中先取得的股票视为先转让。持股期限按自然年（月）计算，持股一年是指从上一年某月某日至本年同月同日的前一日连续持股；持股一个月是指从上月某日至本月同日的前一日连续持股。持有股份数量以每日日终结算后个人投资者证券账户的持有记录为准。

小李于2013年1月8日买入某公司A股股票，如果小李于2013年2月8日卖出，则持有该股票的期限为1个月；如果于2013年2月8日以后卖出，则持有该股票的期限为1个月以上；如果于2014年1月8日卖出，则持有该股票的期限为1年；如果于2014年1月8日以后卖出，则持有该股票的期限为1年以上。

小王于2013年1月28日买入某公司A股股票，如果于2013年2月28日卖出，则持有该股票的期限为1个月；如果于2013年2月28日以后卖出，则持有该股票的期限为1个月以上；如果于2014年1月28日卖出，则持有该股票的期限为1年；如果于2014年1月28日以后卖出，则持有该股票的期限为1年以上。

小张于2012年5月15日买入某上市公司股票8 000股，2013年4月3日又买入2 000股，2013年6月6日又买入5 000股，共持有该公司股票15 000股，2013年6月11日卖出其中的13 000股。按照先进先出的原则，视为依次卖出2012年5月15日买入的8 000股、2013年4月3日买入的2 000股和2013年6月6日买入的3 000股，其中8 000股的持股期限超过1年，2 000股的持股期限超过1个月不足1年，3 000股的持股期限不足1个月。

小刘于2013年5月24日买入某上市公司股票10 000股，该上市公司2012年度每10股派发现金红利4元，计入应纳税所得额，计算并代扣税款。股权登记日为2013年6月18日。上市公司派发股息红利时，先按25%，此时上市公司应代

扣小刘个人所得税 $10\,000 \div 10 \times 4 \times 25\% \times 20\% = 200$（元）。如果小刘在2013年6月24日之前（含24日）卖出全部股票，则持股在1个月以内（含1个月），应补缴税款 $10\,000 \div 10 \times 4 \times 20\% - 200 = 600$（元）。如果小刘在2013年6月25日（含25日）至2014年5月24日（含24日）期间卖出全部股票，则持股超过1个月但在1年以内（含1年），应补缴税款 $10\,000 \div 10 \times 4 \times 50\% \times 20\% - 200 = 200$（元）。

第四节 税收征收管理政策

一、减少征纳成本，一元以下免征

【解读条文】

《国家税务总局关于1元以下应纳税额和滞纳金处理问题的公告》（国家税务总局公告2012年第25号）

> **【文件摘要】**
>
> 为了提高征收效率，降低征收成本和纳税人负担，现将1元以下应纳税额和滞纳金处理问题公告如下：
>
> 主管税务机关开具的缴税凭证上的应纳税额和滞纳金为1元以下的，应纳税额和滞纳金为零。
>
> 本公告自2012年8月1日起施行。

出台背景

近来，各地税务机关反映征收1元以下应纳税额时，税务机关的征收成本常常会明显增高。税务机关的征收成本包括通用缴款书的印制成本、财税库银横向联网系统缴税费用、POS机划卡缴税费用等。同时，纳税人也需要付出更多的纳税成本。

【专家点评】

一是有利于降低纳税人的缴税成本，减轻纳税人负担；二是有利于降低税务机关的征收成本，提高征收效率，减轻税务征收人员的工作量，税务机关能够集中有限的人力、物力为纳税人提供更加便捷高效的纳税申报服务。

【案例点评】

滞纳金是对延期缴纳税款加收的一笔税收利息，因此税款与滞纳金之和在1元以下的，不需要征收入库，另外还有一种情况，即税款欠交后，企业已补缴入库，事后税务机关查处其少缴滞纳金，则上述滞纳金在1元以下的，也应给予免征待遇。

二、虚开发票照旧交税，已经交税不再重复

【解读条文】

《国家税务总局关于纳税人虚开增值税专用发票征补税款问题的公告》（国家税务总局公告2012年第33号）

【文件摘要】

纳税人虚开增值税专用发票，未就其虚开金额申报并缴纳增值税的，应按照其虚开金额补缴增值税；已就其虚开金额申报并缴纳增值税的，不再按照其虚开金额补缴增值税。税务机关对纳税人虚开增值税专用发票的行为，应按《中华人民共和国税收征收管理办法》及《中华人民共和国发票管理办法》的有关规定给予处罚。纳税人取得虚开的增值税专用发票，不得作为增值税合法有效的扣税凭证抵扣其进项税额。

出台背景

近期，部分地方税务机关向国家税务总局请示，《国家税务总局关于加强增值税征收管理若干问题的通知》（国税发［1995］192号）和《国家税务总局对代开、虚开增值税专用发票征补税款问题的批复》（国税函发［1995］415号）规定，对纳税人代开、虚开专用发票的，一律按票面所列货物的适用税率全额征补税款。那么就开票方而言，虚开发票的销售收入如果已在当期全额进行了抄报税，并申报缴纳了税款，国税发［1995］192号文件和国税发［1995］415号文件所述的“全额征补税款”是否意味对其虚开的税额进行二次征收的问题，要求总局予以明确。

【专家点评】

国税发［1995］192号文件和国税函发［1995］415号文件的下发有其历史背景，当时使用的是手写版增值税专用发票，存在开具“大头小尾”发票和单联填开发票的行为，造成开票方的开票收入不申报或少申报缴税而受票方虚抵、多抵增值税的情况发生，因此，国税发［1995］192号文件和国税函发［1995］415号文件中对虚开增值税专用发票征补税款的处理规定符合当时的实际征管情况。在增值税防伪税控系统全面推行后，如果开票方对虚开的增值税专用发票在当期全额进行了抄报税、纳税申报及税款缴纳，对其已缴纳的税款再次进行补征，则会造成重复征税问题。因此，从目前增值税征管实际出发，同时为避免国税发［1995］192号文件和国税函发［1995］415号文件现有表述可能造成的歧义，公告中对该问题予以进一步明确，即纳税人虚开增值税专用发票，未就其虚开金额申报并缴纳增值税的，应按照其虚开金额补缴增值税；已就其虚开金额申报并缴纳增值税的，不再按照其虚开金额补缴增值税。同时，将国税发［1995］192号文件和国税函发［1995］415号文件的相关规定废止。

【案例点评】

天华公司为增值税一般纳税人，为天宝公司虚开一笔增值税专用发票，价格10万元，税额1.7万元，由于天华公司对上述虚开的增值税专用发票已抄报税，申报了增值税销项税额，因此在相关主管国家税务局查处后，不应再补缴上述税款，滞纳金也不应加收，但应根据相关税务行政处罚规定给予处罚，涉及刑事责任的，应移交司法机关依法处理。

本章笔记

第四章 最新《事业单位会计准则》解读

第一节《事业单位会计准则》的修订背景

《事业单位会计准则》（以下简称旧准则）自1997年颁布实施以来，对规范事业单位会计核算工作，保证会计信息质量发挥了积极作用。然而，随着我国公共财政制度的建设不断推进，事业单位会计核算工作也在不断适应公共财政的要求而进行修订。

第一，2000年以来，公共财政体制的不断完善，各项财政改革的不断推进，涉及事业单位会计核算的变化，那么对《事业单位会计准则》的适时修订，有利于确保相关财政改革政策的贯彻落实。

第二，2012年2月，财政部发布了新《事业单位财务规则》，为了配合这项规则的变化，需要对《事业单位会计准则》进行修订，以便通过日常会计核算将对事业单位财务管理新的要求落到实处。

第三，《事业单位会计准则》是财政部为了强化事业单位财务会计制度建设、落实全国打击发票违法犯罪活动工作要求的重要措施。

新准则的修订遵循了以下原则：一是基础性原则。新准则为事业单位会计核算体系建立了统一的核算原则与基本框架，是制定事业单位会计制度、行业事业单位会计制度等的基础和依据。二是服务性原则。新准则服务于财政工作的科学化和精细化管理过程，在满足事业单位财务管理需求的同时，体现财政预算管理的信息需求。三是兼容性原则。新准则与新《事业单位财务规则》之间是相互协调、相互配合的关系，其制度设计有利于事业单位遵循会计核算的基本要求，同时，它强化了对事业单位会计信息质量的要求。

第二节 总则

一、新旧准则关于总则之间的差异概述

新旧准则总则差异具体比较如表4－1所示。

表4－1 新旧准则总则差异比较表

总则	新准则	旧准则
准则目标与依据	为了规范事业单位的会计核算，保证会计信息质量，促进公益事业健康发展。	为了适应我国社会主义市场经济体制和社会事业发展的需要，规范事业单位会计核算，保证会计信息质量。
适用范围	各级各类事业单位。	各级各类国有事业单位。

续表

总则	新准则	旧准则
会计核算目标	事业单位会计核算的目标是向会计信息使用者提供与事业单位财务状况、事业成果、预算执行等有关的会计信息，反映事业单位受托责任的履行情况，有助于会计信息使用者进行社会管理、作出经济决策。	无
会计信息的使用者	政府及其有关部门、举办（上级）单位、债权人、事业单位自身和其他利益相关者。	无
会计核算的基本原则	一般采用收付实现制；部分经济业务或者事项采用权责发生制核算。	一般采用收付实现制，但经营性收支业务核算可采用权责发生制。

二、新旧准则关于总则之间的具体比较

（一）目的与依据

1.《事业单位会计准则》的目的在于规范事业单位的会计核算，保证会计信息质量，促进公益事业健康发展。事业单位会计核算的目标是向会计信息使用者提供与事业单位财务状况、事业成果、预算执行等有关的会计信息，反映事业单位受托责任的履行情况，有助于政府及其有关部门、举办（上级）单位、债权人、事业单位自身和其他利益相关者等会计信息使用者进行社会管理、作出经济决策。其依据是《中华人民共和国会计法》等有关法律、行政法规。

2. 新旧准则目标与依据的比较

与旧准则相比，新准则目标在“规范事业单位会计核算，保证会计信息质量”的基础上，增加了“促进公益事业健康发展”。这说明，随着事业单位体制改革的推进，促进事业单位的可持续发展成为现阶段的重要任务。

（二）适用范围

1.《事业单位会计准则》适用于各级各类事业单位。事业单位会计制度、行业事业单位会计制度都是根据本准则来制定。

2. 新旧准则适用范围的比较

新准则改变了对于适用范围的称谓，旧准则的适用单位为各级各类国有事业单位，而新准则则变成了各级各类事业单位。这也反映了我国事业单位体制改革中引入外部经营主体的成果。

（三）事业单位会计核算的基本事项

1. 根据《事业单位会计准则》，事业单位应当对其自身发生的经济业务或者

事项进行会计核算。

第一，核算前提与期间。事业单位会计核算应当以事业单位各项业务活动持续正常地进行为前提。在此基础上，事业单位应当划分会计期间，分期结算账目和编制财务会计报告。其中，会计期间至少分为年度和月度。会计年度、月度等会计期间的起讫日期采用公历日期。

第二，计量单位。事业单位会计核算应当以人民币作为记账本位币。发生外币业务时，应当将有关外币金额折算为人民币金额计量。

第三，会计确认原则。事业单位会计核算一般采用收付实现制；部分经济业务或者事项采用权责发生制核算的，由财政部在会计制度中具体规定。如果某些行业事业单位的会计核算采用权责发生制的，由财政部在相关会计制度中规定。

第四，事业单位会计要素。包括资产、负债、净资产、收入、支出或者费用。

第五，会计记账方法。事业单位应当采用借贷记账法记账。

2. 新旧准则会计核算基本事项的比较

第一，新准则明确了事业单位会计核算的目标，在于向会计信息使用者提供与事业单位财务状况、事业成果、预算执行等有关的会计信息，反映事业单位受托责任的履行情况，有助于会计信息使用者进行社会管理、作出经济决策。这一点是旧制度所没有的。

第二，新准则明确了事业单位会计信息的使用者。它包括政府及其有关部门、举办（上级）单位、债权人、事业单位自身和其他利益相关者。

第三，新准则改变了旧制度中“事业单位会计是预算会计的一个组成部分”的提法，并指出事业单位会计制度、行业事业单位会计制度（以下统称会计制度）等，由财政部根据本准则制定。

第四，新准则明确规定了事业单位会计核算的基本原则。它规定：事业单位会计核算一般采用收付实现制；部分经济业务或者事项采用权责发生制核算的，由财政部在会计制度中具体规定。行业事业单位的会计核算采用权责发生制的，由财政部在相关会计制度中规定。这一点在旧制度中是没有的。

第五，新准则删除了旧制度中关于会计记录文字的要求。旧准则规定，会计记录的文字应当使用中文，少数民族地区可以同时使用少数民族文字。

第六，新准则中明确规定了事业单位会计要素所包含的各类项目。新准则规定，事业单位会计要素包括资产、负债、净资产、收入、支出或者费用。这一点就是旧准则所没有的。

【小资料】

中共中央国务院关于分类推进事业单位改革的指导意见

（2011 年 3 月 23 日）

7. 清理规范现有事业单位。对未按规定设立或原承担特定任务已完成的，予以撤销。对布局结构不合理、设置过于分散、工作任务严重不足或职责相同相近的，予以整合。

8. 划分现有事业单位类别。在清理规范基础上，按照社会功能将现有事业单位划分为承担行政职能、从事生产经营活动和从事公益服务三个类别。对承担行政职能的，逐步将其行政职能划归行政机构或转为行政机构；对从事生产经营活动的，逐步将其转为企业；对从事公益服务的，继续将其保留在事业单位序列、强化其公益属性。今后，不再批准设立承担行政职能的事业单位和从事生产经营活动的事业单位。

9. 细分从事公益服务的事业单位。根据职责任务、服务对象和资源配置方式等情况，将从事公益服务的事业单位细分为两类：承担义务教育、基础性科研、公共文化、公共卫生及基层的基本医疗服务等基本公益服务，不能或不宜由市场配置资源的，划入公益一类；承担高等教育、非营利医疗等公益服务，可部分由市场配置资源的，划入公益二类。具体由各地结合实际研究确定。

第三节 会计信息质量要求

一、新旧准则关于会计信息质量要求的差异概述

新旧准则关于会计信息质量要求的差异的具体比较如表 4－2 所示。

表 4－2 新旧准则会计信息质量要求差异比较表

会计信息质量要求	新准则	旧准则
客观性	事业单位应当以实际发生的经济业务或者事项为依据进行会计核算，如实反映各项会计要素的情况和结果，保证会计信息真实可靠。	会计核算应当以实际发生的经济业务为依据，客观真实地记录，反映各项收支情况和结果。
全面性	事业单位应当将发生的各项经济业务或者事项统一纳入会计核算，确保会计信息能够全面反映事业单位的财务状况、事业成果、预算执行等情况。	会计报表应当全面反映事业单位的财务收支情况及其结果。对于重要的业务事项，应当单独反映。
及时性	事业单位对于已经发生的经济业务或者事项，应当及时进行会计核算，不得提前或者延后。	会计核算应当及时进行。
可比性	事业单位提供的会计信息应当具有可比性。	无
相关性	事业单位提供的会计信息应当与事业单位受托责任履行情况的反映、会计信息使用者的管理、决策需要相关，有助于会计信息使用者对事业单位过去、现在或者未来的情况作出评价或者预测。	有经营活动的事业单位，其经营支出与相关的收入应当配比。

续表

会计信息质量要求	新准则	旧准则
明晰性	事业单位提供的会计信息应当清晰明了，便于会计信息使用者理解和使用。	无

二、新旧准则关于会计信息质量要求的具体比较

新准则将旧准则中的第二章“一般原则”改为“会计信息质量要求”，将会计信息质量要求当做事业单位会计核算的重要方面，可见，新准则要求事业单位在保证会计信息质量方面建立相应制度体系。

（一）客观性

新准则对客观性的要求更加严格，将旧准则规定“会计核算应当以实际发生的经济业务为依据，客观真实地记录，反映各项收支情况和结果”的基础上，改变为“事业单位应当以实际发生的经济业务或者事项为依据进行会计核算，如实反映各项会计要素的情况和结果，保证会计信息真实可靠”。后者增加了对会计信息真实可靠的要求。

另外，新准则还去掉了旧准则关于会计信息与预算管理之间关系的提法，即旧准则的规定“会计信息应当符合国家宏观经济管理的要求，适应预算管理和有关方面了解事业单位财务状况及收支情况的需要，并有利于事业单位加强内部经营管理”。

（二）全面性

新准则新增了会计核算全面性的基本要求，规定“事业单位应当将发生的各项经济业务或者事项统一纳入会计核算，确保会计信息能够全面反映事业单位的财务状况、事业成果、预算执行等情况”。

旧准则中是将全面性的要求放在本部分的最后一条，即“会计报表应当全面反映事业单位的财务收支情况及其结果。对于重要的业务事项，应当单独反映”。

（三）及时性

新准则将会计核算及时性的要求提前，规定“事业单位对于已经发生的经济业务或者事项，应当及时进行会计核算，不得提前或者延后”。这比旧准则中的规定“会计核算应当及时进行”更加细化、具体。

（四）可比性

新旧准则关于可比性的比较包括两方面：

一是关于可比性的基本要求。新准则明确提出了会计信息具有可比性的要求，这一点旧准则是没有的。

二是关于可比性的具体手段。旧准则在规定可比性时，只是对会计处理方法的可比性做出要求，即“会计核算应当按照规定的会计处理方法进行。同类单位会计指标应当口径一致，相互可比”，“会计处理方法应前后各期一致，不得随意

变更。如确有必要变更，应将变更的情况、原因和对单位财务收支情况及结果的影响在会计报告中说明”。而新准则将会计处理方法扩展为“会计政策”，它规定“同一事业单位不同时期发生的相同或者相似的经济业务或者事项，应当采用一致的会计政策，不得随意变更。确需变更的，应当将变更的内容、理由和对单位财务状况及事业成果的影响在附注中予以说明”，“同类事业单位中不同单位发生的相同或者相似的经济业务或者事项，应当采用统一的会计政策，确保同类单位会计信息口径一致，相互可比”。

（五）相关性

新准则新增了关于相关性“事业单位提供的会计信息应当与事业单位受托责任履行情况的反映、会计信息使用者的管理、决策需要相关，有助于会计信息使用者对事业单位过去、现在或者未来的情况作出评价或者预测”。这是对旧准则中配比原则“有经营活动的事业单位，其经营支出与相关的收入应当配比”的替代。

（六）新旧准则其他方面的比较

新准则将会计确认原则提前至第一章，而旧准则在第二章中规定，它规定“会计核算一般采用收付实现制，但经营性收支业务核算可采用权责发生制”。另外，新准则还去掉了旧准则中关于专项资金的使用原则“对于国家指定用途的资金，应当按规定的用途使用，并单独核算反映”，以及财产物资会计计量的原则“各项财产物资应当按照取得或购建时的实际成本计价；除国家另有规定外，不得自行调整其账面价值”。

第四节　资产

本节对事业单位资产的定义、分类、会计计量与摊销原则等重要事项进行了规定。

一、新准则关于资产的详解

（一）事业单位资产的定义

资产是指事业单位占有或者使用的能以货币计量的经济资源，包括各种财产、债权和其他权利。

（二）资产分类

事业单位的资产按照流动性，分为流动资产和非流动资产。其中，流动资产是指预计在1年内（含1年）变现或者耗用的资产。非流动资产是指流动资产以外的资产。

1. 流动资产。这部分资产包括货币资金、短期投资、应收及预付款项、存货等。其中：货币资金包括库存现金、银行存款、零余额账户用款额度等；短期投资是指事业单位依法取得的，持有时间不超过1年（含1年）的投资；应收及预付款项是指事业单位在开展业务活动中形成的各项债权，包括财政应返还额度、应收票据、应收账款、其他应收款等应收款项和预付账款；存货是指事业单位在开展业务活动及其他活动中为耗用而储存的资产，包括材料、燃料、包装物和低值易耗品等。

2. 非流动资产。这部分资产包括长期投资、在建工程、固定资产、无形资产等。其中：长期投资是指事业单位依法取得的，持有时间超过1年（不含1年）的各种股权和债权性质的投资；在建工程是指事业单位已经发生必要支出，但尚未完工交付使用的各种建筑（包括新建、改建、扩建、修缮等）和设备安装工程；固定资产是指事业单位持有的使用期限超过1年（不含1年），单位价值在规定标准以上，并在使用过程中基本保持原有物质形态的资产，包括房屋及构筑物、专用设备、通用设备等。单位价值虽未达到规定标准，但是耐用时间超过1年（不含1年）的大批同类物资，应当作为固定资产核算；无形资产是指事业单位持有的没有实物形态的可辨认非货币性资产，包括专利权、商标权、著作权、土地使用权、非专利技术等。

（三）会计计量与摊销原则

1. 事业单位资产的会计计量原则。事业单位资产应当按照取得时的实际成本进行计量。除国家另有规定外，事业单位不得自行调整其账面价值。另外：应收及预付款项应当按照实际发生额计量；以支付对价方式取得的资产，应当按照取得资产时支付的现金或者现金等价物的金额，或者按照取得资产时所付出的非货币性资产的评估价值等金额计量；取得资产时没有支付对价的，其计量金额应当按照有关凭据注明的金额加上相关税费、运输费等确定；没有相关凭据的，其计量金额比照同类或类似资产的市场价格加上相关税费、运输费等确定；没有相关凭据、同类或类似资产的市场价格也无法可靠取得的，所取得的资产应当按照名义金额入账。

2. 摊销原则。事业单位对固定资产计提折旧、对无形资产进行摊销的，由财政部在相关财务会计制度中规定。

二、新旧准则关于资产之间的具体比较

新旧准则关于资产的差异的具体比较如表4－3所示。

表4－3　　新旧准则资产差异比较表

资产	新准则	旧准则
分类	划分为流动资产和非流动资产两大类。其中每一大类都有若干小类。	简单分为流动资产、对外投资、固定资产、无形资产。
会计计量与摊销原则	事业单位对固定资产计提折旧、对无形资产进行摊销，由财政部在相关财务会计制度中规定。	实行内部成本核算的事业单位，无形资产应当在受益期内分期平均摊销，未摊销余额在会计报表中列示。

（一）新旧准则关于资产项目的比较

新准则将资产分为流动资产和非流动资产，这与旧准则的分类方式相比有所

改变，旧准则直接将资产分为“流动资产、对外投资、固定资产、无形资产”。实际上，新准则的分类更加科学，因为，从分类对应的角度来看，流动资产与对外投资、固定资产、无形资产并不是一个口径，它应该对应非流动资产的口径。另外，关于各种类别资产的定义与分类，新旧准则之间也有着一定的差异。

一是流动资产。新准则将旧准则中流动资产的“现金和各种存款”统称为货币资金，并且在货币资金中新增“零余额账户用款额度”，这是体现了国库集中支付制度改革的最新成果。同时，新准则还去掉了旧准则中现金和各种存款的会计记账原则，即“现金和各种存款按照实际收入和支出数额记账”。

新准则还改变了对外投资的概念，在流动资产中新增“短期投资”的概念，并明确短期投资是指事业单位依法取得的，持有时间不超过1年（含1年）的投资。而将长期投资划为非流动资产范畴。

新准则改变了界定应收及预付款项的定义。它是指事业单位在开展业务活动中形成的各项债权，包括财政应返还额度、应收票据、应收账款、其他应收款等应收款项和预付账款。而旧制度中只是对这种流动资产进行了分类。并且，新制度规定了该项资产的会计计量原则，应收及预付款项应当按照实际发生额计量。

新准则只是保留了存货的定义，去掉了存货的计价方法。即旧准则的规定“各项存货应当按取得时的实际成本记账。各项存货发出时，可以根据实际情况选择先进先出法、加权平均法等方法，确定其实际成本，计价入账。各项存货应当定期进行清查盘点。对于发生的盘盈、盘亏以及过时、变质、毁损等报废的，应当计入当期收支”。

由于新准则改变了关于对外投资的概念，因此新准则去掉了对外投资的定义和会计记账原则。旧准则的规定“对外投资是指事业单位利用货币资金、实物和无形资产等方式向其他单位的投资。包括债券投资和其他投资。以货币资金的方式对外投资，应当按实际支付的款项记账。以实物或无形资产的方式对外投资，应当按评估确认的价值记账。投资期内取得的利息、红利等各项投资收益，应当记入当期收入。转让债券取得的价款或债券到期收回的本息与其账面成本的差额，应当记入当期收入”。

二是非流动资产。如上面所述，新准则新增了关于非流动资产的概念，明确规定它包括长期投资、在建工程、固定资产、无形资产等。

新准则新增了长期投资的定义。它是指事业单位依法取得的，持有时间超过1年（不含1年）的各种股权和债权性质的投资。

新准则新增了在建工程的定义，将在建工程作为一项非流动资产的范畴。这是旧准则中没有的分类形式。

新准则改变了旧制度中关于固定资产的分类标准。新准则用“固定资产包括房屋及构筑物、专用设备、通用设备等”代替了旧准则中“房屋和建筑物、专用设备、一般设备、文物和陈列品、图书、其他固定资产等”的提法。

新准则改变了无形资产的定义。用“事业单位持有的没有实物形态的可辨认非货币性资产”替代了“不具有实物形态而能为事业单位提供某种权利的资产”。

（二）新旧准则关于资产计量原则的比较

新准则重新确定了资产的会计计量原则，用以替代旧准则中按照不同类型资产分别规定的会计计量原则。新准则规定："事业单位的资产应当按照取得时的实际成本进行计量。除国家另有规定外，事业单位不得自行调整其账面价值。以支付对价方式取得的资产，应当按照取得资产时支付的现金或者现金等价物的金额，或者按照取得资产时所付出的非货币性资产的评估价值等金额计量。取得资产时没有支付对价的，其计量金额应当按照有关凭据注明的金额加上相关税费、运输费等确定；没有相关凭据的，其计量金额比照同类或类似资产的市场价格加上相关税费、运输费等确定；没有相关凭据、同类或类似资产的市场价格也无法可靠取得的，所取得的资产应当按照名义金额入账"。

（三）新旧准则关于会计计量与摊销的具体比较

新准则明确规定"事业单位对固定资产计提折旧、对无形资产进行摊销的，由财政部在相关财务会计制度中规定"，替代了旧准则中"实行内部成本核算的事业单位，无形资产应当在受益期内分期平均摊销，未摊销余额在会计报表中列示"的规定。

第五节 负债

本节对事业单位负债的定义、分类、会计计量原则等重要事项进行了规定。

一、负债的详解

（一）负债的定义

负债是指事业单位所承担的能以货币计量，需要以资产或者劳务偿还的债务。

（二）负债的分类

事业单位的负债按照流动性，分为流动负债和非流动负债。

一是流动负债。它是指预计在1年内（含1年）偿还的负债。包括短期借款、应付及预收款项、应付职工薪酬、应缴款项等。其中：短期借款是指事业单位借入的期限在1年内（含1年）的各种借款；应付及预收款项是指事业单位在开展业务活动中发生的各项债务，包括应付票据、应付账款、其他应付款等应付款项和预收账款；应付职工薪酬是指事业单位应付未付的职工工资、津贴补贴等；应缴款项是指事业单位应缴未缴的各种款项，包括应当上缴国库或者财政专户的款项、应缴税费，以及其他按照国家有关规定应当上缴的款项。

二是非流动负债。它是指流动负债以外的负债。事业单位的非流动负债包括长期借款、长期应付款等。其中：长期借款是指事业单位借入的期限超过1年（不含1年）的各种借款；长期应付款是指事业单位发生的偿还期限超过1年（不含1年）的应付款项，主要指事业单位融资租入固定资产发生的应付租赁款。

（三）负债的会计计量原则

事业单位的负债应当按照合同金额或实际发生额进行计量。

二、新旧准则关于负债的具体比较

新旧准则关于负债的具体比较如表4－4所示。

表 4－4　新旧准则负债差异比较表

负债	新准则	旧准则
分类	划分为流动负债和非流动负债两大类。其中每一大类都有若干小类。	简单分为“借入款项、应付账款、预收账款、其他应付款、各种应缴款项”等。
会计计量原则	事业单位的负债应当按照合同金额或实际发生额进行计量。	事业单位负债按照实际发生额进行记账。

（一）新旧准则关于负债分类的比较

新准则对负债进行了重新分类。旧准则将负债分成“借入款项、应付账款、预收账款、其他应付款、各种应缴款项”等类型。而新准则按照流动性标准将负债分成流动负债和非流动负债。它规定：流动负债是指预计在 1 年内（含 1 年）偿还的负债。非流动负债是指流动负债以外的负债。新准则分类更加科学，更加符合国际标准，有利于事业单位对负债实施分类管理，控制财务风险发生。

一是流动负债。新准则规定流动负债包括短期借款、应付及预收款项、应付职工薪酬、应缴款项等。新准则对上述不同类型流动负债的定义进行了规定。这与旧准则中各类负债的分类变动很大。

二是非流动负债。新准则规定事业单位的非流动负债包括长期借款、长期应付款等。规定：长期借款是指事业单位借入的期限超过 1 年（不含 1 年）的各种借款；长期应付款是指事业单位发生的偿还期限超过 1 年（不含 1 年）的应付款项，主要指事业单位融资租入固定资产发生的应付租赁款。

（二）新旧准则关于会计计量原则的比较

与旧准则相比，新准则关于会计计量原则的规定更加多元化，它规定“事业单位的负债应当按照合同金额或实际发生额进行计量”。而旧准则只是规定事业单位负债按照实际发生额进行记账。这说明新准则更加注重合同的法律实质，遵循实质重于形式原则。

【小案例】

事业单位债务管理迫在眉睫

人民网曾刊登过一个这样的报道：专家预警地方债务风险 5 万亿事业单位债务管理失序，国家发改委投资研究所研究员吴亚平提醒，占地方政府债务余额半数的是事业单位债务，包括学校、医院等公益性机构的债务。这些机构直接作为借款人向银行拿贷款，地方政府可能违规提供担保，银行也可能默认这种所谓的“隐形担保”。2010 年度审计署报告显示，截至 2010 年底，全国省、市、县三级地方政府性债务余额共计 10.7 万亿元。吴亚平表示，据此计算，事业单位债务“至少 5 万亿”。他还警告称，首先，事业单位零星分布在每个市县，不便于地方政府的集中监管，在地方政府的资产负债表上也没有反映。其次，事业单位缺乏完善的治理结构，自我约束能力比地方政府融资平台公司更差。再者，当无钱还债时，按照国家法律规定，它的资产是不允许变现的，实际上它的债务就等同于地方政府自身的债务，对地方经济的冲击比平台公司更直接。

第六节 净资产

本节对事业单位净资产的定义、分类、净资产信息披露等重要事项进行了规定。

一、净资产的详解

（一）净资产的定义

净资产是指事业单位资产扣除负债后的余额。

（二）净资产的分类

事业单位的净资产包括事业基金、非流动资产基金、专用基金、财政补助结转结余、非财政补助结转结余等。

其中，事业基金是指事业单位拥有的非限定用途的净资产，其来源主要为非财政补助结余扣除结余分配后滚存的金额；非流动资产基金是指事业单位非流动资产占用的金额；专用基金是指事业单位按规定提取或者设置的具有专门用途的净资产；财政补助结转结余是指事业单位各项财政补助收入与其相关支出相抵后剩余滚存的、须按规定管理和使用的结转和结余资金；非财政补助结转结余是指事业单位除财政补助收支以外的各项收入与各项支出相抵后的余额。其中，非财政补助结转是指事业单位除财政补助收支以外的各专项资金收入与其相关支出相抵后剩余滚存的、须按规定用途使用的结转资金。非财政补助结余是指事业单位除财政补助收支以外的各非专项资金收入与各非专项资金支出相抵后的余额。

（三）净资产信息披露的基本要求

事业基金、非流动资产基金、专用基金、财政补助结转结余、非财政补助结转结余等净资产项目应当分项列入资产负债表。

二、新旧准则净资产之间差异具体比较表

新旧准则净资产差异的具体比较如表 4－5 所示。

表 4－5　　新旧准则净资产差异比较表

净资产	新准则	旧准则
分类	分成事业基金、非流动资产基金、专用基金、财政补助结转结余、非财政补助结转结余等。	分成事业基金、固定基金、专用基金、结余等类型。
会计信息披露与反映	事业基金、非流动资产基金、专用基金、财政补助结转结余、非财政补助结转结余等净资产项目应当分项列入资产负债表。	无

新旧准则之间关于净资产的规定的最显著改变是关于净资产的分类，以及对净资产会计信息的披露与反映。

（一）新旧准则关于净资产分类的比较

旧准则对净资产分成事业基金、固定基金、专用基金、结余等类型。而新准则则将净资产分成事业基金、非流动资产基金、专用基金、财政补助结转结余、非财政补助结转结余等。

由此可见，新准则将旧准则中的固定基金提法改变为非流动资产基金，将旧准则中的结余重新划分成财政补助结转结余和非财政补助结转结余两类。同时对各类净资产的定义进行了重新界定。

一是事业基金。旧准则规定“事业基金是指事业单位拥有的非限定用途的净资产。主要包括滚存结余资金等”。而新准则则规定“事业基金是指事业单位拥有的非限定用途的净资产，其来源主要为非财政补助结余扣除结余分配后滚存的金额”。

二是新准则将“非流动资产基金是指事业单位非流动资产占用的金额”替代了旧制度中“固定基金是指事业单位固定资产占用的基金”。

三是新准则去掉了旧准则中关于专用基金分类的规定“专用基金主要包括修购基金、职工福利基金、医疗基金以及其他基金等”。

四是新准则新增了财政补助结转结余和非财政补助结转结余的定义和概念，用以代替旧准则中关于结余的定义和概念，旧准则规定“结余是事业单位在一定期间各项收入与支出相抵后的余额。主要包括事业结余和经营结余。事业结余是指事业单位各项非经营收支相抵后的余额。经营结余是指事业单位经营收支相抵后的余额”。

五是新准则去掉了各类净资产的会计记账原则。旧准则明确规定“事业基金按当期实际发生数额记账。固定基金应按实际发生数额记账。专用基金增加应按当期实际提取转入的数额记账；减少应按当期实际支出数额记账”。

（二）新旧准则净资产会计信息的披露与反映的比较

新准则新增了关于净资产会计信息的披露与反映条款，它规定“事业基金、非流动资产基金、专用基金、财政补助结转结余、非财政补助结转结余等净资产项目应当分项列入资产负债表。”而这一点在旧准则中是没有的。

第七节　收入

本节对事业单位收入的定义、分类、收入确认原则等重要事项进行了规定。

一、收入的详解

（一）收入的定义

收入是指事业单位开展业务及其他活动依法取得的非偿还性资金。

（二）收入的分类

事业单位的收入包括财政补助收入、事业收入、上级补助收入、附属单位上缴收入、经营收入和其他收入等。

财政补助收入是指事业单位从同级财政部门取得的各类财政拨款，包括基本支出补助和项目支出补助；事业收入是指事业单位开展专业业务活动及其辅助活动取得的收入，其中按照国家有关规定应当上缴国库或者财政专户的资金，不计入事业收入，从财政专户核拨给事业单位的资金和经核准不上缴国库或者财政专户的资金，计入事业收入；上级补助收入是指事业单位从主管部门和上级单位取得的非财政补助收入；附属单位上缴收入是指事业单位附属独立核算单位按照有关规定上缴的收入；经营收入是指事业单位在专业业务活动及其辅助活动之外开展非独立核算经营活动取得的收入；其他收入是指财政补助收入、事业收入、上级补助收入、附属单位上缴收入和经营收入以外的各项收入，包括投资收益、利息收入、捐赠收入等。

（三）收入确认原则

事业单位的收入一般应当在收到款项时予以确认，并按照实际收到的金额进行计量。采用权责发生制确认的收入，应当在提供服务或者发出存货，同时收讫价款或者取得索取价款的凭据时予以确认，并按照实际收到的金额或者有关凭据注明的金额进行计量。

二、新旧准则关于收入差异的具体比较

新旧准则关于收入的差异的具体比较如表4-6所示。

表4-6 **新旧准则净资产差异比较表**

收入	新准则	旧准则
分类	财政补助收入、事业收入、上级补助收入、附属单位上缴收入、经营收入和其他收入。	财政补助收入、上级补助收入、事业收入、经营收入、附属单位缴款、其他收入和基本建设拨款收入。
会计确认原则	事业单位收入一般应当在收到款项时予以确认，并按照实际收到的金额进行计量，采用权责发生制确认的收入，应当在提供服务或者发出存货，同时收讫价款或者取得索取价款的凭据时予以确认，并按照实际收到的金额或者有关凭据注明的金额进行计量。	事业单位的收入一般应当在收到款项时予以确认；对于采用权责发生制的单位取得的经营收入，可以在提供劳务或发出商品，同时收讫价款或者取得索取价款的凭据时予以确认。

（一）新旧准则关于收入分类的比较

新旧准则之间对于收入的分类还是有一些变化的。新准则规定，事业单位的收入包括财政补助收入、事业收入、上级补助收入、附属单位上缴收入、经营收入和其他收入等。这与旧准则对事业单位收入的提法有一定的差别。旧准则规定，事业单位收入包括财政补助收入、上级补助收入、事业收入、经营收入、附属单位缴款、其他收入和基本建设拨款收入等。由此可见，新准则将“附属单位缴款”更换为“附属单位上缴收入”，去掉了“基本建设拨款收入”这一收入类型。

除此之外，新旧准则之间对于财政补助收入的定义有所变化。新准则用“财政补助收入是指事业单位从同级财政部门取得的各类财政拨款”替代了旧准则定

义“财政补助收入是指事业单位按核定的预算和经费领报关系从财政部门取得的各类事业经费”。新制度又对财政补助收入进行了分类，规定它包括基本支出补助和项目支出补助。

（二）新旧准则关于会计确认原则的比较

新准则规定“事业单位收入一般应当在收到款项时予以确认，并按照实际收到的金额进行计量”，“采用权责发生制确认的收入，应当在提供服务或者发出存货，同时收讫价款或者取得索取价款的凭据时予以确认，并按照实际收到的金额或者有关凭据注明的金额进行计量”。这比旧准则的相关规定更加细致。同时，新准则去掉了旧准则中事业单位收入形式为实物时的会计确认原则。旧准则规定，事业单位取得收入为实物时，应当根据有关凭据确认其价值；没有凭据可供确认的，参照其市场价格确定。

第八节 支出或者费用

本节对事业单位支出与费用的分类、核算原则、会计确认等重要事项进行了规定。

一、支出或者费用的详解

（一）支出或费用的定义

支出或者费用是指事业单位开展业务及其他活动发生的资金耗费和损失。

（二）支出或者费用的分类

事业单位的支出或者费用包括事业支出、对附属单位补助支出、上缴上级支出、经营支出和其他支出等。

其中：事业支出是指事业单位开展专业业务活动及其辅助活动发生的基本支出和项目支出；对附属单位补助支出是指事业单位用财政补助收入之外的收入对附属单位补助发生的支出；上缴上级支出是指事业单位按照财政部门和主管部门的规定上缴上级单位的支出；经营支出是指事业单位在专业业务活动及其辅助活动之外开展非独立核算经营活动发生的支出；其他支出是指事业支出、对附属单位补助支出、上缴上级支出和经营支出以外的各项支出，包括利息支出、捐赠支出等。

（三）核算原则

事业单位开展非独立核算经营活动的，应当正确归集开展经营活动发生的各项费用数；无法直接归集的，应当按照规定的标准或比例合理分摊。事业单位的经营支出与经营收入应当配比。

（四）会计确认原则

事业单位的支出一般应当在实际支付时予以确认，并按照实际支付金额进行计量。采用权责发生制确认的支出或者费用，应当在其发生时予以确认，并按照实际发生额进行计量。

二、新旧准则关于支出或者费用的差异具体比较

新旧准则关于支出或者费用的具体比较如表 4－7 所示。

表4－7 新旧准则支出或者费用差异比较表

支出或者费用	新准则	旧准则
定义	事业单位开展业务及其他活动发生的资金耗费和损失。	事业单位为开展业务活动和其他活动所发生的各项资金耗费及损失以及用于基本建设项目的开支。
分类	事业支出、对附属单位补助支出、上缴上级支出、经营支出和其他支出。	事业支出、经营支出、对附属单位补助、上缴上级支出、基本建设支出。
核算原则	事业单位开展非独立核算经营活动的，应当正确归集开展经营活动发生的各项费用数。无法直接归集的，应当按照规定的标准或比例合理分摊。事业单位的经营支出与经营收入应当配比。	事业单位从事各项业务活动发生的支出，应当正确予以归集；无法直接归集的，应当按标准和规定的比例在事业支出和经营支出中进行合理分摊。
确认、计量原则	事业单位的支出一般应当在实际支付时予以确认，并按照实际支付金额进行计量。采用权责发生制确认的支出或者费用，应当在其发生时予以确认，并按照实际发生额进行计量。	无

新准则将旧准则的“支出”一章变化为“支出或者费用”一章。在定义、分类、核算与会计确认原则等角度有了变化。

（一）新旧准则关于支出或者费用定义的比较

新准则改变了旧准则关于支出的定义“支出是指事业单位为开展业务活动和其他活动所发生的各项资金耗费及损失以及用于基本建设项目的开支”，去掉了其中的“以及用于基本建设项目的开支”。

（二）新旧准则关于支出或费用分类的比较

与定义变化一致，新准则在支出或者费用的分类中去掉了旧准则中“基本建设支出”一类，新准则规定“事业单位的支出或者费用包括事业支出、对附属单位补助支出、上缴上级支出、经营支出和其他支出”。

一是关于事业支出。新准则规定区分了事业支出的基本支出和项目支出，规定“事业支出是指事业单位开展专业业务活动及其辅助活动发生的基本支出和项目支出”。而旧准则没有对此进行区分，只是规定“事业支出是指事业单位开展各项专业业务活动及其辅助活动发生的支出”。

二是对附属单位补助支出。新准则将旧准则的“对附属单位补助”改为“对附属单位补助支出”，并规定这类支出是指事业单位用财政补助收入之外的收入对附属单位补助发生的支出。旧准则则是规定这类支出是指事业单位用非财政预算资金对附属单位补助发生的支出。

（三）新旧准则关于支出或者费用的核算原则的比较

新准则用“事业单位开展非独立核算经营活动的，应当正确归集开展经营活动发生的各项费用数。无法直接归集的，应当按照规定的标准或比例合理分摊。事业单位的经营支出与经营收入应当配比”代替了旧准则中“事业单位从事各项业务活动发生的支出，应当正确予以归集；无法直接归集的，应当按标准和规定的比例在事业支出和经营支出中进行合理分摊”。

（四）新旧准则关于会计确认与计量原则的比较

新准则还明确了支出或者费用的会计确认原则，规定“事业单位的支出一般应当在实际支付时予以确认，并按照实际支付金额进行计量。采用权责发生制确认的支出或者费用，应当在其发生时予以确认，并按照实际发生额进行计量”。这一点在旧准则中是没有的。

第九节　财务会计报告

财务会计报告是事业单位会计核算信息的重要组成部分，也是事业单位会计核算原则的具体体现，是利益相关方对事业单位财务信息有效控制的手段。本节对事业单位财务会计报告的定义、分类、各类财务会计报告的内容和编制原则等重要事项进行了规定。

一、财务会计的详解

（一）财务会计报告的定义

财务会计报告是反映事业单位某一特定日期的财务状况和某一会计期间的事业成果、预算执行等会计信息的文件。

（二）财务会计报告的分类

事业单位的财务会计报告包括财务报表和其他应当在财务会计报告中披露的相关信息和资料。

一是财务报表。它是对事业单位财务状况、事业成果、预算执行情况等的结构性表述。财务报表由会计报表及其附注构成。

会计报表至少应当包括下列组成部分：1. 资产负债表。它是指反映事业单位在某一特定日期的财务状况的报表。资产负债表应当按照资产、负债和净资产分类列示。资产和负债应当分别流动资产和非流动资产、流动负债和非流动负债列示；2. 收入支出表或者收入费用表。它是指反映事业单位在某一会计期间的事业成果及其分配情况的报表。该表应当按照收入、支出或者费用的构成和非财政补助结余分配情况分项列示；3. 财政补助收入支出表。它是指反映事业单位在某一会计期间财政补助收入、支出、结转及结余情况的报表。

二是附注。它是指对在会计报表中列示项目的文字描述或明细资料，以及对未能在会计报表中列示项目的说明等。

附注至少应当包括下列内容：1. 遵循事业单位会计准则、事业单位会计制度

（行业事业单位会计制度）的声明；2. 会计报表中列示的重要项目的进一步说明，包括其主要构成、增减变动情况等；3. 有助于理解和分析会计报表需要说明的其他事项。

（三）编制原则

事业单位财务报表应当根据登记完整、核对无误的账簿记录和其他有关资料编制，做到数字真实、计算准确、内容完整、报送及时。

二、新旧准则关于财务会计报告的差异比较

新准则将“会计报表”的提法改为“财务会计报告”，并对财务会计报告的定义、分类、编制原则进行了修改。

（一）新旧准则关于财务会计报告定义的比较

财务会计报告是反映事业单位某一特定日期的财务状况和某一会计期间的事业成果、预算执行等会计信息的文件。这比旧准则关于会计报表的定义“会计报表是反映事业单位财务状况和收支情况的书面文件”更加强调预算管理执行的结果。

（二）新旧准则关于财务会计报告分类的比较

旧准则中规定会计报表包括资产负债表、收入支出表、基建投资表、附表及会计报表附注和收支情况说明书，而新准则则对此做出了显著改变，规定“事业单位的财务会计报告包括财务报表和其他应当在财务会计报告中披露的相关信息和资料”。

财务报表由会计报表及其附注构成，包括资产负债表、收入支出表或者收入费用表、财政补助收入支出表。附注是指对在会计报表中列示项目的文字描述或明细资料，以及对未能在会计报表中列示项目的说明等。它至少应当包括下列内容：遵循事业单位会计准则、事业单位会计制度（行业事业单位会计制度）的声明；会计报表中列示的重要项目的进一步说明，包括其主要构成、增减变动情况等；有助于理解和分析会计报表需要说明的其他事项。

（三）新旧准则关于财务会计报告编制原则的比较

新准则新增了事业单位财务报表的编制原则，它规定“事业单位财务报表应当根据登记完整、核对无误的账簿记录和其他有关资料编制，做到数字真实、计算准确、内容完整、报送及时”。这一点是旧准则所没有的内容。

本章笔记

第五章　最新《事业单位会计制度》解读

第一节　《事业单位会计制度》的修订背景

原《事业单位会计制度》（以下简称旧制度）颁布于1997年，自1998年1月1日起施行，这项制度对规范事业单位会计核算、服务财政预算管理发挥显著的积极作用。然而，近年来，随着我国公共财政体制改革的不断深化，旧制度已经难以满足各方面需要。为了适应财政改革与事业单位财务管理改革的需求，进一步规范事业单位的会计核算，财政部于2012年12月19日修订发布了《事业单位会计制度》（财会［2012］22号），规定自2013年1月1日起全面施行。

第一，此次修订的目的是实现事业单位会计制度与相关财政改革的协调衔接，确保相关财政改革政策的贯彻落实。例如部门预算、国库集中收付、政府收支分类、国有资产管理等各项财政改革不断深入推进，很多改革涉及会计科目及核算方法的调整。

第二，此次修订也是为了配合新《事业单位财务规则》的实施。2012年2月，财政部发布了新修订的《事业单位财务规则》，并自2012年4月1日起施行。《事业单位会计制度》便是根据新《事业单位财务规则》的实施，加强日常会计核算与管理，落实新的财务管理要求的具体体现。

第三，此次修订是进一步规范事业单位会计行为、提高事业单位会计信息质量的要求。随着近年来事业单位内外环境的变化，旧制度在诸多方面逐步暴露出不适应和不协调，如基建"游离"大账、不计提固定资产折旧、资产计量口径模糊、财政投入资金核算不清晰、会计报表结构不合理等，都影响了事业单位会计信息的全面性、准确性和有用性，急需进行修订。此外，在近两年国务院打击"假发票"、治理"小金库"等专项治理活动中，均对修订《事业单位会计制度》，进一步规范事业单位的会计行为，确保会计信息的真实性、完整性提出了明确要求。

《事业单位会计制度》修订遵循了以下原则：一是与新《事业单位会计准则》相一致原则。新《事业单位会计准则》规定了事业单位会计目标，会计基本假设，会计核算基础，会计信息质量要求，会计要素的定义、项目构成及分类、一般确认计量原则，财务会计报告等基本事项，是制定所有事业单位会计制度的基础，修订《事业单位会计制度》便是具体体现了新《事业单位会计准则》的文件精神。二是与《事业单位财务规则》相协调的原则。修订《事业单位会计制度》的基本思路和定位与修订《事业单位财务规则》相一致，即在维持现行事业单位核算基础和基本会计模式不变的前提下，重点适应财政改革、着力解决会计实务核算中的突出问题。三是服务于财政科学化精细化管理的原则。事业单位会计制度是财政科学化精细化管理的基础性制度之一。更好地服务财政科学化精细化管理是本次修订《事业单位会计制度》所遵循的重要原则之一。修订后的《事业单位会计制度》要求事业单位区分财政补助和非财政补助，分别核算和反映其收入、支出、结转和结余，进一步规范了非财政补助结余分配，要求各项收支按照政府收支分类科目进行明细核算，在财务报表组成中专门增加了“财政补助收入支出表”，由此所提供的会计信息更为精细、科学，将为财政预算管理、单位财务管理发挥更好的基础性作用。四是提高事业单位会计信息质量的原则。本次修订《事业单位会计制度》，目的在于着力解决事业单位会计实务核算中的突出问题，例如不计提折旧、基建游离大账、捐赠划拨资产不入账、财政投入资金核算不清晰、一些重要业务核算无规范、会计科目体系滞后、会计报表结构不合理等问题。

第二节　总说明

事业单位会计制度的总说明包括了对制定依据、制度目的、制度适用范围、会计科目与会计核算的原则与要求、财务报告等事项的全面概括。

一、总说明的变化

第一，事业单位会计制度依据的变化。新制度的制定依据是《中华人民共和国会计法》、《事业单位会计准则》及《事业单位财务规则》。旧制度只是依据《事业单位会计准则（试行）》单一文件进行制定，在立法依据上与新制度相比显得较为单薄。

第二，适用范围的变化。新制度用各级各类事业单位代替了旧制度下的国有事业单位。

第三，新制度去掉了旧制度中关于“会计组织系统”的规定。

第四，新制度增加了会计科目使用规定。新制度用“在不影响会计处理和编报财务报表的前提下，可以根据实际情况自行增设、减少或合并某些明细科目”代替了旧制度中的“不需用的科目可以不用”。同时，新制度增加了“本制度统一规定会计科目的编号，以便于填制会计凭证、登记账簿、查阅账目，实行会计信息化管理”的规定。

第五，新制度增加了关于编列财务报告的基本要求。明确指出“事业单位财务报告是事业单位对外提供的反映事业单位某一特定日期的财务状况和某一会计期间的事业成果、预算执行等会计信息的文件。”同时，增加了事业单位编列财务报告的六条基本原则。本部分将在正文中详细分析。

第六，新制度去掉了旧制度会计核算单位的提法，即“事业单位会计核算以人民币‘元’为金额单位，元以下记至角、分”。

第七，新制度增加了一些配套管理事项的规定，即“事业单位会计机构设置、会计人员配备、会计基础工作、会计档案管理、内部控制等，按照《中华人民共和国会计法》、《会计基础工作规范》、《会计档案管理办法》、《行政事业单位内部控制规范（试行）》等规定执行”。

第八，新制度进一步明确了会计基础。事业单位会计核算一般采用收付实现制，但部分经济业务或者事项的核算应当按照本制度的规定采用权责发生制。

二、制定会计制度的依据

事业单位会计制度的制定是根据《中华人民共和国会计法》、《事业单位会计准则》及《事业单位财务规则》。

三、适用范围

本制度适用于各级各类事业单位，下列事业单位除外：

（一）按规定执行《医院会计制度》等行业事业单位会计制度的事业单位；

（二）纳入企业财务管理体系执行企业会计准则或小企业会计准则的事业单位。

参照公务员法管理的事业单位对本制度的适用，由财政部另行规定。

四、会计科目的使用规定

（一）会计科目使用

事业单位应当按照本制度的规定设置和使用会计科目。在不影响会计处理和编报财务报表的前提下，可以根据实际情况自行增设、减少或合并某些会计科目。

（二）会计科目编号

本制度统一规定会计科目的编号，以便于填制会计凭证、登记账簿、查阅账目，实行会计信息化管理。事业单位不得打乱重编。

（三）会计凭证与会计账簿

事业单位在填制会计凭证、登记会计账簿时，应当填列会计科目的名称，或者同时填列会计科目的名称和编号，不得只填列科目编号、不填列科目名称。

五、财务报表

编列财务报表的基本要求：

第一，事业单位对外提供的财务报表的内容和格式，由本制度规定。事业单位内部管理需要的财务报表由事业单位自行规定。

第二，事业单位应当根据本制度有关财务报表的编制基础、编制依据、编制原则和方法的要求，对外提供真实、完整的财务报表。事业单位不得违反规定，随意改变财务报表的编制基础、编制依据、编制原则和方法，不得随意改变本制度规定的财务报表有关数据的会计口径。

第三，事业单位财务报表应当根据登记完整、核对无误的账簿记录和其他有关资料编制，要做到数字真实、计算准确、内容完整、报送及时。

第四，事业单位对外提供的财务报表应当由单位负责人和主管会计工作的负责人、会计机构负责人（会计主管人员）签名并盖章。

第三节　会计科目名称与编号

本节将从新旧事业单位会计制度比较的角度来对新旧制度之间的一些变化进行总结与归纳。

关于新旧制度会计科目变动的说明

（一）资产类会计科目

第一，新制度用“库存现金”代替了旧制度“现金”科目。

第二，新制度新增了“零余额账户用款额度”科目与“财政应返还额度”科目，其中“财政应返还额度”下设“财政直接支付”和“财政授权支付”两个子科目。

第三，新制度用“存货”代替了旧制度“材料”科目。

第四，新制度删除了“产成品”科目。

第五，新制度新增了“累计折旧”、“在建工程”、“累计摊销”、“待处置资产损溢”等科目。

（二）负债类会计科目

第一，新制度分设“短期借款”和“长期借款”代替了旧制度“借入款项”科目。

第二，新制度用“应缴税费”代替了旧制度“应缴税金”科目。

第三，新制度用“应缴国库款”代替了旧制度“应缴预算款”科目。

第四，新制度新增了“应付职工薪酬”、“长期应付款”等科目。

（三）净资产类会计科目

第一，新制度分别用“事业基金”、“非财政补助结余分配”科目代替了“事业基金——一般基金”、“结余分配”科目。

第二，新制度新增了“财政补助结转”科目，下设两个子科目“基本支出结转”和“项目支出结转”。

第三，新制度用“非流动资产基金”代替了“事业基金——投资基金”和“固定基金”科目，“非流动资产基金”下设四个子科目“长期投资”、“固定资产”、“在建工程”、“无形资产”。

第四，新制度新增了“财政补助结余”科目。

第五，新制度用“非财政补助结转“科目代替了旧制度“拨入专款”、“拨出专款”、“专款支出”科目。

（四）收入类会计科目

新制度用“附属单位上缴收入”科目代替了“附属单位缴款”科目。

（五）支出类会计科目

第一，新制度将旧制度中“拨出经费”、“事业支出”和“结转自筹基建”三个科目合并为“事业支出”科目；将旧制度中“经营支出”、“销售税金”科目合并为“经营支出”科目。

第二，新制度中用“对附属单位补助支出”代替旧制度中“对附属单位补助”科目。

第三，新制度新增了“其他支出”科目。

第四节　会计科目的使用与核算

一、流动资产类会计科目的使用与核算

流动资产的具体分类如图 5－1 所示：

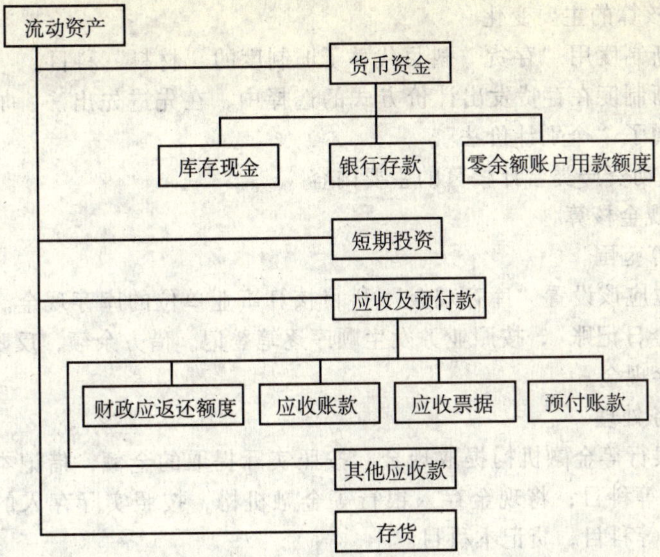

图5－1　流动资产的具体分类

（一）流动资产类会计核算的主要变化

1. 货币资金核算的主要变化

货币资金包括现金、银行存款、零余额账户用款额度三个科目。新制度在这三个科目中有了新的变化。

第一，新制度用“库存现金”科目代替了旧制度的“现金”科目。

第二，新制度增加了关于因支付内部职工出差等原因所需的现金的会计核算程序。

第三，新制度增加了“零余额账户用款额度”科目，规定了在财政授权支付方式下，收到代理银行盖章的“授权支付到账通知书”，按规定支用额度时以及从零余额账户提取现金时三种情形的账务处理规则。这可以更加便利地核算零余额账户的变动情况。

2. 应收及预付款项核算的主要变化

第一，新制度增加了“财政应返还额度”科目，并区分了财政直接支付与财政授权支付两种方式，能够更加准确地反映事业单位预算的执行情况。

第二，新制度在“应收票据”科目中增加了将持有的商业汇票背书转让以取得所需物资以及商业汇票到期时的账务处理规定。

第三，新制度在“应收账款”科目增加了“逾期三年或以上、有确凿证据表明确实无法收回的应收账款，按规定报经批准后予以核销”的账务处理规定。这更好地体现了事业单位会计核算的谨慎性原则。

第四，新制度在“预付账款”科目增加了“逾期三年或以上、有确凿证据表明因供货单位破产、撤销等原因已无望再收到所购物资，且确实无法收回的预付账款，按规定报经批准后予以核销”的账务处理规定。

3. 存货核算的主要变化

第一，新制度用“存货”科目代替了旧制度的“材料”科目。

第二，新制度在存货发出计价方式的选择中，在先进先出法、加权平均法的基础上，新增了“个别计价法”。

（二）流动资产类会计核算的主要内容

1. 库存现金核算

（1）核算范围

事业单位应该设置“库存现金”科目核算事业单位的库存现金。事业单位应当设置“现金日记账”，按照业务发生顺序逐笔登记。借方余额，反映事业单位实际持有的库存现金。

（2）账务处理

一是从银行等金融机构提取现金。按照实际提取的金额，借记本科目，贷记“银行存款”等科目；将现金存入银行等金融机构，按照实际存入的金额，借记“银行存款”等科目，贷记本科目。

二是因支付内部职工出差等原因所需的现金。按照实际借出的金额，借记“其他应收款”科目，贷记本科目；收到出差人员交回的差旅费剩余款并结算时，按照实际收回的现金金额，借记本科目，按照应报销的金额，借记有关科目，按实际借出的现金金额，贷记“其他应收款”科目。

三是因开展业务等其他事项收到现金。按照实际收到的金额，借记本科目，贷记有关科目；因购买服务或商品等其他事项支出现金，按照实际支出的金额，借记有关科目，贷记本科目。

【例 5－1】

2013 年 1 月 5 日，某事业单位组织人员参加培训，需支取现金 5 000 元，出纳从零余额账户取现 5 000 元，如何进行账务处理？

【解析】

借：库存现金　　5 000

　贷：零余额账户用款额度　　5 000

2. 银行存款核算

（1）核算范围

本科目核算事业单位存入银行或其他金融机构的各种存款。

（2）账务处理

一是将款项存入银行或其他金融机构。借记本科目，贷记“库存现金”、“事业收入”、“经营收入”等有关科目。

二是提取和支出存款。借记有关科目，贷记本科目。

3. 零余额账户用款额度核算

（1）核算范围

"零余额账户用款额度"科目核算实行国库集中支付的事业单位根据财政部门批复的用款计划收到和支用的零余额账户用款额度。

（2）账务处理

一是在财政授权支付方式，收到代理银行盖章的"授权支付到账通知书"时，根据通知书所列数额。借记本科目，贷记"财政补助收入"科目。

二是按规定支用额度，借记有关科目，贷记本科目。

三是从零余额账户提取现金，借记"库存现金"科目，贷记本科目。

四是年度终了，依据代理银行提供的对账单作注销额度。借记"财政应返还额度——财政授权支付"科目，贷记本科目。事业单位本年度财政授权支付预算指标数大于零余额账户用款额度下达数的，借记"财政应返还额度——财政授权支付"科目，贷记"财政补助收入"科目。

五是下年度年初，事业单位依据代理银行提供的额度恢复到账通知书作相关恢复额度。借记本科目，贷记"财政应返还额度——财政授权支付"科目。事业单位收到财政部门批复的上年末未下达零余额账户用款额度的，借记本科目，贷记"财政应返还额度——财政授权支付"科目。

【例5-2】

2013年3月1日，某事业单位在财政授权支付方式，收到代理银行盖章的"授权支付到账通知书"，通知书所列数额为10 000元，如何进行账务处理？

【解析】

借：零余额账户用款额度	10 000	
贷：财政补助收入		10 000

4. 短期投资核算

（1）核算范围

本科目核算事业单位依法取得的，持有时间不超过1年（含1年）的投资，主要是国债投资。

（2）账务处理

事业单位应当严格遵守国家法律、行政法规以及财政部门、主管部门关于对外投资的有关规定。本科目应当按照国债投资的种类等进行明细核算。

①短期投资在取得时，应当按照其实际成本（包括购买价款以及税金、手续费等相关税费）作为投资成本，借记本科目，贷记"银行存款"等科目。

②短期投资持有期间收到利息时，按实际收到的金额，借记"银行存款"科目，贷记"其他收入——投资收益"科目。

③出售短期投资或到期收回短期国债本息，按照实际收到的金额，借记"银行存款"科目，按照出售或收回短期国债的成本，贷记本科目，按其差额，贷记或借记"其他收入——投资收益"科目。

（3）本科目期末借方余额，反映事业单位持有的短期投资成本。

5. 财政应返还额度核算

（1）核算范围

本科目核算实行国库集中支付的事业单位应收财政返还的资金额度。

（2）账务处理

一是关于财政直接支付年终结余资金的账务处理。年度终了，事业单位根据本年度财政直接支付预算指标数与当年财政直接支付实际支出数的差额，借记本科目（财政直接支付），贷记“财政补助收入”科目。下年度恢复财政直接支付额度后，事业单位以财政直接支付方式发生实际支出时，借记有关科目，贷记本科目（财政直接支付）。

二是关于财政授权支付年终结余资金的账务处理。年度终了，事业单位依据代理银行提供的对账单作注销额度的相关账务处理，借记本科目（财政授权支付），贷记“零余额账户用款额度”科目。事业单位本年度财政授权支付预算指标数大于零余额账户用款额度下达数的，借记本科目（财政授权支付），贷记“财政补助收入”科目。下年度年初，事业单位依据代理银行提供的额度恢复到账通知书作相关恢复额度的账务处理，借记“零余额账户用款额度”科目，贷记本科目（财政授权支付）。事业单位收到财政部门批复的上年末未下达零余额账户用款额度的，借记“零余额账户用款额度”科目，贷记本科目（财政授权支付）。

6. 应收票据

（1）核算范围

本科目核算事业单位因开展经营活动销售产品、提供有偿服务等而收到的商业汇票，包括银行承兑汇票和商业承兑汇票。

（2）账务处理

一是因销售物品、提供服务等收到开出、承兑的商业汇票，按照商业汇票的票面金额，借记本科目，贷记“经营收入”等科目，按照应缴增值税金额，贷记“应缴税费——应缴增值税”科目。

二是持有未到期的商业汇票向银行贴现，按照实际收到的金额（即扣除贴现息后的净额），借记“银行存款”等科目，按照贴现息，借记“经营支出”等科目，按照商业汇票的票面金额，贷记本科目（若银行无追索权）或“短期借款”科目（若银行有追索权）。

三是将持有的商业汇票背书转让以取得所需物资。按照取得物品的成本，借记有关科目，按照商业汇票的票面金额，贷记本科目，如有差额，借记或贷记“银行存款”等科目。

四是商业汇票到期。如果收回应收票据，按照实际收到的金额，借记“银行存款”等科目，按照商业汇票的票面金额，贷记本科目；如果因付款人无力支付票款，或到期不能收回应收票据，收到银行退回的商业承兑汇票、委托收款凭证、未付票款通知书或拒付款证明等，按照商业汇票的票面金额，借记“应收账款”科目，贷记本科目。

7. 应收账款

（1）核算范围

本科目核算事业单位因开展经营活动销售产品、提供有偿服务等而应收取的款项。

（2）账务处理

发生应收账款时，按照应收未收金额，借记本科目，按照确认的收入金额，贷记“经营收入”等科目，按照应缴增值税金额，贷记“应缴税费——应缴增值税”科目；收回应收账款时，按照实际收到的款项金额，借记“银行存款”等科目，贷记本科目。

8. 预付账款

（1）核算范围

本科目核算事业单位按照购货、劳务合同规定预付给供应单位的款项。

（2）账务处理

发生预付账款时，按照实际预付的金额，借记本科目，贷记“银行存款”等科目；收到所购物资或服务，按照购入物资或服务的成本，借记有关科目，按照实际支用的预付账款，贷记本科目，按照退回或补付的款项，借记或贷记“银行存款”等科目。

【例5-3】

某事业单位预付给供货单位材料款共计20 000元。应该如何做账务处理？

【解析】

借：预付账款	20 000
贷：银行存款	20 000

上述供货单位将材料运到，全部货款15 000元，运杂费1 000元。收回退回款4 000元（假设不考虑税）。

借：存货	16 000
银行存款	4 000
贷：预付账款	20 000

9. 其他应收款

（1）核算范围

本科目核算事业单位除财政应返还额度、应收票据、应收账款、预付账款等以外的其他各项应收及暂付款项，如职工预借的差旅费、拨付给内部有关部门的备用金、应向职工收取的各种垫付款项等。

（2）账务处理

一是发生其他各种应收及暂付款项时，借记本科目，贷记“银行存款”、“库存现金”等科目。

二是收回或转销上述款项时，借记“库存现金”、“银行存款”等科目，贷记本科目。

三是事业单位内部实行备用金制度的，有关部门使用备用金以后应当及时到财务部门报销并补足备用金。财务部门核定并发放备用金时，借记本科目，贷记“库存现金”等科目。根据报销数用现金补足备用金定额时，借记有关科目，贷记“库存现金”等科目，报销数和拨补数都不再通过本科目核算。

10. 存货核算

（1）核算范围

本科目核算事业单位开展业务活动及其他活动中为耗用而储存的各种材料、燃料、包装物、物品、低值易耗品及达不到固定资产标准的工具、装具、动植物等的实际成本。

（2）账务处理

一是存货在取得时，应当按照成本进行初始计量。存货成本包括采购成本、加工成本和其他成本。其中，采购成本包括购买价款、相关税费、运输费、装卸费、保险费以及其他使得存货达到目前场所和状态所发生的其他支出；加工成本包括耗用的直接材料费用、发生的直接人工费用和按照一定方法分配的与存货加工有关的间接费用；其他成本是指除采购成本、加工成本以外的，使存货达到目前场所和状态所发生的其他支出。

取得的存货，按照确定的存货成本，借记本科目，按实际支付或应付的金额，贷记“银行存款”、“零余额账户用款额度”、“应付账款”、“财政补助收入”等科目。

二是存货在发出时。应当根据实际情况采用先进先出法、加权平均法或者个别计价法确定发出存货的实际成本。计价方法一经确定，不得随意变更。低值易耗品的成本于领用时一次摊销。开展业务活动等领用和发出存货，按照存货的实际成本，借记“事业支出”、“经营支出”等科目，贷记本科目。对外捐赠、无偿调出存货，转入待处置资产时，按照存货的账面余额，借记“待处置资产损溢”科目，贷记本科目。

二、非流动资产类会计科目的使用与核算

新制度对非流动资产的具体分类，见图5－2所示。

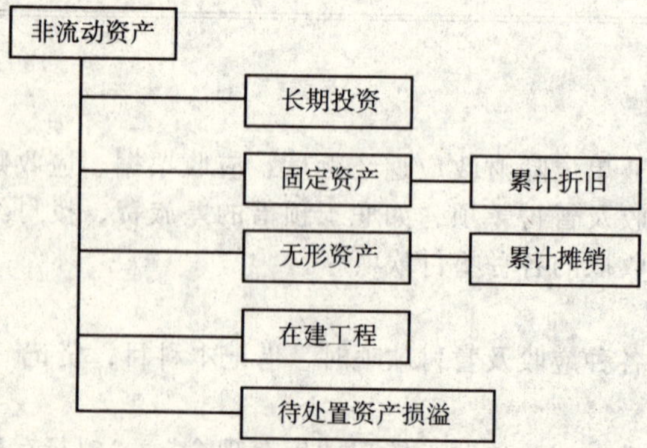

图5－2　非流动资产的具体分类

（一）非流动资产类会计核算的主要变化

第一，无形资产核算的主要变化。新制度新增了“接受捐赠的无形资产”，“以经营租赁出租无形资产使用权取得的租金收入”，“自行开发并按法律程序申请取得的无形资产或以无形资产对外投资”，“无形资产的账面价值予以核销”等业务的账务处理规定。

第二，新制度新增加了“累计折旧”、“在建工程”、“累计摊销”、“待处置资产损溢”等科目。与旧制度相比，新制度对于上述内容的新增，极大地拓展了会计制度中资产会计核算的内涵和外延，也是对新的经济形势下对于会计核算多样化的需求。

（二）非流动资产类会计核算的主要内容

1. 长期投资核算

（1）核算范围

本科目核算事业单位依法取得的，持有时间超过1年（不含1年）的股权和债权性质的投资。

（2）账务处理

事业单位应当严格遵守国家法律、行政法规以及财政部门、主管部门有关事业单位对外投资的规定。按照长期投资的种类和被投资单位等进行明细核算。

①长期股权投资

一是长期股权投资在取得时，应当按照其实际成本作为投资成本。

a. 以货币资金取得的长期股权投资，按照实际支付的全部价款（包括购买价款以及税金、手续费等相关税费）作为投资成本，借记本科目，贷记“银行存款”等科目；同时，按照投资成本金额，借记“事业基金”科目，贷记“非流动资产基金——长期投资”科目。

b. 以固定资产取得的长期股权投资，按照评估价值加上相关税费作为投资成本，借记本科目，贷记“非流动资产基金——长期投资”科目，按发生的相关税费，借记“其他支出”科目，贷记“银行存款”、“应缴税费”等科目；同时，按照投出固定资产对应的非流动资产基金，借记“非流动资产基金——固定资产”科目，按照投出固定资产已计提折旧，借记“累计折旧”科目，按投出固定资产的账面余额，贷记“固定资产”科目。

c. 以已入账无形资产取得的长期股权投资，按照评估价值加上相关税费作为投资成本，借记本科目，贷记“非流动资产基金——长期投资”科目，按发生的相关税费，借记“其他支出”科目，贷记“银行存款”、“应缴税费”等科目；同时，按照投出无形资产对应的非流动资产基金，借记“非流动资产基金——无形资产”科目，按照投出无形资产已计提摊销，借记“累计摊销”科目，按照投出无形资产的账面余额，贷记“无形资产”科目。

以未入账无形资产取得的长期股权投资，按照评估价值加上相关税费作为投资成本，借记本科目，贷记“非流动资产基金——长期投资”科目，按发生的相关税费，借记“其他支出”科目，贷记“银行存款”、“应缴税费”等科目。

二是长期股权投资持有期间，收到利润等投资收益时，按照实际收到的金额，借记“银行存款”等科目，贷记“其他收入——投资收益”科目。

三是转让长期股权投资，转入待处置资产时，按照待转让长期股权投资的账面余额，借记“待处置资产损溢——处置资产价值”科目，贷记本科目。

实际转让时，按照所转让长期股权投资对应的非流动资产基金，借记“非流动资产基金——长期投资”科目，贷记“待处置资产损溢——处置资产价值”科目。

转让长期股权投资过程中取得价款、发生相关税费，以及转让价款扣除相关税费后的净收入的账务处理，参见“待处置资产损溢”科目。

四是因被投资单位破产清算等原因，有确凿证据表明长期股权投资发生损失，按规定报经批准后予以核销。将待核销长期股权投资转入待处置资产时，按照待核销的长期股权投资账面余额，借记“待处置资产损溢”科目，贷记本科目。

报经批准予以核销时，借记“非流动资产基金——长期投资”科目，贷记“待处置资产损溢”科目。

②长期债券投资

一是长期债券投资在取得时，应当按照其实际成本作为投资成本。

以货币资金购入的长期债券投资，按照实际支付的全部价款（包括购买价款以及税金、手续费等相关税费）作为投资成本，借记本科目，贷记“银行存款”等科目；同时，按照投资成本金额，借记“事业基金”科目，贷记“非流动资产基金——长期投资”科目。

二是长期债券投资持有期间收到利息时，按照实际收到的金额，借记“银行存款”等科目，贷记“其他收入——投资收益”科目。

三是对外转让或到期收回长期债券投资本息，按照实际收到的金额，借记“银行存款”等科目，按照收回长期投资的成本，贷记本科目，按照其差额，贷记或借记“其他收入——投资收益”科目；同时，按照收回长期投资对应的非流动资产基金，借记“非流动资产基金——长期投资”科目，贷记“事业基金”科目。

（3）本科目期末借方余额，反映事业单位持有的长期投资成本。

2. 固定资产核算

（1）核算范围

本科目核算事业单位固定资产的原价。固定资产是指事业单位拥有的预计使用年限在一年以上（不含一年）、单位价值在规定标准以上，并在使用过程中基本保持原有物质形态的资产，单位价值虽未达到规定标准，但使用期限超过1年（不含1年）的大批同类物资，作为固定资产核算和管理。事业单位的固定资产一般包括：房屋及构筑物；专用设备；通用设备；文物和陈列品；图书、档案；家具、用具、装具及动植物。

（2）账务处理

一是固定资产的取得。应当按照其实际成本进行初始计量。

对于购入的固定资产来说，其成本包括购买价款、相关税费、使固定资产达到交付使用前所发生的可归属于该项资产的运输费、装卸费、安装费和专业人员服务费等；以一笔款项购入多项没有单独标价的固定资产，按照各项固定资产同类或类似资产价格的比例对总成本进行分配，分别确定各项固定资产的入账成本。购入不需安装的固定资产，按照确定的固定资产成本，借记本科目，贷记“非流动资产基金——固定资产”科目；同时，借记“事业支出”、“经营支出”、“专用基金——修购基金”等科目，贷记“财政补助收入”、“零余额账户用款额度”、“银行存款”等科目；购入需要安装的固定资产，通过“在建工程”科目核算。安装完工交付使用时，借记本科目，贷记“非流动资产基金——在建工程”科目；同时，借记“非流动资产基金——固定资产”科目，贷记“在建工程”科目。

【例 5－4】

某事业单位 A 与供货商达成协议，用银行存款购买事业用固定资产，价值 20 000 元，运费 3 000 元，保险费 500 元，共计 23 500 元。合同规定当时支付 10 000 元，安装正常使用后余款付清。请问如何进行账务处理？

【解析】

借：事业支出　23 500
　贷：银行存款　10 000
　　　应付账款　13 500

同时，

借：固定资产　23 500
　贷：非流动资产基金——固定资产　23 500

对于自行建造的固定资产，其成本由建造该项资产达到交付使用状态前所发生的必要支出构成。在原有固定资产基础上进行改建、扩建的固定资产，其成本按照原固定资产账面价值“固定资本”科目账面余额减去“累计折旧”科目账面余额后的净值加上改建、扩建支出后的净额确定；工程完工交付使用时，借记本科目，贷记“非流动资产基金——固定资产”科目；同时，借记“非流动资产基金——在建工程”科目；贷记“在建工程”科目。已达到交付使用状态但尚未办理竣工决算手续的固定资产，按照估计价值入账，待确定实际成本后再进行调整。

对于融资租赁租入的固定资产，其成本按照租赁协议或者合同确定的价款、相关税费以及固定资产交付使用前所发生的可归属于该项资产的运输费、途中保险费、安装调试费等确定。按照确定的固定资产成本，借记本科目［不需安装］或“在建工程”科目［需安装］，按照租赁协议或者合同确定的租赁价款，贷记“长期应付款”科目，按照其差额，贷记“非流动资产基金——固定资产、在建工程”科目。同时，按照实际支付的运输费、途中保险费、安装调试费等相关费用，借记“事业支出”、“经营支出”等科目，贷记“银行存款”等科目；定期支付租金时，按照支付的租金金额，借记“事业支出”、“经营支出”等科目，贷记“财政补助收入”、“零余额账户用款额度”、“银行存款”等科目；同时，借记“长期应付款”科目，贷记“非流动资产基金——固定资产”科目。跨年度分期付款购入固定资产，比照以融资租赁租入固定资产的账务处理。

对于接受捐赠、无偿调入的固定资产，其成本按照有关凭据注明的金额加上相关税费、运输费等确定；没有相关凭据的，其成本比照同类或类似固定资产的市场价格或加上相关税费运输费等确定。没有相关凭据、同类或类似固定资产的市场价格也无法可靠取得的，该固定资产按照名义金额入账。按照确定的固定资产成本，借记本科目［不需安装］或“在建工程”科目［需安装］，贷记“非流动资产基金——固定资产、在建工程”科目；按照发生的相关税费、运输费等，借记“其他支出”科目，贷记“银行存款”等科目。

【例5-5】

A单位在2013年1月，将其固定资产12 000元无偿调给下属单位，请问如何进行会计处理？

【解析】

借：非流动资产基金——固定资产　12 000

　贷：固定资产　12 000

二是固定资产折旧。固定资产按月计提固定资产折旧，按照实际计提金额，借记“非流动资产基金——固定资产”科目，贷记“累计折旧”科目。

三是固定资产后续支出。为增加固定资产使用效能或延长其使用寿命而发生的改建、扩建或修缮等后续支出，计入固定资产成本，通过“在建工程”科目核算，完工交付使用时转入本科目；为维护固定资产的正常使用而发生的日常修理等后续支出，计入当期支出，借记“事业支出”、“经营支出”等科目，贷记“银行存款”等科目。

四是以经营租赁租出固定资产取得的租金收入。借记“银行存款”等科目，贷记“其他收入”科目。

五是报经批准出售、无偿调出、对外捐赠固定资产或以固定资产对外投资。

对于出售固定资产，转入待处置资产时。按照待出售固定资产的账面价值，借记“待处置资产损溢”科目，按照已计提折旧，借记“累计折旧”科目，按照固定资产的账面余额，贷记本科目；实现出售时，按照已出售固定资产对应的非流动资产基金——固定资产，借记“非流动资产基金——固定资产”科目，按照已计提折旧对应的资产折耗，贷记“非流动资产基金——固定资产”科目，按照上述金额，贷记“待处置资产损溢（处置资产价值）”科目；出售过程中发生的相关税费，按照实际发生的金额，借记“待处置资产损溢（处置净收入）”科目，贷记“应缴税费”、“银行存款”等科目；出售取得价款等，按照实际收到的金额，借记“银行存款”等科目，贷记“待处置资产损溢（处置净收入）”科目；出售取得价款扣除相关税费后的净收入，借记“待处置资产损溢（处置净收入）”科目，贷记“应缴财政款”等科目。

对于以固定资产对外投资，按照评估价加上相关税费作为投资成本。以固定资产取得的长期股权投资，按照评估价或合同确定价值作为投资成本，借记“长期投资”科目，贷记“非流动资产基金——长期投资”科目。按发生的相关税费，借记“其他支出”科目，贷记“银行存款”、“应缴税费”等科目；同时，按照投出固定资产对应的非流动资产基金，借记“非流动资产基金——固定资产”科目，按照投出固定资产已计提折旧，借记“累计折旧”科目，按照投出固定资产的账面余额，贷记本科目。

对于无偿调出、对外捐赠固定资产，转入待处置资产时，按照待处置固定资产的账面价值，借记“待处置资产损溢”科目，按照已计提折旧，借记“累计折旧”科目，按照固定资产的账面余额，贷记本科目。实现调出或捐出时，按照已调出或捐出固定资产对应的固定基金，借记“非流动资产基金——固定资产”科目，按照已计提折旧对应的资产折耗，贷记“非流动资产基金——固定资产”科目，按照上述金额，贷记“待处置资产损溢”科目。

3. 累计折旧核算

（1）核算范围

本科目核算事业单位固定资产计提的累计折旧。事业单位应当对固定资产计提折旧，文物和陈列品，动植物，图书、档案，以名义金额计量的固定资产除外。

（2）账务处理

一是按月计提固定资产折旧时，按照应计提折旧金额，借记“非流动资产基金——固定资产”科目，贷记本科目。

二是固定资产处置时，按照所处置固定资产的账面价值，借记“待处置资产损溢”科目，按照已计提折旧，借记本科目，按照固定资产的账面余额，贷记“固定资产”科目。

4. 在建工程核算

（1）核算范围

本科目核算事业单位已经发生必要支出，但尚未完工交付使用的各种建筑（包括新建、改建、扩建、修缮等）和设备安装工程的实际成本。

（2）账务处理

一是建筑工程。将固定资产转入改建、扩建或修缮等时，按照固定资产的账面价值，借记本科目，贷记“非流动资产基金——在建工程”科目；同时，按照固定资产对应的非流动资产基金，借记“非流动资产基金——固定资产”科目，按照已计提折旧，借记“累计折旧”科目，按照固定资产的账面余额，贷记“固定资产”科目。

根据工程价款结算账单与施工企业结算工程价款时，按照实际支付的工程价款，借记本科目，贷记“非流动资产基金——在建工程”科目；同时，借记“事业支出”等科目，贷记“财政补助收入”、“零余额账户用款额度”、“银行存款”等科目。

事业单位为建筑工程借入的专门借款的利息，属于建设期间发生的，计入在建工程成本，借记“其他支出”科目，贷记“银行存款”科目；同时，借记本科目，贷记“非流动资产基金——在建工程”科目。

工程完工交付使用时，按照建筑工程所发生的实际成本，借记“固定资产”

科目，贷记“非流动资产基金——固定资产”科目；同时，借记“非流动资产基金——在建工程”科目，贷记本科目。

二是设备安装。购入需要安装的设备，借记本科目，贷记“非流动资产基金——在建工程”科目；同时，借记“事业支出”等科目，贷记“财政补助收入”、“零余额账户用款额度”、“银行存款”等科目。

融资租入需要安装的设备，借记本科目，贷记“长期应付款”、“银行存款”等科目。

发生安装费用，借记本科目，贷记“非流动资产基金——在建工程”科目；同时，借记“事业支出”等科目，贷记“银行存款”等科目。

设备安装完工交付使用时，借记“固定资产”科目，贷记“非流动资产基金——固定资产”科目；同时，借记“非流动资产基金——在建工程”科目，贷记本科目。

5. 无形资产核算

(1) 核算范围

本科目核算事业单位无形资产的原价。无形资产是指事业单位持有的没有实物形态的可辨认非货币性资产，包括专利权、商标权、著作权、土地使用权、非专利技术等。

事业单位购入的不构成相关硬件不可缺少组成部分的应用软件，应当作为无形资产核算。

(2) 账务处理

一是无形资产在取得时，应当按照成本进行初始计量。

关于外购的无形资产。其成本包括购买价款、相关税费以及可归属于该项资产达到预定用途所发生的其他支出。按照确定的无形资产成本，借记本科目，贷记“非流动资产基金——无形资产”科目；同时，按照实际支付金额，借记“事业支出”科目，贷记“财政补助收入”、“零余额账户用款额度”、“银行存款”等科目。

【例5-6】

2013年某事业单位购入一项商标权，银行存款100 000元，请问如何处理？

【解析】

借：无形资产——商标权	100 000	
贷：非流动资产基金——无形资产		100 000
同时，		
借：事业支出	100 000	
贷：银行存款		100 000

关于自行开发并按法律程序申请取得的无形资产。按照依法取得时发生的注册费、聘请律师费等费用，借记本科目，贷记“非流动资产基金——无形资产”科目；同时，借记“事业支出”科目，贷记“财政补助收入”、“零余额账户用款额度”、“银行存款”等科目；依法取得前所发生的研究开发支出，应于发生时直

接计入当期支出，借记“事业支出”等科目，贷记“银行存款”等科目。

关于接受捐赠的无形资产。其成本按照有关凭据注明的金额加上相关税费等确定；没有相关凭据的，其成本比照同类或类似无形资产的市场价格加上相关税费等确定；没有相关凭据、同类或类似无形资产的市场价格也无法可靠取得的，该资产按照名义金额入账。按照确定的无形资产成本，借记本科目，贷记“非流动资产基金——无形资产”科目；按照发生的相关税费，借记“其他支出”科目，贷记“银行存款”等科目。

二是以经营租赁出租无形资产使用权取得的租金收入。借记“银行存款”等科目，贷记“其他收入”科目。

三是经过批准，报经批准转让、无偿调出、对外捐赠无形资产或以无形资产对外投资，应当分别以下情况处理：

转让、无偿调出、对外捐赠无形资产，转入待处置资产时，按照待处置无形资产的账面价值，借记“待处置资产损溢”科目，按照已计提摊销，借记“累计摊销”科目，按照无形资产的账面余额，贷记本科目；当实际处置时，按照已处置无形资产对应的固定基金，借记“非流动资产基金——无形资产”科目，按照已计提折旧对应的资产折耗，贷记“非流动资产基金——无形资产”科目，按照上述差额，贷记“待处置资产损溢”科目；按照实际取得的价款减去相关税费，借记“银行存款”等科目，贷记“应缴财政款”等科目。

当以无形资产对外投资，按照评估价加上相关税费作为投资成本。以已入账无形资产取得的长期股权投资，按照评估价加上相关税费作为投资成本，借记“长期投资”科目，贷记“非流动资产基金——长期投资”科目，按发生的相关税费，借记“其他支出”科目，贷记“银行存款”、“应缴税费”等科目；同时，按照投出无形资产对应的非流动资产基金，借记“非流动资产基金——无形资产”科目，按照投出无形资产已计提摊销，借记“累计摊销”科目，按照投出无形资产的账面余额，贷记本科目。

6. 累计摊销核算

（1）核算范围

本科目核算事业单位无形资产已计提的累计摊销。事业单位应当对无形资产计提摊销，以名义金额计量的无形资产除外。摊销，是指在无形资产使用寿命内，按照确定的方法对应摊销金额进行系统分摊。

（2）账务处理

一是按月计提无形资产摊销时。按照应计提摊销金额，借记“非流动资产基金——无形资产”科目，贷记本科目。

二是无形资产处置时。按照所处置无形资产的账面价值，借记“待处置资产损溢”科目，按照已计提摊销，借记本科目，按照无形资产的账面余额，贷记“无形资产”科目。

7. 待处置资产损溢核算

（1）核算范围

本科目核算事业单位待处置资产的价值及处置损溢。事业单位资产处置包括出售、出让、转让、对外捐赠、无偿调出、盘亏、报废、毁损以及货币性资产损失核销等。

（2）账务处理

一是按规定报经批准予以核销的应收及预付款项、长期股权投资、无形资产。

转入待处置资产时，借记本科目（核销无形资产的，还应借记“累计摊销”科目），贷记“应收账款”、“预付账款”、“其他应收款”、“长期投资”、“无形资产”等科目；报经批准予以核销时，借记“其他支出”科目（应收及预付款项、对外投资核销）或“非流动资产基金——无形资产”科目（无形资产核销），贷记本科目（核销无形资产的，还应贷记“非流动资产基金——无形资产”科目）。

二是盘亏或者毁损、报废的存货、固定资产。

转入待处置资产时，借记本科目（处置资产价值）［处置固定资产的，还应借记“累计折旧”科目］，贷记“存货”、“固定资产”等科目；报经批准予以处置时，借记“其他支出（资产处置损溢）”科目［处置存货］或“非流动资产基金——固定资产”科目，贷记本科目（处置资产价值）。

三是转让（出售、无偿调出、对外捐赠）长期股权投资、固定资产、无形资产。

转入待处置资产时，借记本科目（处置资产价值）［转让固定资产、无形资产的，还应借记“累计折旧”、“累计摊销”科目］，贷记“长期投资”、“固定资产”、“无形资产”等科目；实现转让时，借记“非流动资产基金——长期投资、固定资产、无形资产”科目，贷记本科目（处置资产价值）。

三、负债类会计科目的使用与核算

（一）负债类会计核算的主要变化

第一，新制度将旧制度的“借入款项”分成“长期借款”和“短期借款”两个科目，分别核算不同时期、不同类型的借款。有利于事业单位对负债实施分类管理，分别化解债务风险。

第二，新制度用“应缴税费”科目代替了旧制度的“应交税金”科目。并区分包括营业税，城市维护建设税、教育费附加，车船税、房产税、城镇土地使用税，企业所得税，事业单位代扣代缴的个人所得税等五种情况，分别制定账务处理规定。

第三，新制度用“应缴国库款”科目代替了旧制度的“应交预算款”科目。

第四，新制度在“应付票据”科目中增加了商业汇票到期时三种情况的账务处理规定。

（二）负债类会计核算的主要内容

新会计制度对负债的具体分类，见图 5－3 所示。

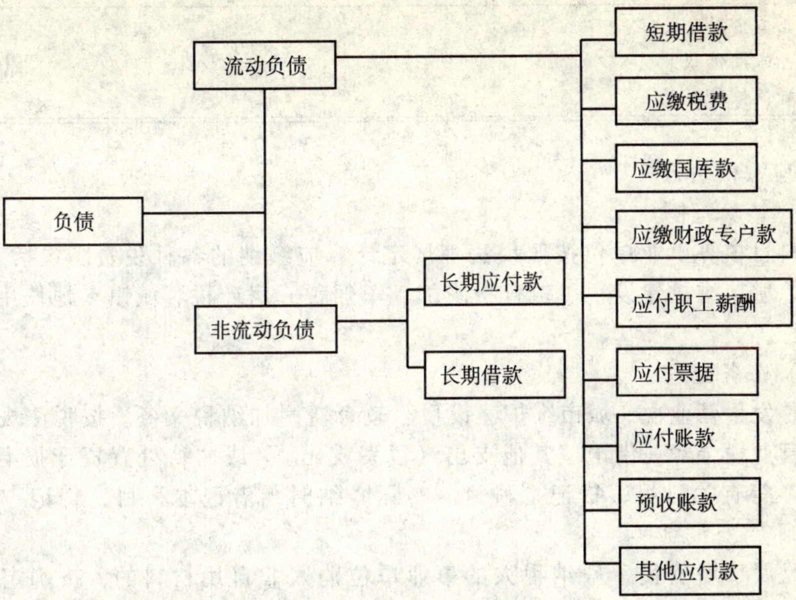

图 5－3　负债的具体分类

1. 短期借款核算

（1）核算范围

本科目核算事业单位借入的期限在一年以下（含一年）的各种借款。

（2）账务处理

一是借入各种短期借款。按照实际借入的金额，借记“银行存款”科目，贷记本科目。

二是银行承兑汇票到期，本单位无力支付票款。按照银行承兑汇票的票面金额，借记“应付票据”科目，贷记本科目。

三是支付短期借款利息。借记“其他支出”科目，贷记“银行存款”等科目。

四是归还短期借款。借记本科目，贷记“银行存款”科目。

【例 5－7】

某事业单位 2013 年 1 月向某商业银行借入短期贷款 10 000 元，2 月用现金支付利息 600 元，3 月初归还本金。请问如何处理？

【解析】

当事业单位借入款项时

借：银行存款	10 000	
贷：短期借款		10 000

当支付利息时

借：其他支出	600	
贷：库存现金		600

归还本金时	
借：短期借款	10 000
贷：银行存款	10 000

2. 应缴税费核算

（1）核算范围

本科目核算事业单位按照税法等规定计算应缴纳的各种税费。包括营业税、增值税、城市维护建设税、教育费附加、车船税、房产税、城镇土地使用税、企业所得税等。

（2）账务处理

一是发生营业税、城市维护建设税、教育费附加纳税义务。按税法规定计算的应缴营业税金额，借记“其他支出（税费支出）”或“待处置资产损溢—处置净收入”等有关科目，贷记本科目。实际缴纳时，借记本科目，贷记“银行存款”科目。

二是属于增值税一般纳税人的事业单位购入非自用材料的，按确定的成本（不含增值税进项税额），借记“存货”科目，按增值税专用发票上注明的增值税额，借记本科目（应缴增值税——进项税额），按实际支付或应付的金额，贷记“银行存款”、“应付账款”等科目；属于增值税一般纳税人的事业单位销售应税产品或提供应税服务，按包含增值税的价款总额，借记“银行存款”、“应收账款”、“应收票据”等科目，按扣除增值税销项税额后的价款金额，贷记“经营收入”等科目，按增值税专用发票上注明的增值税金额，贷记本科目（应缴增值税——销项税额）。实际缴纳增值税时，借记本科目（应缴增值税——已交税金），贷记“银行存款”科目。

属于增值税小规模纳税人的事业单位销售应税产品或提供应税服务，按实际收到或应收的价款，借记“银行存款”、“应收账款”、“应收票据”等科目，按实际收到或应收价款扣除增值税额后的金额，贷记“经营收入”等科目，按应缴增值税金额，贷记本科目（应缴增值税）。实际缴纳增值税时，借记本科目（应缴增值税），贷记“银行存款”科目。

三是发生房产税、城镇土地使用税、车船税纳税义务。按税法规定计算的应缴房产税、城镇土地使用税、车船税金额，借记“其他支出（税费支出）”科目，贷记本科目。实际缴纳时，借记本科目，贷记“银行存款”科目。

四是代扣代缴个人所得税的，按税法规定计算应代扣代缴的个人所得税金额，借记“应付职工薪酬”科目，贷记本科目。实际缴纳时，借记本科目，贷记“银行存款”科目。

五是发生企业所得税纳税义务。按税法规定计算的应缴企业所得税金额，借记“非财政补助结余分配”科目，贷记本科目。实际缴纳时，借记本科目，贷记“银行存款”科目。

六是发生其他纳税义务。按照应缴纳的税费金额，借记“其他支出（税费支出）”等科目，贷记本科目。实际缴纳时，借记本科目，贷记“银行存款”等科目。

3. 应缴国库款核算

（1）核算范围

本科目核算事业单位按规定应缴入国库的款项（应缴税费除外）。

（2）账务处理

取得应缴国库的款项时，借记有关科目，贷记本科目；上缴款项时，借记本科目，贷记“银行存款”科目。

4. 应缴财政专户款

（1）核算范围

本科目核算事业单位按规定应缴入财政专户的款项。

（2）账务处理

取得应缴财政专户的款项时，借记有关科目，贷记本科目；上缴款项时，借记本科目，贷记“银行存款”科目。

【例5－8】

某事业单位2013年2月收到一笔应上缴财政专户的资金20 000元，已存入银行，请问应如何做账务处理？

【解析】

收到应上缴财政专户的各项收入时

借：银行存款	20 000	
贷：应缴财政专户款		20 000

这部分资金已上缴财政专户时

借：应缴财政专户款	20 000	
贷：银行存款		20 000

5. 应付职工薪酬

（1）核算范围

本科目核算事业单位按有关规定应付给职工及为职工支付的各种薪酬。包括基本工资、绩效工资、国家统一规定的津贴补贴、社会保险费、住房公积金等。

（2）账务处理

一是计算当期应付职工薪酬。借记“事业支出”、“经营支出”等科目，贷记本科目。

二是向职工支付工资、津贴补贴等薪酬。借记本科目，贷记“财政补助收入”、“零余额账户用款额度”、“银行存款”等科目。

三是按规定缴纳社会保险费和住房公积金。按照实际缴纳的金额，借记本科目，贷记“财政补助收入”、“零余额账户用款额度”、“银行存款”等科目。按税法规定代扣代缴个人所得税，借记本科目，贷记“应缴税费——应缴个人所得税”科目。

四是从应付职工薪酬中支付其他款项，借记本科目，贷记“财政补助收入”、“零余额账户用款额度”、“银行存款”等科目。

6. 应付票据

（1）核算范围

本科目核算事业单位因购买材料、物资等而开出、承兑的商业汇票，包括银行承兑汇票和商业承兑汇票。

（2）账务处理

一是商业汇票。开出、承兑商业汇票时，借记“存货”等科目，贷记本科目。以承兑商业汇票抵付应付账款时，借记“应付账款”科目，贷记本科目。

二是支付银行承兑汇票的手续费。借记“事业支出”、“经营支出”等科目，贷记“银行存款”科目。

三是商业汇票到期时。收到银行支付到期票据的付款通知时，借记本科目，贷记“银行存款”科目；银行承兑汇票到期，本单位无力支付票款的，按照银行承兑汇票的票面金额，借记本科目，贷记“短期借款”科目；商业承兑汇票到期，本单位无力支付票款的，按照商业承兑汇票的票面金额，借记本科目，贷记“应付账款”科目。

【例 5－9】

某事业单位购入存货一批，货款 10 000 元（不含税），增值税 1 700 元，运杂费 150 元，款还未付，该单位开出商业汇票进行抵付该款，请问应如何做账务处理？

【解析】

借：应付账款	10 150	
应缴税费——应缴增值税（进项税额）	1 700	
贷：应付票据		11 850

7. 应付账款

（1）核算范围

本科目核算事业单位因购买材料、物资等而应付的款项。

（2）账务处理

一是发生应付账款。按照应付未付金额，借记“存货”等科目，贷记本科目。

二是偿付应付账款。按照实际支付的款项金额，借记本科目，贷记“银行存款”等科目。

三是开出、承兑商业汇票抵付应付账款。借记本科目，贷记“应付票据”科目。

四是无法偿付或债权人豁免偿还的应付账款，借记本科目，贷记“其他收入”科目。

8. 预收账款

（1）核算范围

本科目核算事业单位按合同规定预收的款项。

（2）账务处理

一是从付款方预收款项时。按照实际预收的金额，借记“银行存款”等科目，贷记本科目。

二是确认有关收入。借记本科目，按照应确认的收入金额，贷记“经营收入”等科目，按照付款方补付或退回付款方的款项，借记或贷记“银行存款”等科目。

9. 其他应付款

（1）核算范围

本科目核算事业单位除应缴税费、应缴国库款、应缴财政专户款、应付职工薪酬、应付票据、应付账款、预收账款之外的其他各项偿还期限在 1 年内（含 1 年）应付及暂收款项，如应付以经营租赁租入固定资产的租金、存入保证金等。

（2）账务处理

发生其他各项应付及暂收款项。借记“银行存款”等科目，贷记本科目。支付上述款项时，借记本科目，贷记“银行存款”等科目。

10. 长期借款

（1）核算范围

本科目核算事业单位借入的偿还期限在一年以上（不含一年）的各项借款。

（2）账务处理

一是借入各项长期借款。按照实际借入的金额，借记“银行存款”等科目，贷记本科目。

二是为购建固定资产发生的专门借款利息。属于工程项目建设期间支付的，计入工程成本，按照支付的利息，借记“在建工程”科目，贷记“非流动资产基金——在建工程”科目。同时，借记“其他支出”科目，贷记“银行存款”等科目；属于工程项目完工交付使用后支付的，计入当期支出但不计入工程成本，按照支付的利息，借记“其他支出（利息支出）”科目，贷记“银行存款”等科目。

三是其他长期借款利息。按照支付的利息金额，借记“其他支出（利息支出）”科目，贷记“银行存款”等科目。

四是归还长期借款。借记本科目，贷记“银行存款”科目。

11. 长期应付款

（1）核算范围

本科目核算事业单位发生的偿还期限在一年以上（不含一年）的应付款项，如以融资租赁租入固定资产的租赁费、跨年度分期付款购入固定资产的价款等。

（2）账务处理

发生长期应付款时，借记“固定资产”等科目，贷记本科目、“非流动资产基金”等科目。支付长期应付款时，借记“事业支出”、“经营支出”等科目，贷记“银行存款”等科目；同时，借记本科目，贷记“非流动资产基金”科目。

四、净资产类会计科目的使用与核算

新会计制度对净资产的具体分类，见图 5－4 所示。

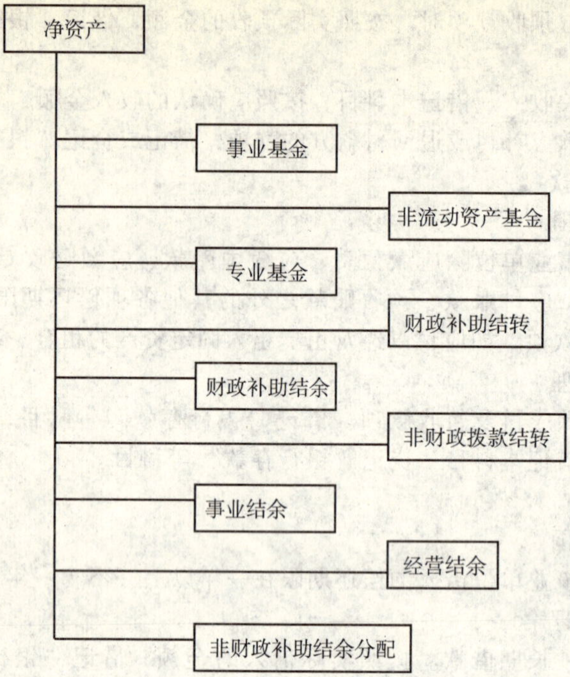

图 5-4 净资产的具体分类

（一）净资产类会计核算的主要变化

第一，事业基金核算的主要变化。新制度去掉了旧制度中关于事业基金下设“一般基金”和“投资基金”两个明细科目的规定。

第二，非流动资产核算的主要变化。新制度详细规定了非流动资产基金的主要类型，设置“长期投资”、“固定资产”、“在建工程”、“无形资产”明细科目，进行明细核算。旧制度没有设置明细科目进行核算；新制度增加了计提固定资产、无形资产摊销和处置固定资产、无形资产时的账务处理规定。

第三，新制度设置财政补助结转，下设两个明细科目“基本支出结转”、“项目支出结转”。

第四，新制度设置“非财政补助结转”科目代替了旧制度“拨入存款”、“拨出存款”、“转款转出”科目；设置了“非财政补助结余分配”科目代替了旧制度“结余分配”科目。

（二）净资产类会计核算的主要内容

1. 事业基金核算

（1）核算范围

本科目核算事业单位拥有的非限定性用途的净资产，主要为非财政补助结余扣除结余分配后滚存的金额。

（2）账务处理

一是以货币资金取得长期股权投资、长期债券投资，按照实际支付的全部价款（包括购买价款以及税金、手续费等相关税费）作为投资成本，借记“长期投资”科目，贷记“银行存款”等科目；同时，按照投资成本金额，借记本科目，贷记“非流动资产基金——长期投资”科目。二是年末结转。年末，将本年度非财政补助专项（项目已完成）剩余资金转入事业基金，借记或贷记“非财政补助结转—××项目”科目，贷记或借记本科目。

【例5-10】

某事业单位2013年2月获得某慈善基金会捐赠的车辆一台，价值为200 000元，用于本单位开展日常事业活动，请问应如何做账务处理？

【解析】

借：固定资产	200 000	
贷：非流动资产基金		200 000

2. 非流动资产基金核算

（1）核算范围

本科目核算事业单位长期投资、固定资产、在建工程和无形资产等非流动资产占用的金额。应当设置“长期投资”、“固定资产”、“在建工程”、“无形资产”等明细科目，进行明细核算。

（2）账务处理

一是非流动资产基金应当在取得长期投资、固定资产、在建工程、无形资产等非流动资产或发生相关支出时予以确认。

取得相关资产或发生相关支出时，借记“长期投资”、“固定资产”、“在建工程”、“无形资产”等科目，贷记本科目等有关科目；同时或待以后发生相关支出时，借记“事业支出”等有关科目，贷记“财政补助收入”、“零余额账户用款额度”、“银行存款”等科目。

二是计提固定资产折旧、无形资产摊销时，应当冲减非流动资产基金。

计提固定资产折旧、无形资产摊销时，按照计提的折旧、摊销金额，借记本科目（固定资产、无形资产），贷记“累计折旧”、“累计摊销”科目。

三是处置长期投资、固定资产、无形资产，以及以固定资产、无形资产对外投资时，应当冲销该资产对应的非流动资产基金。

以固定资产、无形资产对外投资，按照评估价值加上相关税费作为投资成本，借记“长期投资”科目，贷记本科目（长期投资），按发生的相关税费，借记“其他支出”科目，贷记“银行存款”等科目；同时，按照投出固定资产、无形资产对应的非流动资产基金，借记本科目（固定资产、无形资产），按照投出资产已提折旧、摊销，借记“累计折旧”、“累计摊销”科目，按照投出资产的账面余额，贷记“固定资产”、“无形资产”科目。

出售或以其他方式处置长期投资、固定资产、无形资产，转入待处置资产时，借记“待处置资产损溢”、“累计折旧”［处置固定资产］或“累计摊销”［处置无形资产］科目，贷记“长期投资”、“固定资产”、“无形资产”等科目。

实际处置时，借记本科目（有关资产明细科目），贷记“待处置资产损溢”科目。

3. 专用基金核算

（1）核算范围

本科目核算事业单位按规定提取或者设置的具有专门用途的净资产，主要包括修购基金、职工福利基金等。

（2）账务处理。

一是提取修购基金。按规定提取修购基金的，按照提取金额借记“事业支出”、“经营支出”科目，贷记本科目（修购基金）。

二是提取职工福利基金。年末，按规定从本年度非财政补助结余中提取职工福利基金的，按照提取金额，借记“非财政补助结余分配”科目，贷记本科目（职工福利基金）。

三是按规定提取的其他专用基金，按照提取金额借记有关支出科目或“非财政补助结余分配”等科目，贷记本科目。

四是按规定设置的其他专用基金。按照实际收到的基金金额，借记“银行存款”等科目，贷记本科目。

五是使用专用基金。按规定使用专用基金时，借记本科目，贷记“银行存款”等科目；使用专用基金形成固定资产的，还应借记“固定资产”科目，贷记“非流动资产基金——固定资产”科目。

【例 5－11】

某事业单位 2013 年 1 月按规定从本年度非财政拨款结余中提取职工福利基金 30 000 元，请问如何处理？

【解析】

借：非财政拨款结余——提取职工福利基金　　30 000

　贷：专用基金——职工福利基金　　30 000

4. 财政补助结转核算

（1）核算范围

本科目核算事业单位滚存的财政补助结转资金，包括基本支出结转和项目支出结转。应当设置“基本支出结转”、“项目支出结转”两个明细科目，并在“基本支出结转”明细科目下按照“人员经费”、“日常公用经费”进行明细核算，在“项目支出结转”明细科目下按照具体项目进行明细核算；本科目还应按照《政府收支分类科目》中“支出功能分类”的相关科目进行明细核算。

（2）账务处理

期末，将财政补助收入本期发生额结转入本科目，借记“财政补助收入——基本支出、项目支出”科目，贷记本科目（基本支出结转、项目支出结转）；将事业支出（财政补助支出）本期发生额结转入本科目，借记本科目（基本支出结转、项目支出结转），贷记“事业支出——财政补助支出（基本支出、项目支出）”或“事业支出——基本支出（财政补助支出）、项目支出（财政补助支出）”科目。

年末，完成上述结转后，应当对财政补助各明细项目执行情况进行分析，按照有关规定将符合财政补助结余性质的项目余额转入财政补助结余，借记或贷记本科目（项目支出结转——××项目），贷记或借记“财政补助结余”科目。

按规定上缴财政补助结转资金或注销财政补助结转额度的，按照实际上缴资金数额或注销的资金额度数额，借记本科目，贷记“财政应返还额度”、“零余额账户用款额度”、“银行存款”等科目。取得主管部门归集调入财政补助结转资金或额度的，做相反会计分录。

（3）事业单位发生需要调整以前年度财政补助结转的事项，通过本科目核算。

（4）本科目期末贷方余额，反映事业单位财政补助结转资金数额。

5. 财政补助结余核算

（1）核算范围

本科目核算事业单位滚存的财政补助项目支出结余资金。

（2）账务处理

①年末，对财政补助各明细项目执行情况进行分析，按照有关规定将符合财政补助结余性质的项目余额转入财政补助结余，借记或贷记“财政补助结转——项目支出结转（××项目）”科目，贷记或借记本科目。

②按规定上缴财政补助结余资金或注销财政补助结余额度的，按照实际上缴资金数额或注销的资金额度数额，借记本科目，贷记“财政应返还额度”、“零余额账户用款额度”、“银行存款”等科目。取得主管部门归集调入财政补助结余资金或额度的，做相反会计分录。

（3）事业单位发生需要调整以前年度财政补助结余的事项，通过本科目核算。

（4）本科目期末贷方余额，反映事业单位财政补助结余资金数额。

6. 非财政补助结转核算

（1）核算范围

本科目核算事业单位除财政补助收支以外的各专项资金收入与其相关支出相抵后剩余滚存的、须按规定用途使用的结转资金。

（2）账务处理

①期末，将事业收入、上级补助收入、附属单位上缴收入、其他收入本期发生额中的专项资金收入结转入本科目，借记“事业收入”、“上级补助收入”、“附属单位上缴收入”、“其他收入”科目下各专项资金收入明细科目，贷记本科目；将事业支出、其他支出本期发生额中的非财政专项资金支出结转入本科目，借记本科目，贷记“事业支出——非财政专项资金支出”或“事业支出——项目支出（非财政专项资金支出）”、“其他支出”科目下各专项资金支出明细科目。

②年末，完成上述①结转后，应当对非财政补助专项结转资金各项目情况进

行分析，将已完成项目的项目剩余资金区分以下情况处理：缴回原专项资金拨入单位的，借记本科目（××项目），贷记“银行存款”等科目；留归本单位使用的，借记本科目（××项目），贷记“事业基金”科目。

（3）事业单位发生需要调整以前年度非财政补助结转的事项，通过本科目核算。

（4）本科目期末贷方余额，反映事业单位非财政补助专项结转资金数额。

7. 事业结余核算

（1）核算范围

本科目核算事业单位一定期间除财政补助收支、非财政专项资金收支和经营收支以外各项收支相抵后的余额。

（2）账务处理

①期末，将事业收入、上级补助收入、附属单位上缴收入、其他收入本期发生额中的非专项资金收入结转入本科目，借记“事业收入”、“上级补助收入”、“附属单位上缴收入”、“其他收入”科目下各非专项资金收入明细科目，贷记本科目；将事业支出、其他支出本期发生额中的非财政、非专项资金支出，以及对附属单位补助支出、上缴上级支出的本期发生额结转入本科目，借记本科目，贷记“事业支出——其他资金支出”或“事业支出——基本支出（其他资金支出）、项目支出（其他资金支出）”科目、“其他支出”科目下各非专项资金支出明细科目、“对附属单位补助支出”、“上缴上级支出”科目。

②年末，完成上述①结转后，将本科目余额结转入“非财政补助结余分配”科目，借记或贷记本科目，贷记或借记“非财政补助结余分配”科目。

（3）本科目期末如为贷方余额，反映事业单位自年初至报告期末累计实现的事业结余；如为借方余额，反映事业单位自年初至报告期末累计发生的事业亏损。

（4）年末结账后，本科目应无余额。

8. 经营结余核算

（1）核算范围

本科目核算事业单位一定期间各项经营收支相抵后余额弥补以前年度经营亏损后的余额。

（2）账务处理

①期末，将经营收入本期发生额结转入本科目，借记“经营收入”科目，贷记本科目；将经营支出本期发生额结转入本科目，借记本科目，贷记“经营支出”科目。

②年末，完成上述①结转后，如本科目为贷方余额，将本科目余额结转入“非财政补助结余分配”科目，借记本科目，贷记“非财政补助结余分配”科目；如本科目为借方余额，为经营亏损，不予结转。

（3）本科目期末如为贷方余额，反映事业单位自年初至报告期末累计实现的经营结余弥补以前年度经营亏损后的经营结余；如为借方余额，反映事业单位截至报告期末累计发生的经营亏损。

（4）年末结账后，本科目一般无余额；如为借方结余，反映事业单位累计发生的经营亏损。

9. 非财政补助结余分配核算

（1）核算范围

本科目核算事业单位本年度非财政补助结余分配的情况和结果。

（2）账务处理

①年末，将“事业结余”科目余额结转入本科目，借记或贷记“事业结余”科目，贷记或借记本科目；将“经营结余”科目贷方余额结转入本科目，借记“经营结余”科目，贷记本科目。

②有企业所得税缴纳义务的事业单位计算出应缴纳的企业所得税，借记本科目，贷记“应缴税费——应缴企业所得税”科目。

③按照有关规定提取职工福利基金的，按提取的金额，借记本科目，贷记“专用基金——职工福利基金”科目。

④年末，按规定完成上述①至③处理后，将本科目余额结转入事业基金，借记或贷记本科目，贷记或借记“事业基金”科目。

（3）年末结账后，本科目应无余额。

五、收入类会计科目的使用与核算

收入的具体分类如图 5－5 所示。

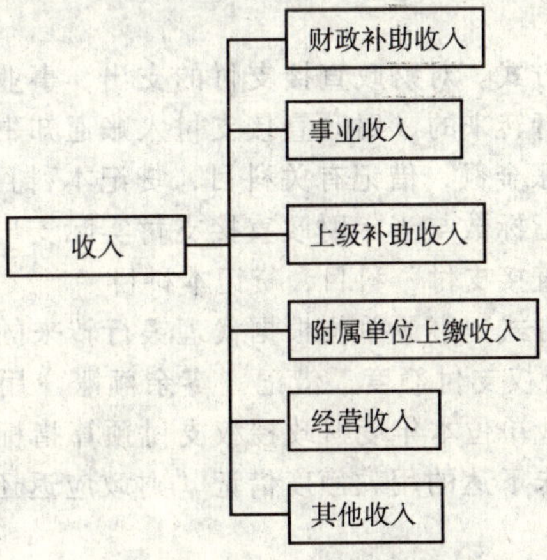

图 5－5　收入类的具体分类

（一）收入类会计核算的主要变化

第一，财政补助收入核算的主要变化。新制度将财政补助收入分成了基本支出补助和项目支出补助，这是顺应国库集中支付制度的新要求。而旧制度则没有这一点。

第二，事业收入核算的主要变化。新制度将事业收入按照事业收入类别、项目、《政府收支分类科目》中“支出功能分类”相关科目等进行明细核算。事业收入中如有专项资金收入，还应按具体项目进行明细核算。而旧制度没有做这些区分。

第三，附属单位上缴收入核算的主要变化。新制度只是用“附属单位上缴收入”代替了旧制度的“附属单位缴款”。

第四，经营收入核算的主要变化。新制度明确了经营收入的确认时间，规定“经营收入应当在提供服务或发出存货，同时收讫价款或者取得索取价款的凭据时，按照实际收到或应收的金额确认收入”，而旧制度没有规定这一点。新制度去掉了销售退回的账务处理规定。

第五，其他收入核算的主要变化。新制度详述了其他收入所包含的不同类型，包括投资收益、银行存款、利息收入、租金收入、捐赠收入、现金盘盈收入、存货盘盈收入、收回已核销应收及预付款项、无法偿付的应付及预收款项等，并对各种类型的其他收入的会计核算分别规定。这与旧制度“对外投资收益、固定资产出租、外单位捐赠未限定用途的财物、其他单位对本单位的补助以及其他零星杂项收入”有着显著不同，旧制度对不同类型其他收入统一规定，没有做出分类规定。

第六，新制度去掉了旧制度中“拨出专款”的核算规定。

（二）收入类会计核算的主要内容

1. 财政补助收入核算

（1）核算范围

本科目核算事业单位从同级财政部门取得的各类财政拨款。应当设置“基本支出”和“项目支出”两个明细科目。

（2）账务处理

一是财政直接支付方式。对财政直接支付的支出，事业单位根据财政国库支付执行机构委托代理银行转来的《财政直接支付入账通知书》及原始凭证，按照通知书中的直接支付入账金额，借记有关科目，贷记本科目。年度终了，根据本年度财政直接支付预算指标数与当年财政直接支付实际支出数的差额，借记“财政应返还额度——财政直接支付”科目，贷记本科目。

二是财政授权支付方式。事业单位根据代理银行转来的《授权支付到账通知书》，按照通知书中的授权支付额度，借记“零余额账户用款额度”科目，贷记本科目。年度终了，事业单位本年度财政授权支付预算指标数大于零余额账户用款额度下达数的，根据未下达的用款额度借记“财政应返还额度——财政授权支付”科目，贷记本科目。

三是其他支付方式。实际收到财政补助收入时，按照实际收到的金额，借记“银行存款”等科目，贷记本科目。

四是因购货退回等发生国库直接支付款项退回的，属于以前年度支付的款项，按照退回金额，借记“财政应返还额度”科目，贷记“财政补助结转”、“财政补助结余”、“存货”等有关科目；属于本年度支付的款项，按照退回金额，借记本科目，贷记“事业支出”、“存货”等有关科目。

期末，将本科目本期发生额转入财政补助结转，借记本科目，贷记“财政补助结转”科目。期末结账后，本科目应无余额。

【例 5－12】

某事业单位2013年初，按照核定的预算和经费领报关系收到的由财政部门或上级拨入的事业经费2 000 000元，请问如何处理？

【解析】

收到财政补助收入时

借：银行存款　　2 000 000

　贷：财政补助收入　　2 000 000

年终结账时，将“财政补助收入”贷方余额100 000元全部转入“财政补助结转”科目，请问如何处理？

借：财政补助收入　　100 000

　贷：财政补助结转　　100 000

2. 事业收入核算

（1）核算范围

本科目核算事业单位开展专业业务活动及其辅助活动取得的收入。应当按照事业收入类别、项目、《政府收支分类科目》中“支出功能分类”相关科目等进行明细核算。

（2）账务处理

一是采用财政专户返还方式管理的事业收入。收到应上缴财政专户的事业收入时，按照收到的款项金额，借记“银行存款”、“库存现金”等科目，贷记“应缴财政专户款”科目；向财政专户上缴款项时，按照实际上缴的款项金额，借记“应缴财政专户款”科目，贷记“银行存款”科目；收到从财政专户返还的事业收入时，按照实际收到的返还金额，借记“银行存款”等科目，贷记本科目。

二是其他收入。收到事业收入时，按照收到的款项金额，借记“银行存款”、“库存现金”等科目，贷记本科目。

期末，将本科目本期发生额中的专项资金收入结转入非财政补助结转，借记本科目下各专项资金收入明细科目，贷记“非财政补助结转”科目；将本科目本期发生额中的非专项资金收入结转入事业结余，借记本科目下各非专项资金收入明细科目，贷记“事业结余”科目。

【例 5－13】

某事业单位开展专业事业活动，获得10 000元的收入，这笔收入没有通过财政专户返还，请问应如何做出账务处理？

【解析】

借：银行存款　　10 000

　贷：事业收入　　10 000

到了年末，该单位事业收入账户余额为200 000元，应如何做出账务处理？

借：事业收入　　200 000

　贷：事业结余　　200 000

3. 上级补助收入核算

（1）核算范围

本科目核算事业单位从主管部门和上级单位取得的非财政补助收入。应当按照发放补助单位、补助项目、《政府收支分类科目》中“支出功能分类”相关科目等进行明细核算。

（2）账务处理

收到上级补助收入时，按照实际收到的金额，借记“银行存款”等科目，贷记本科目。期末，将本科目本期发生额中的专项资金收入结转入非财政补助结转，借记本科目下各专项资金收入明细科目，贷记“非财政补助结转”科目；将本科目本期发生额中的非专项资金收入结转入事业结余，借记本科目下各非专项资金收入明细科目，贷记“事业结余”科目。

4. 附属单位上缴收入核算

（1）核算范围

本科目核算事业单位附属独立核算单位按照有关规定上缴的收入。应当按照附属单位、缴款项目、《政府收支分类科目》中“支出功能分类”相关科目等进行明细核算。

（2）账务处理

收到附属事业单位缴来款项时，按照实际收到金额，借记“银行存款”等科目，贷记本科目。期末，将本科目本期发生额中的专项资金收入结转入非财政补助结转，借记本科目下各专项资金收入明细科目，贷记“非财政补助结转”科目；将本科目本期发生额中的非专项资金收入结转入事业结余，借记本科目下各非专项资金收入明细科目，贷记“事业结余”科目。

5. 经营收入核算

（1）核算范围

本科目核算事业单位在专业业务活动及其辅助活动之外开展非独立核算经营活动取得的收入。应当按照经营活动类别、项目、《政府收支分类科目》中“支出功能分类”相关科目等进行明细核算。

（2）账务处理

经营收入应当在提供服务或发出存货，同时收讫价款或者取得索取价款的凭据时，按照实际收到或应收的金额确认收入。

实现经营收入时，按照确定的收入金额，借记“银行存款”、“应收账款”、“应收票据”等科目，贷记本科目。

期末，将本科目本期发生额转入经营结转结余，借记本科目，贷记“经营结转”科目。

6. 其他收入核算

（1）核算范围

本科目核算事业单位除财政补助收入、事业收入、上级补助收入、附属单位上缴收入、经营收入以外的各项收入，包括投资收益、银行存款利息收入、租金收入、捐赠收入、现金盘盈收入、存货盘盈收入、收回已核销应收及预付款项、无法偿付的应付及预收款项等。

（2）账务处理

一是投资收益。对外投资持有期间收到利息、利润等投资收益时，按实际收到的金额，借记“银行存款”等科目，贷记本科目（投资收益）。

出售或到期收回国债投资本息，按照实际收到的金额，借记“银行存款”等科目，按照出售或收回国债投资的成本，贷记“短期投资”、“长期投资”科目，按其差额，贷记或借记本科目（投资收益）。

二是银行存款利息收入、租金收入。收到银行存款利息、资产承租人支付的租金，按照实际收到的金额，借记“银行存款”科目，贷记本科目。

三是捐赠收入。接受捐赠现金资产，按照实际收到的金额，借记“银行存款”等科目，贷记本科目；接受捐赠的存货验收入库，按照确定的成本，借记“存货”科目，按照发生的相关税费、运输费，贷记“银行存款”等科目，按照其差额，贷记本科目；接受捐赠固定资产、无形资产等非流动资产，不通过本科目核算。

期末，将本科目本期发生额中的专项资金收入结转入非财政补助结转，借记本科目下各专项资金收入明细科目，贷记“非财政补助结转”科目；将本科目本期发生额中的非专项资金收入结转入事业结余，借记本科目下各非专项资金收入明细科目，贷记“事业结余”科目。

六、支出类会计科目的使用与核算

支出的具体分类如图5－6所示。

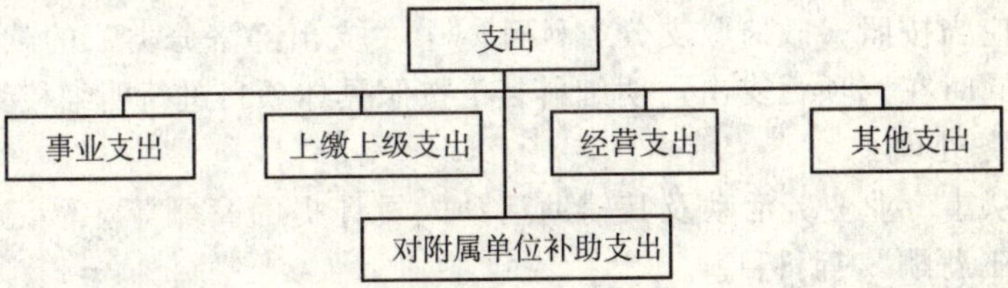

图5－6 支出类的具体分类

（一）支出类会计核算的主要变化

第一，事业支出核算的主要变化。新制度将事业支出科目分成了“财政拨款支出”和“非财政拨款支出”两个一级明细科目。并在两个一级明细科目下设置“基本支出”和“项目支出”两个二级明细科目。这遵循了旧制度中关于“应正确划分事业支出和经营支出的界限”的规定；新制度去掉了旧制度中关于明细科目核算的规定，旧制度规定“事业支出应按以下科目进行明细核算：基本工资、补助工资、其他工资、职工福利费、社会保障费、助学金、公务费、业务费、设备购置费、修缮费和其他费用”；新制度去掉了旧制度中关于事业支出的报销口径。

第二，对附属单位补助核算的主要变化。新制度去掉了旧制度“补助收回时，作相反的会计分录”的规定。

第三，经营支出核算的主要变化。新制度改变了经营支出的核算范围。旧制度规定“本科目核算事业单位在专业业务活动及其辅助活动之外开展非独立核算经营活动发生的各项支出以及实行内部成本核算单位已销产品实际成本”。而新制度则规定“本科目核算事业单位在专业业务活动及其辅助活动之外开展非独立核算经营活动发生的支出；新制度分成薪酬、存货和其他支出分别进行核算，旧制度则无此规定，只是详述经营支出的种类，并没有进行分类核算。

第四，新制度增加了其他支出核算的规定。规定“事业单位除事业支出、上缴上级支出、对附属单位补助、经营支出以外的各项支出，包括利息支出、捐赠支出、现金盘亏损失、资产处置损失、接受捐赠（调入）、非流动资产发生的税费支出等”并对每种支出的核算进行了分类规定。由于其他支出囊括了旧制度中的“成本费用”、“销售税金”等科目的核算内容，因此，新制度去掉了这两个科目的核算规定。

第五，新制度去掉了“拨出经费”、“拨出专款”、“专款支出”、“结转自筹基建”等科目的核算规定。

（二）支出类会计核算的主要内容

1. 事业支出核算

（1）核算范围

本科目核算事业单位开展专业业务活动及其辅助活动发生的基本支出和项目支出。应当按照“基本支出”和“项目支出”，“财政补助支出”、“非财政专项资金支出”和“其他资金支出”等层级进行明细核算，并按照《政府收支分类科目》中“支出功能分类”相关科目进行明细核算；“基本支出”和“项目支出”明细科目下应当按照《政府收支分类科目》中“支出经济分类”的款级科目进行明细核算；同时在“项目支出”明细科目下按照具体项目进行明细核算。

（2）账务处理

一是为从事专业业务活动及其辅助活动人员计提的薪酬等。借记本科目，贷记“应付职工薪酬”等科目。

二是开展专业业务活动及其辅助活动领用的存货。按领用存货的实际成本，借记本科目，贷记“存货”科目。

三是开展专业业务活动及其辅助活动中发生的其他各项支出。借记本科目，贷记“库存现金”、“银行存款”、“零余额账户用款额度”、“财政补助收入”等科目。

期末，将本科目（财政补助支出）本期发生额结转入“财政补助结转”科目，借记“财政补助结转——基本支出结转、项目支出结转”科目，贷记本科目（财政补助支出——基本支出、项目支出）或本科目（基本支出——财政补助支出、项目支出——财政补助支出）；将本科目（非财政专项资金支出）本期发生额结转入“非财政补助结转”科目，借记“非财政补助结转”科目，贷记本科目（非财政专项资金支出）或本科目（项目支出——非财政专项资金支出）；将本科目（其他资金支出）本期发生额结转入“事业结余”科目，借记“事业结余”科目，贷记本科目（其他资金支出）或本科目（基本支出——其他资金支出、项目支出——其他资金支出）。期末结账后，本科目应无余额。

【例5-14】

某事业单位按规定比例提取职工福利基金30 000元，其中从事于专业业务活动的人员职工福利基金为25 000元，从事于本单位辅助经营活动人员的职工福利基金为5 000元。

【解析】

借：事业支出——社会保障支出　25 000

　　经营支出——社会保障支出　5 000

　贷：专用基金——职工福利基金　30 000

2. 上缴上级支出核算

（1）核算范围

本科目核算事业单位按照财政部门和主管部门的规定上缴上级单位的支出。应当按照收缴款项单位、缴款项目、《政府收支分类科目》中"支出功能分类"相关科目等进行明细核算。

（2）账务处理

按规定将款项上缴上级单位的，按照实际上缴的金额，借记本科目，贷记"银行存款"等科目。

期末，将本科目余额转入事业结转结余，借记"事业结余"科目，贷记本科目。期末结账后，本科目应无余额。

3. 对附属单位补助支出核算

（1）核算范围

本科目核算事业单位用财政补助收入之外的收入对附属单位补助发生的支出。

（2）账务处理

发生对附属单位补助支出的，按照实际支出的金额，借记本科目，贷记"银行存款"等科目。

期末，将本科目余额转入事业结余，借记"事业结余"科目，贷记本科目。期末结账后，本科目应无余额。

【例5-15】

某事业单位用非财政预算资金对下属单位补助20 000元，请问如何处理？

【解析】

借：对附属单位支出　20 000

　贷：银行存款　20 000

4. 经营支出核算

（1）核算范围

本科目核算事业单位在专业业务活动及其辅助活动之外开展非独立核算经营

活动发生的支出。

（2）账务处理

一是为在专业业务活动及其辅助活动之外开展非独立核算经营活动人员计提的薪酬，借记本科目，贷记“应付职工薪酬”等科目。

二是在专业业务活动及其辅助活动之外开展非独立核算经营活动领用、发出的存货。按领用、发出存货的实际成本，借记本科目，贷记“存货”科目。

三是在专业业务活动及其辅助活动之外开展非独立核算经营活动中发生的其他各项支出，借记本科目，贷记“库存现金”、“银行存款”、“应缴税费”等科目。

期末，将本科目本期发生额转入经营结余，借记“经营结余”科目，贷记本科目。

5. 其他支出核算

（1）核算范围

本科目核算事业单位除事业支出、上缴上级支出、对附属单位补助支出、经营支出以外的各项支出，包括利息支出、捐赠支出、现金盘亏损失、资产处置损失、接受捐赠（调入）非流动资产发生的税费支出等。

（2）账务处理

一是利息支出。支付银行借款利息时，借记本科目，贷记“银行存款”科目；持有未到期应收票据向银行贴现，按照实际收到的金额（即扣除贴现息后的净额），借记“银行存款”等科目，按应收票据的账面余额，贷记“应收票据”科目，按其差额（利息），借记本科目（利息支出）。

二是捐赠支出。对外捐赠现金资产，按照实际捐出的金额，借记本科目（捐赠支出），贷记“银行存款”等科目；对外捐赠非现金流动资产（如存货），按照捐出资产的账面余额，借记本科目（捐赠支出），贷记“待处置资产损溢”科目；对外捐赠非流动资产（如长期股权投资、固定资产、无形资产），不通过本科目核算，有关账务处理参见相关资产科目。

三是现金盘亏损失。每日现金账款核对中如发现现金短缺，属于无法查明原因的部分，报经批准的，借记本科目，贷记“库存现金”科目。

四是资产处置损失。报经批准核销应收及预付款项、长期股权投资，以及处置存货盘亏或者毁损、报废，借记本科目（资产处置损溢），贷记“待处置资产损溢”科目；存货盘盈，借记“存货”科目，贷记本科目（资产处置损溢）。

五是接受捐赠（调入）非流动资产发生的税费支出。接受捐赠、无偿调入非流动资产发生的相关税费、运输费等，借记本科目，贷记“银行存款”等科目。

期末，合理分摊其他支出，将本科目余额分别转入事业结余或非财政补助结转，借记“事业结余”或“非财补助结转”科目，贷记本科目。

第五节　财务报表格式

一、新旧制度财务报表格式的变化

（一）报表种类的变化

旧制度明确规定，事业单位会计报表主要包括资产负债表、收入支出表、附表及会计报表附注和收支情况说明书。而新制度则在第四章中规定了三种类型的财务报表，包括资产负债表、收入支出表和财政补助收入支出表。

（二）报表结构内容的变化

第一，资产负债表。新制度将“资产类”分成“流动资产”和“非流动资产”分别列示，这与旧制度的报表格式有着显著不同。其中：旧制度中的“现金”和“银行存款”合并成为新制度中资产类的“货币资金”；新制度新增了“财政应返还额度”一项；新制度将“存货”代替了“材料”，并去掉了旧制度中的“产成品”；新制度将“固定资产”下设了“固定资产原价”、“减：累计折旧”等项目；新制度新增了“累计折旧”、“在建工程”、“累计摊销”、“待处置资产损溢”；新制度将“无形资产”下设了“无形资产原价”、“减：累计摊销”等项目。

新制度将“负债类”分成“流动负债”和“非流动负债”分别列示。关于负债部分的变化与上述部分中的会计科目变化非常一致。资产负债表中净资产项目的变化也与会计科目变化非常一致。

最后，新旧资产负债表的最显著变化是新制度去掉了旧制度的“收入类”和“支出类”的各个项目。

第二，收入支出表。与旧制度相比，新制度的收入支出表格式变化很大，按照七个项目自上而下依次列示，分别为：“一、本期财政补助结转结余”，“二、本期事业结转结余”，“三、本期经营结余”，“四、弥补以前年度亏损后的经营结余”，“五、本年非财政补助结转结余”，“六、本年非财政补助结余”，“七、转入事业基金”。旧制度收入支出表从左到右分成了三个列，分别是“收入”项目，“支出”项目和“结余”项目。

第三，新制度新增了“财政补助收入支出表”（具体内容请见下文），去掉了旧制度中的“事业支出明细表”和“经营支出明细表”。

二、新制度的财务报表格式

1. 新制度的财务报表编号与编制周期见表 5－2 所示。

表 5－2　　新制度财务报表编号与编制周期表

编　号	财务报表名称	编制期
会事业 01 表	资产负债表	月度、年度
会事业 02 表	收入支出表	月度、年度

续表

编号	财务报表名称	编制期
会事业 03 表	财政补助收入支出表	年度
	附注	年度

2. 资产负债表见表 5－3 所示。

表 5－3 **资产负债表**

会事业 01 表

编制单位：　　　　　　年　　　　月　　　　日　　　　单位：元

资产	期末余额	年初余额	负债和净资产	期末余额	年初余额
流动资产：			**流动负债：**		
货币资金			短期借款		
短期投资			应缴税费		
财政应返还额度			应缴国库款		
应收票据			应缴财政专户款		
应收账款			应付职工薪酬		
预付账款			应付票据		
其他应收款			应付账款		
存　货			预收账款		
其他流动资产			其他应付款		
流动资产合计			其他流动负债		
非流动资产：			流动负债合计		
长期投资			**非流动负债：**		
固定资产			长期借款		
固定资产原价			长期应付款		
减：累计折旧			非流动负债合计		
在建工程			**负债合计**		
无形资产			**净资产：**		
无形资产原价			事业基金		
减：累计摊销			非流动资产基金		
待处置资产损溢			专用基金		

续表

资产	期末余额	年初余额	负债和净资产	期末余额	年初余额
非流动资产合计			财政补助结转		
			财政补助结余		
			非财政补助结转		
			非财政补助结余		
			1. 事业结余		
			2. 经营结余		
			净资产合计		
资产总计			负债和净资产总计		

3. 收入支出表见表 5-4 所示。

表 5-4 **收入支出表**

会事业 02 表

编制单位： ____年____月 单位：元

项目	本月数	本年累计数
一、本期财政补助结转结余		
财政补助收入		
减：事业支出（财政补助支出）		
二、本期事业结转结余		
（一）事业类收入		
1. 事业收入		
2. 上级补助收入		
3. 附属单位上缴收入		
4. 其他收入		
其中：捐赠收入		
减：（二）事业类支出		
1. 事业支出（非财政补助支出）		
2. 上缴上级支出		
3. 对附属单位补助支出		

续表

项目	本月数	本年累计数
4. 其他支出		
三、本期经营结余		
经营收入		
减：经营支出		
四、弥补以前年度亏损后的经营结余		
五、本年非财政补助结转结余		
减：非财政补助结转		
六、本年非财政补助结余		
减：应缴企业所得税		
减：提取专用基金		
七、转入事业基金		

4. 财政补助收入支出表见表 5 -5 所示。

表 5 -5　　财政补助收入支出表

会事业 03 表

编制单位：　　　　＿＿＿＿年度　　　　单位：元

项 目	本年数	上年数
一、年初财政补助结转结余		
（一）基本支出结转		
1. 人员经费		
2. 日常公用经费		
（二）项目支出结转		
××项目		
（三）项目支出结余		
二、调整年初财政补助结转结余		
（一）基本支出结转		
1. 人员经费		

续表

项 目	本年数	上年数
2. 日常公用经费		
（二）项目支出结转		
××项目		
（三）项目支出结余		
三、本年归集调入财政补助结转结余		
（一）基本支出结转		
1. 人员经费		
2. 日常公用经费		
（二）项目支出结转		
××项目		
（三）项目支出结余		
四、本年上缴财政补助结转结余		
（一）基本支出结转		
1. 人员经费		
2. 日常公用经费		
（二）项目支出结转		
××项目		
（三）项目支出结余		
五、本年财政补助收入		
（一）基本支出		
1. 人员经费		
2. 日常公用经费		
（二）项目支出		
××项目		
六、本年财政补助支出		
（一）基本支出		
1. 人员经费		

续表

项 目	本年数	上年数
2. 日常公用经费		
（二）项目支出		
××项目		
七、年末财政补助结转结余		
（一）基本支出结转		
1. 人员经费		
2. 日常公用经费		
（二）项目支出结转		
××项目		
（三）项目支出结余		

本章笔记

第六章　新旧《事业单位会计制度》有关衔接问题的处理规定

财政部对1997年7月印发的《事业单位会计制度》（以下简称原制度）进行了全面修订，于2012年12月19日发布了新《事业单位会计制度》（以下简称新制度），自2013年1月1日起施行。为了确保新旧制度顺利过渡，出台《新旧事业单位会计制度有关衔接问题的处理规定》。

第一节　会计科目变化

新会计制度会计科目			原会计制度及补充规定会计科目	
序号	编号	名称	编号	名称
一、资产类				
1	1001	库存现金	101	现金
2	1002	银行存款	102	银行存款
3	1011	零余额账户用款额度		零余额账户用款额度 *
4	1101	短期投资	117	对外投资
5	1401	长期投资		
6	1201 120101 120102	财政应返还额度 财政直接支付 财政授权支付		财政应返还额度 财政直接支付 财政授权支付
7	1211	应收票据	105	应收票据
8	1212	应收账款	106	应收账款
9	1213	预付账款	108	预付账款
10	1215	其他应收款	110	其他应收款
11	1301	存货	115	材料
			115	产成品
			509	成本费用
12	1501	固定资产	120	固定资产
13	1502	累计折旧		
14	1511	在建工程		
15	1601	无形资产	124	无形资产
16	1602	累计摊销		

续表

新会计制度会计科目			原会计制度及补充规定会计科目	
序号	编号	名称	编号	名称
17	1701	待处置资产损溢		
二、负债类				
18	2001	短期借款	201	借入款项
19	2401	长期借款		
20	2101	应缴税费	210	应交税金
21	2102	应缴国库款	208	应缴预算款
22	2103	应缴财政专户款	209	应缴财政专户款
23	2201	应付职工薪酬		应付工资（离退休费）*
				应付地方（部门）津贴补贴*
				应付其他个人收入*
24	2301	应付票据	202	应付票据
25	2302	应付账款	203	应付账款
26	2303	预收账款	204	预收账款
27	2305	其他应付款	207	其他应付款
28	2402	长期应付款		
三、净资产类				
29	3001	事业基金	301	事业基金——一般基金
30	3101 310101 310102 310103 310104	非流动资产基金 长期投资 固定资产 在建工程 无形资产	301 302	事业基金——投资基金
31	3201	专用基金	303	专用基金
32	3301 330101 330102	财政补助结转 基本支出结转 项目支出结转		
33	3302	财政补助结余		
34	3401	非财政补助结转	404	拨入专款

续表

新会计制度会计科目			原会计制度及补充规定会计科目	
序号	编号	名称	编号	名称
			502	拨出专款
			503	专款支出
35	3402	事业结余	306	事业结余
36	3403	经营结余	307	经营结余
37	3404	非财政补助结余分配	308	结余分配
四、收入类				
38	4001	财政补助收入	401	财政补助收入
39	4101	事业收入	405	事业收入
40	4201	上级补助收入	403	上级补助收入
41	4301	附属单位上缴收入	412	附属单位缴款
42	4401	经营收入	409	经营收入
43	4501	其他收入	413	其他收入
五、支出类				
44	5001	事业支出	501	拨出经费
			504	事业支出
			520	结转自筹基建
45	5101	上缴上级支出	516	上缴上级支出
46	5201	对附属单位补助支出	517	对附属单位补助
47	5301	经营支出	505	经营支出
			512	销售税金
48	5401	其他支出		

注：上表中标有“*”号的会计科目为事业单位参照财政部印发的相关补充规定增设的会计科目。

第二节 新旧制度的衔接总要求

（一）自 2013 年 1 月 1 日起，事业单位应当严格按照新制度的规定进行会计核算和编报财务报表。

（二）事业单位应当按照本规定做好新旧制度的衔接。相关工作包括以下几个方面：

1. 根据原账编制 2012 年 12 月 31 日的科目余额表。

2. 按照新制度设立2013年1月1日的新账。

3. 将2012年12月31日原账科目余额按照本规定进行调整（包括新旧结转调整和基建并账调整），按调整后的科目余额编制科目余额表，作为新账各会计科目的期初余额。上述“原账中各会计科目”指原制度规定的会计科目，以及参照财政部印发的相关补充规定增设的会计科目。

4. 根据新账各会计科目期初余额，按照新制度编制2013年1月1日期初资产负债表。

（三）及时调整会计信息系统。事业单位应当对原有会计核算软件和会计信息系统进行及时更新和调试，正确实现数据转换，确保新旧账套的有序衔接。

第三节 原账科目余额转入新账

一、资产类

1. 原制度设置了“现金”、“银行存款”、“零余额账户用款额度”、“财政应返还额度”、“应收票据”、“应收账款”、“预付账款”、“其他应收款”科目。新制度设置了“库存现金”、“银行存款”、“零余额账户用款额度”、“财政应返还额度”、“应收票据”、“应收账款”、“预付账款”、“其他应收款”科目，其核算内容与原账中上述相应科目的核算内容基本相同。转账时，应将原账中上述科目的余额直接转入新账中相应科目。新账中相应科目设有明细科目的，应将原账中上述科目的余额加以分析，分别转入新账中相应科目的相关明细科目。

2. “材料”、“产成品”、“成本费用”科目

新制度未设置“材料”、“产成品”、“成本费用”科目，但设置了“存货”科目，其核算范围包括原账中“材料”、“产成品”、“成本费用”科目的核算内容。转账时，应将原账中“材料”、“产成品”、“成本费用”科目的余额分析转入新账中“存货”科目的相关明细科目。

3. “对外投资”科目

新制度将事业单位的对外投资划分为短期投资和长期投资，相应设置了“短期投资”、“长期投资”两个科目，两个科目的核算内容与原账中“对外投资”科目的核算内容基本相同。转账时，应对原账中“对外投资”科目的余额进行分析：将依法取得的、持有时间不超过1年（含1年）的对外投资余额转入新账中“短期投资”科目，将剩余余额转入新账中“长期投资”科目。

4. “固定资产”科目

新制度设置了“固定资产”科目，由于固定资产价值标准提高，原账中作为固定资产核算的实物资产，将有一部分要按照新制度转为低值易耗品。转账时，应当根据重新确定的固定资产目录，对原账中“固定资产”科目的余额进行分析：

（1）对于达不到新制度中固定资产确认标准的，应当将相应余额转入新账中“存货”科目，将相应的“固定基金”科目余额转入新账中“事业基金”科目；对于已领用出库的，还应同时将其成本一次性摊销，同时做好相关实物资产的登记管理工作，在新账中，借记“事业基金”科目，贷记“存货”科目。

（2）对于符合新制度中固定资产确认标准的，应当将相应余额转入新账中“固定资产”科目。

5. “无形资产”科目

新制度设置了“无形资产”科目，核算无形资产的原价。原账中“无形资产”科目余额反映的是尚未摊销的无形资产价值。转账时，将原账中“无形资产”科目的余额转入新账中的“无形资产”科目，同时将相应的“事业基金”科目余额转入新账中“非流动资产基金——无形资产”科目。

事业单位按新制度规定对无形资产进行摊销的，应当自2013年1月1日起设置和启用“累计摊销”科目，以“无形资产”科目2013年1月1日的期初余额为原价，按新制度规定进行摊销。

二、负债类

1. “借入款项”科目

新制度将事业单位的借入款项划分为短期借款和长期借款，相应设置了“短期借款”、“长期借款”两个科目，两个科目的核算内容与原账中“借入款项”科目的核算内容基本相同。转账时，应对原账中“借入款项”科目的余额进行分析：将期限在1年内（含1年）的各种借款余额转入新账中“短期借款”科目，将剩余余额转入新账中“长期借款”科目。

2. “应交税金”、“应缴预算款”、“应缴财政专户款”科目

新制度设置了“应缴税费”、“应缴国库款”、“应缴财政专户款”科目，其核算内容与原账中“应交税金”、“应缴预算款”、“应缴财政专户款”科目的核算内容基本相同。转账时，应将原账中“应交税金”、“应缴预算款”、“应缴财政专户款”科目的余额分别直接转入新账中的“应缴税费”、“应缴国库款”、“应缴财政专户款”科目。

3. “应付工资（离退休费）”、“应付地方（部门）津贴补贴”、“应付其他个人收入”科目

新制度未设置“应付工资（离退休费）”、“应付地方（部门）津贴补贴”、“应付其他个人收入”科目，但设置了“应付职工薪酬”科目，其核算内容涵盖了原账中上述三个科目的核算内容，并包括应付的社会保险费和住房公积金等。事业单位应在新账中该科目下按照国家有关规定设置明细科目。转账时，应将原账中“应付工资（离退休费）”、“应付地方（部门）津贴补贴”、“应付其他个人收入”科目的余额分别转入新账中“应付职工薪酬”科目的相关明细科目，并对原账中“其他应付款”科目的余额进行分析，将其中属于事业单位应付的社会保险费和住房公积金等的余额，转入新账中“应付职工薪酬”科目的相关明细科目。

4. “应付票据”、“应付账款”、“预收账款”科目

新制度设置了“应付票据”、“预收账款”科目，其核算内容与原账中上述相应科目的核算内容基本相同。转账时，应将原账中上述科目的余额直接转入新账中相应科目。

新制度设置了“应付账款”科目，其核算内容与原账中上述相应科目的核算

内容基本相同，但不包括偿还期在1年以上（不含1年）的应付账款，如跨年度分期付款购入固定资产的价款等。转账时，应当对“应付账款”科目进行分析，将偿还期在1年以上（不含1年）的应付账款的余额转入新账中的“长期应付款”科目；将剩余余额，转入新账中“应付账款”科目。

5.“其他应付款”科目

新制度设置了“其他应付款”科目。该科目的核算范围比原账中“其他应付款”科目的核算范围小，不包括事业单位应付的社会保险费和住房公积金，以及偿还期限在1年以上（不含1年）的应付款项，如以融资租赁租入的固定资产租赁费等，相应内容转由新制度下“应付职工薪酬”、“长期应付款”科目核算。转账时，应将原账中“其他应付款”科目的余额进行分析：将其中属于应付的社会保险费和住房公积金的余额，转入新账中“应付职工薪酬”科目；将其中属于偿还期限在1年以上（不含1年）的应付款项的余额，转入新账中“长期应付款”科目；将剩余余额，转入新账中“其他应付款”科目。

三、净资产类

1.“事业基金”科目

新制度设置了“事业基金”科目，但不再在该科目下设置“一般基金”、“投资基金”明细科目，其核算范围也较原账中“事业基金”科目发生变化，不再包括财政补助结转和财政补助结余。转账时，应将原账中“事业基金”科目所属“投资基金”明细科目的余额分析转入新账中“非流动资产基金——长期投资”科目，并对所属“一般基金”明细科目的余额（扣除转入新账中“非流动资产基金——无形资产”科目数额后的余额）进行分析：对属于新制度下财政补助结转的余额转入新账中“财政补助结转”科目；对属于新制度下财政补助结余的余额转入新账中“财政补助结余”科目；将剩余余额，转入新账中“事业基金”科目。

2.“固定基金”科目

新制度未设置“固定基金”科目，但设置了“非流动资产基金”科目，核算事业单位长期投资、固定资产、在建工程、无形资产等非流动资产占用的金额。转账时，应将原账中“固定基金”科目的余额（扣除转为存货的固定资产对应的固定基金数额后的余额）转入新账中“非流动资产基金——固定资产”科目。

3.“专用基金”科目

新制度设置了“专用基金”科目，转账时，应将原账中“专用基金”科目的余额分析转入新账中“专用基金”科目的相关明细科目。

4.“经营结余”科目

新制度设置了“经营结余”科目，其核算范围与原账中“经营结余”科目的核算范围基本相同。转账时，如果原账中“经营结余”科目有借方余额，应直接转入新账中“经营结余”科目。

5.“事业结余”、“结余分配”科目

新制度设置了“事业结余”科目，其核算范围较原账中“事业结余”科目发生变化，不再包括财政补助结转和财政补助结余；新制度未设置“结余分配”科目，但设置了“非财政补助结余分配”科目，核算事业单位本年度非财政补助结余分配的情况和结果。因原账中“事业结余”、“结余分配”科目一般无余额，不需进行转账处理。“事业结余”、“非财政补助结余分配”科目自 2013 年 1 月 1 日起直接启用新账即可。

四、收入支出类

1. “财政补助收入”、“事业收入”、“上级补助收入”、“附属单位缴款”、“经营收入”、“其他收入”、“拨出经费”、“事业支出”、“上缴上级支出”、“对附属单位补助”、“经营支出”、“销售税金”、“结转自筹基建”科目。

由于上述原账中收入支出类科目年末无余额，不需进行转账处理。自 2013 年 1 月 1 日起，应当按照新制度设置收入支出类科目并进行账务处理。

2. “拨入专款”、“拨出专款”、“专款支出”科目

新制度未设置“拨入专款”、“拨出专款”、“专款支出”科目。转账时，应将原账中“拨入专款”科目的余额转入新账中“非财政补助结转”科目的贷方，将原账中“拨出专款”、“专款支出”科目的余额转入新账中“非财政补助结转”科目的借方。

第四节　将基建账相关数据并入新账

事业单位应当按照新制度的要求，在按国家有关规定单独核算基本建设投资的同时，将基建账相关数据并入单位会计“大账”。新制度设置了“在建工程”科目，该科目为新设科目。事业单位应当在新账中“在建工程”科目下设置“基建工程”明细科目，核算由基建账并入的在建工程成本。

将 2012 年 12 月 31 日原基建账中相关科目余额并入新账时：按照基建账中“建筑安装工程投资”、“设备投资”、“待摊投资”、“预付工程款”等科目余额，借记新账中“在建工程——基建工程”科目；按照基建账中“交付使用资产”等科目余额，借记新账中“固定资产”等科目；按照基建账中“基建投资借款”科目余额，贷记新账中“长期借款”科目；按照基建账中“建筑安装工程投资”、“设备投资”、“待摊投资”、“预付工程款”、“交付使用资产”等科目余额，贷记新账中“非流动资产基金”科目的相关明细科目；按照基建账中“基建拨款”科目余额中归属于财政补助结转的部分，贷记新账中“财政补助结转”科目；按照基建账中其他科目余额，分析调整新账中相应科目；按照上述借贷方差额，贷记或借记新账中“事业基金”科目。

事业单位执行新制度后，应当至少按月根据基建账中相关科目的发生额，在“大账”中按照新制度对基建相关业务进行会计处理。

第五节　财务报表新旧衔接

一、编制 2013 年 1 月 1 日期初资产负债表

事业单位应当根据新账各会计科目期初余额，按照新制度编制 2013 年 1 月 1

日期初资产负债表。

二、事业单位2013年度财务报表的编制

事业单位应当按照新制度规定编制2013年的月度、年度财务报表。在编制2013年度收入支出表、财政补助收入支出表时，不要求填列上年比较数。

第六节　其他衔接事项

新制度设置了“累计折旧”科目，核算事业单位固定资产计提的累计折旧。事业单位应当按照《事业单位财务规则》或相关财务制度的规定确定是否对固定资产计提折旧。不对固定资产计提折旧的，不设置“累计折旧”科目。对固定资产计提折旧的，应当按照新制度的规定设置“累计折旧”科目，并进行如下处理：

（一）对执行新制度前形成的固定资产（不包括新旧转账时转入“存货”的固定资产），应当在2013年度全面核查其原价、截至2013年12月31日的已使用年限、尚可使用年限等，并于2013年12月31日对这些固定资产补提折旧，按照应计提的折旧金额，借记“非流动资产基金——固定资产”科目，贷记“累计折旧”科目，自2014年1月1日起对这些固定资产按照新制度的规定按月计提折旧。

（二）对执行新制度后形成的固定资产，应当按照新制度的规定按月计提折旧。

第七章　行政事业单位内部控制规范（试行）

第一节　总　则

一、背景

近年来，我国行政事业单位的财务管理水平不断提高，会计核算的规范性和合规性得到了很大的改进，然而，由于内控制度建设无法满足实际行政事业单位各项管理的要求，有些行政事业单位出现了管理制度设计不完善，实际执行无法到位，财务监督形式化等问题，具体表现为：

（一）对内部控制的认识不够

大部分单位内部控制领导对财务部门不够重视。在实际工作中，财务部门仅仅充当“出纳员”的角色，只负责日常账务处理，没有真正起到理财的作用。比如，很多单位内部控制领导认为行政事业单位的资金主要来源是财政预算拨款，不需要进行资金管理，只要按规定编好预算、取得资金和使用资金就可以了。这种不够端正的认识直接影响了内部控制工作的实际效果。

（二）内部控制环境不完善

行政事业单位内部控制环境的不完善主要表现在：一是单位内部分工不明确，各部门没有定岗定责，没有坚持不相容职务的分离和互相牵制，以达到会计内控的目的；二是没有依据《内部会计控制规范》与《会计法》，结合有关部门加强行政事业单位的财务管理；三是内部监督较弱，内部审计部门或者内部审计人员对单位内部控制的执行、财务管理情况检查和监督流于形式等。

（三）没有建立符合本单位特点的内部控制制度

有些单位由于内控制度不完善，在实际操作中仅凭经验、口头文件办事，这样往往分不清责任，容易造成同事之间的矛盾。还有一些单位虽然制定了一些会计内控制度和办法，却因陈旧滞后、不完整等原因没有执行，有等于没有。

鉴于上述问题的存在，迫切需要建立一套行政事业单位的内部控制制度，从制度层面的角度来堵塞资金管理的漏洞、消除隐患，防范行政事业单位的重大经济活动风险。

为了进一步提高行政事业单位内部管理水平，规范内部控制，加强廉政风险防控机制建设，根据《中华人民共和国会计法》、《中华人民共和国预算法》等法律法规和相关规定，财政部制定了《行政事业单位内部控制规范（试行）》，自2014年1月1日起施行。

二、适用范围

规范适用于各级党的机关、人大机关、行政机关、政协机关、审判机关、检察机关、各民主党派机关、人民团体和事业单位（以下统称单位）经济活动的内部控制。

《内部控制规范》的适用范围涵盖了所有类型的行政事业单位，必将显著提高对这些类型单位财务管理和内部控制的合规性。特别是，随着我国行政事业单位的数量、类型在不断丰富，内部控制适用范围还在不断扩大。

三、行政事业单位内部控制的目标和原则

单位内部控制的目标主要包括：合理保证单位经济活动合法合规、资产安全和使用有效、财务信息真实完整，有效防范舞弊和预防腐败，提高公共服务的效率和效果。

单位建立与实施内部控制，应当遵循下列原则：

（一）全面性原则。内部控制应当贯穿单位经济活动的决策、执行和监督全过程，实现对经济活动的全面控制。

（二）重要性原则。在全面控制的基础上，内部控制应当关注单位重要经济活动和经济活动的重大风险。单位在构建内部控制制度时，应密切关注实施单位使命、具体目标过程中面临的各种风险，有针对性地设计内部控制措施，使风险降低到单位可以忍受的合理水平。行政事业单位的内部控制应重点控制预算资金的安全完整、固定资产和建设项目等。

（三）制衡性原则。内部控制应当在单位内部的部门管理、职责分工、业务流程等方面形成相互制约和相互监督。其主要特征是将有关责任进行分配，使单独的一个人或一个部门对任何一项或多项经济业务活动无完全的处理权，必须经过其他部门或人员的查证核对。从纵向来说，至少要经过上下两级，使下级受上级的监督，上级受下级的牵制，各有顾忌，不敢随意妄为；从横向来说，至少要经过两个互不相隶属的部门或岗位，使一个部门的工作或记录受另一部门工作或记录的牵制，借以相互制约。

（四）适应性原则。内部控制应当符合国家有关规定和单位的实际情况，并随着外部环境的变化、单位经济活动的调整和管理要求的提高，不断修订和完善。从系统论角度看，内部控制是一个系统，系统及其环境之间具有紧密的联系，系统适应环境是系统存在和发展的前提。构建内部控制体系关注单位内外环境非常重要。单位在设计内部控制制度时，对涉及的环境因素要进行深入的分析和了解，只有控制过程、机制及氛围与所处环境相适应，才能实现较为理想的控制效果。因此，进行内部控制设计时应根据不同的控制类型灵活采用不同的策略。

第二节 风险评估

一、风险评估机制

单位应当建立经济活动风险定期评估机制，对经济活动存在的风险进行全面、系统和客观评估。经济活动风险评估至少每年进行一次；外部环境、经济活动或管理要求等发生重大变化的，应及时对经济活动风险进行重估。

单位开展经济活动风险评估应当成立风险评估工作小组，单位领导担任组长。经济活动风险评估结果应当形成书面报告并及时提交单位领导班子，作为完善内部控制的依据。

二、单位层面的风险评估内容

单位进行单位层面的风险评估时，应当重点关注以下方面：

（一）内部控制工作的组织情况。包括是否确定内部控制职能部门或牵头部门；是否建立单位各部门在内部控制中的沟通协调和联动机制。

（二）内部控制机制的建设情况。包括经济活动的决策、执行、监督是否实现有效分离；权责是否对等；是否建立健全议事决策机制、岗位责任制、内部监督等机制。

（三）内部管理制度的完善情况。包括内部管理制度是否健全；执行是否有效。

（四）内部控制关键岗位工作人员的管理情况。包括是否建立工作人员的培训、评价、轮岗等机制；工作人员是否具备相应的资格和能力。

（五）财务信息的编报情况。包括是否按照国家统一的会计制度对经济业务事项进行账务处理；是否按照国家统一的会计制度编制财务会计报告。

（六）其他情况。

三、业务层面的风险评估内容

业务层面的风险评估是确定行政事业单位的重要业务流程和重要交易类别，它是确定行政事业单位自身的管理活动和交易活动环节可能出现问题的手段。包括预算管理，收支管理和政府采购管理，资产管理和建设项目管理，合同管理情况。

第三节　控制方法

一、不相容岗位相互分离

即合理设置内部控制关键岗位，明确划分职责权限，实施相应的分离措施，形成相互制约、相互监督的工作机制。不相容职务分离控制要求行政事业单位全面系统地分析、梳理业务流程中所涉及的不相容职务，实施相应的分离措施；形成各司其职、各负其责、相互制约的工作机制。行政事业单位通常有 6 大类主要的不相容职务：

1. 授权进行某项经济业务和执行该项业务的职务要分离；
2. 执行某些经济业务和审核这些经济业务的职务要分离；
3. 执行某项经济业务和记录该项业务的职务要分离；
4. 保管某些财产物资和对其进行记录的职务要分离；
5. 保管某些财产物资和使用这些财产物资的职务要分离；
6. 执行某项经济业务与监督这些经济业务的职务要分离。

当然，不相容职务分离需要员工各守其责，如果担任不相容职务的职工之间相互串通勾结，则不相容职务分离就失去作用。如果单位没有适当的职务分离，则发生错误和舞弊的可能性会加大。

【典型案例】

某公司李某在担任公司出纳工作期间，先后利用23张现金支票编造各种理由提取现金96.94万元，均未记入现金日记账，构成贪污罪。

具体手段如下：一是隐匿10笔出口结汇收入计96.94万元。将其提现的金额与其隐匿的收入相抵，使33笔收支业务均未在银行存款日记账和银行余额调节中反映；二是伪造11张银行对账单，将提现的整数金额改成带尾数的金额，并将提现的银行代码“11”改成托收的代码“88”或外汇买卖的代码“18”。

你认为该出纳李某之所以能长时期贪污而不被发现，原因是什么？

【解析】

该公司在单位内部控制方面未做到不相容职务相分离，因此，导致出纳如此贪污。具体来讲：

第一，出纳兼管银行对账，提供了在编制余额调节表时擅自抵消33笔收支业务的机会。

第二，印鉴管理失控。财务印鉴与法人印鉴合并使用，并由出纳人员一人掌管，出纳在加盖印鉴时未能得到有力的监控。

第三，未建立支票购入、使用与注销的登记制度。

第四，对账单由出纳从银行取得，提供了伪造对账单的可能。

二、内部授权审批控制

明确各岗位办理业务和事项的权限范围、审批程序和相关责任，建立重大事项集体决策和会签制度。相关工作人员应当在授权范围内行使职权、办理业务。

单位应当编制常规授权的权限指引，规范特别授权的范围、权限、程序和责任，严格控制特别授权。单位各级管理人员应当在授权范围内行使职权和承担责任。单位对于重大的业务和事项，实行集体决策审批或者联签制度，任何个人不得单独进行决策或者擅自改变集体决策。根据上述规定，授权控制的范围通常包括：（1）单位所有人员不经合法授权，不能行使相应权力；不经合法授权，任何人不能审批；（2）有权授权的人应在规定的权限范围内行事，不得越权授权；（3）单位的所有业务不经授权不能执行。

三、归口管理

根据本单位实际情况，按照权责对等的原则，采取成立联合工作小组并确定牵头部门或牵头人员等方式，对有关经济活动实行统一管理。

四、预算控制

强化对经济活动的预算约束，使预算管理贯穿于单位经济活动的全过程。

五、财产保护控制

建立资产日常管理制度和定期清查机制，采取资产记录、实物保管、定期盘点、账实核对等措施，确保资产安全完整。单位应当按照《行政事业单位国有资产管理暂行办法》、《行政事业单位国有资产管理暂行办法》以及相关法律法规的规定，建立健全符合本规范要求和单位实际情况的资产管理制度和岗位责任制，强化检查和绩效考核，加强对资产安全和有效使用的控制。

六、会计控制

建立健全本单位财会管理制度，加强会计机构建设，提高会计人员业务水平，强化会计人员岗位责任制，规范会计基础工作，加强会计档案管理，明确会计凭证、会计账簿和财务会计报告处理程序。行政事业单位制定的会计岗位责任制、会计档案管理制度和会计信息控制制度是会计系统控制的具体体现。会计岗位责任制是在会计机构内部规定各项会计工作岗位的职责和权限，并把有关规定、要求等具体落实到每一会计工作岗位的制度。会计系统控制的内容包括复式记账控制、标准会计处理控制、会计凭证控制、会计账户和会计账簿控制、财务会计报告控制等。

七、单据控制

要求单位根据国家有关规定和单位的经济活动业务流程，在内部管理制度中明确界定各项经济活动所涉及的表单和票据，要求相关工作人员按照规定填制、审核、归档、保管单据。

八、信息内部公开

建立健全经济活动相关信息内部公开制度，根据国家有关规定和单位的实际情况，确定信息内部公开的内容、范围、方式和程序。要求单位通过指定专门机构或岗位对信息系统建设实施归口管理，规范信息系统开发、运行和维护流程，建立用户管理制度、系统数据定期备份制度、信息系统安全保密和泄密责任追究制度等措施，将经济活动及其内部控制流程嵌入单位信息网络系统中，减少或消除人为操纵因素，保护信息安全。

【典型案例】

2001年7月12日北京第二中级法院开庭审理了某肿瘤医院住院部主任石巧玲贪污公款900余万元、挪用公款370余万元的特大案件。

2000年初，北京市朝阳区检察院反贪局接到某肿瘤医院举报：该院住院部主任石巧玲涉嫌挪用公款，已经很长时间没有到单位来上班了。

侦查人员通过排查石巧玲经手的成千上万册账本，核对相关病历，同时在某肿瘤医院财务系统的计算机上寻找证据，最终发现石巧玲经手的票据中有近千万元的票据是假票，虚开单据上的金额也越来越大，到最后一开就是好几万！

住院部现金管理长期处于真空地带。住院部属于肿瘤医院办理住院费收支结算的内部二级核算单位，现金收支活动及其结果理应受到医院财务处的管理和监督，然而每年住院处收取预交现金约几千万，却仅将预交现金扣除出院退款后的余额缴存银行，并以取得的交款单作结算日报。财务处只掌握预收款减掉退款后的净额而不掌握预收现金、出院退款、出院收取补交款等明细项目。

医院的财务管理软件也有漏洞，结账人员在为病人办理出院手续时，对住院、出院日期可以改动而不会留下痕迹；使用同一病人姓名、病案号可以反复打印出《住院费结账单》，如不存盘电脑中不会留下痕迹；结账员“编造”一个患者姓名，同时“编造”一个案病号（必须是肿瘤医院未曾使用过的病案号），电脑中能显示出空白《住院费结账单》，输入各种费用后可以打印。石巧玲作为住院部主任有权使用《住出院登记软件（程序）》，她利用了以上软件程序上的漏洞，调出已出院病人材料，对该病人姓名改动（不改病案号），打印出改动姓名后的《住院费结账单》后，再改回原病人姓名，电脑中没有留下痕迹。然后填写病人住院医疗预收退款书及退款凭证，交给在住院部结账窗口外等候的陈玉梅，陈玉梅拿到这些假单据后，按照石巧玲的授意，冒充病人或病人家属在退款书上签字，然后到住院部退款窗口领取退款……于是有了法院判决书上的这一段话："法院经审理查明，1996 年 1 月至 1999 年 12 月期间，石巧玲利用担任某肿瘤医院住院处主任并负责出院结账工作的职务便利，先后变造这家医院住院医疗预收金退款书 1 081 张，指使无业人员陈玉梅等人以病人家属的身份持退款书，在医院住院处骗领预交金余额共计 920 余万元，并非法占为己有。"

医院财务处多年不对住院部进行审计和检查，财务处仅负责核对住院部上报的报表、单据，没有意识到所报账表是伪造的假账。财务处从未得到授权审查住院部账目，对住院部的明细账和原始票据从未审查过。这样一来，不仅二级单位内部缺乏职责分工和相互牵制，而且上级部门的监督与约束也极为弱化，从而为石巧玲用偷梁换柱的手法编制虚假会计凭证、侵吞公款提供了绝好的客观环境。

经法院最终认定，石巧玲共计贪污公款 1 098 万余元，判处死刑。

【解析】

该案例反映了医院的内部控制薄弱，要避免管理漏洞的内部会计控制方法有：

1. 授权批准控制。授权批准控制要求单位对涉及会计及相关工作的授权批准的范围、权限、程序、责任等内容做出明确决定，单位内部的各级管理层必须在授权范围内行使职权和承担责任，经办人员也必须在授权范围内办理业务。石巧玲采用"勾结外人冒用病人姓名贪污公款"的手段，是最笨的贪污方法，因为这需要她每贪污一笔都要做假单据，很容易被人发觉，收集证据也比较容易。而在长达 4 年的过程中，石巧玲就是利用这种"最笨的贪污方法"贪污了 1 098 万元。如果肿瘤医院实施严格的授权批准控制，明确规定涉及会计及相关工作的授权批准的范围、权限、程序、责任等内容，石巧玲不可能利用这种方法在如此长的时间内作案。

2. 会计系统控制。会计系统控制要求单位依据《会计法》和国家统一的会计制度，制度适合本单位的会计制度，明确会计凭证、会计账簿和财务会计报告的处理程序，建立和完善会计档案保管和会计工作交接办法，实行会计人员岗位责任制，充分发挥会计的监督职能。如果肿瘤医院实施严格的会计系统控制，石巧玲便没有机会直接操作会计工作的具体程序，没有可能自行保管会计档案。

3. 内部报告控制。内部报告控制要求单位建立和完善内部报告制度，全面反映经济活动情况，及时提供业务活动中的重要信息，增强内部管理的时效性和针对性。肿瘤医院每年住院处收取预交现金几千万，这么重要的经济业务事项不作明细反映，"仅将预交现金扣除出院退款后的余额缴存银行，并以取得的交款单作结算，财务处只掌预收款减掉退款后的净额"真是不可思议。如果肿瘤医院实施严格的内部报告控制，要求住院处披露预收现金、出院退款、出院收取补交款等明细项目，石巧玲便没有机会作案。

4. 电子信息技术控制。电子信息技术控制要求运用电子信息技术手段建立内部会计控制系统，减少和消除人为操作因素，确保内部会计控制的有效实施；同时要加强对财务会计电子信息系统开发与维护、数据输入与输出、文件储存与保管、网络安全等方面控制。肿瘤医院财务软件系统缺乏足够的控制程序，为石巧玲作案提供了直接机会。

第四节　具体业务层面控制程序

一、预算业务控制

行政事业单位预算是根据各单位的职责、工作任务和事业发展计划编制的年度财务收支计划。单位预算是对计划年度内各单位的财务收支规模、结构和资金来源与去向所作的预计，是计划年度内各项事业发展计划和工作任务在财务收支上的具体反映，是行政事业单位财务工作的基本依据。

单位预算控制涵盖预算的编制、审批、执行、调整、分析、考核等全过程。行政事业单位的一切收入和支出都必须全部纳入单位预算统一管理，统筹安排使用。

行政事业单位预算控制主要包括预算编制控制、预算审批控制、预算执行控制、预算调整控制、预算分析控制和预算考核控制。在每一个控制环节中，都要建立健全预算控制制度，落实控制和监督的责任制。

（一）预算编审控制

1. 预算编制的原则

行政事业单位预算的编制，关键是要遵循“归口管理、收支统管、统筹兼顾、积极稳妥、依法理财”的原则。

（1）归口管理原则。

（2）收支统管原则。

（3）统筹兼顾原则。行政事业单位要对各类资金统筹调度、合理安排。优先保证人员经费等刚性支出、保证业务正常运转的经常性公用支出。

（4）积极稳妥原则。编制预算要坚持以收定支，量入为出，收支平衡，略有结余，不得作赤字预算。收入预算要实事求是，支出预算要打紧，坚持勤俭办事业的方针。一切收支数字的预测和计算都要科学、严密、准确、真实。

（5）依法理财原则。各单位要按照《预算法》和《预算法实施条例》的要求，建立规范的预算管理程序和监督办法，使得各单位可以根据国家相关法律法规和本单位相关制度在法律赋予的职能范围内编制单位预算。

2. 预算编制的基本要求

在编制预算前必须做好以下准备工作：

（1）全面分析上年度预算执行情况。

（2）准确掌握相关基础数据。

（3）正确测算各种因素对收支的影响。一是分析测算预算年度内国家有关政策对行政事业单位收支的影响。二是分析单位事业发展计划对收支的要求。

（4）准确掌握财政部门和主管部门对行政事业单位收支预算的编制要求。

3. 预算编制的方法

行政事业单位要改变过去单纯的“基数 + 增长”的预算编制方法，以“零基预算法”为基础，采用综合的方法编制年度预算。

（1）收入预算的编制，要符合国家政策。根据财政、物价、税务等有关部门规定，属于有明确收费标准的项目，结合业务量编制。没有明确收费标准的项目，则要根据以前年度收入水平，结合本年的相关影响因素编列。

（2）支出预算的编制，要量入为出，不得编制赤字预算。对支出预算的编制，应本着既要保证业务正常运行，又要合理节约的精神。

根据国家有关政策规定，单位事业发展计划、工作任务，人员编制，有关开支范围和开支定额（或标准），物资供应及价格变化等因素编制；没有支出定额的，要根据实际情况测算编列。

4. 预算编审的程序

行政事业单位在编制预算时，要按照政府部门对预算编制上报的要求并结合本单位的实际情况编制。具体包括：

（1）明确目标。及时提出下一年度预算目标，并确定预算编制政策，由预算编制部门下达到各预算执行部门。

（2）编制上报。各预算执行部门应按照本单位工作目标，提出本部门预算的具体方案，并经主管领导签署意见后及时上报预算编制部门。

（3）审查平衡。预算编制部门应对内部各预算执行部门上报的预算方案进行审查、汇总，提出综合平衡建议。

（4）审议批准。预算编制部门在有关预算执行部门修正调整的部门预算基础上，编制出内部各部门年度预算初步方案。本方案经进一步修订、调整后，正式编制本单位年度预算草案，提交预算管理决策机构集体决策审议，最终形成本单位年度预算方案，经职工代表大会审议通过后报上级预算管理部门审批。

（5）下达执行。行政事业单位的预算一旦经过本单位预算管理决策机构集体决策审查、职工代表大会讨论通过、上级预算管理部门批准，就具有法律效力，由预算编制部门下达各内部预算执行部门严格执行。

（二）预算执行控制

加强预算执行过程的控制，对行政事业单位全面实现预算目标，促进事业的健康发展有着十分重要的意义。

1. 预算执行的原则

（1）年度预算指标下达以后，归口管理部门应严格遵守预算，不准突破预算指标，特殊情况需调整的，需遵照相应的预算调整程序后方可调整预算；调整预算未经批准，不得执行。

（2）归口管理部门负责人对本部门的预算执行负责，根据年度实际工作需要，本着节约原则安排和使用预算资金，严格执行财务支出审批制度和程序，积极配合预算执行的监督和检查。

2. 预算执行的程序

（1）财务部门将上级批复的预算按类别和用途下达至归口管理部门。

（2）各归口管理部门严格按计划进度执行预算。

（3）财务部门指定专人负责监督、落实预算的执行情况，定期汇报财务预算执行情况。

3. 预算执行控制的关键点

行政事业单位预算的执行，应由本单位主管领导负责，由各预算执行部门具体负责组织实施，并赋予以相应的权、责、利；由内部审计部门负责监督预算的执行。

为了确保预算目标的全面完成，关键应做好以下几方面的工作：

（1）建立健全预算执行责任制度。

（2）行政事业单位的收入来源必须合法。

（3）行政事业单位的支出必须按程序办理。

4. 预算执行控制的实施

行政事业单位为了随时掌握预算执行的动态和结果，应建立健全预算执行报告制度。

有条件的行政事业单位，应尽可能建立预算执行信息平台，并利用信息网络建立预算执行报警机制，便于随时掌握预算的执行情况。

（三）预算分析与考核控制

通过对各预算执行部门进行考核，全面总结评价各部门预算的编制是否准确，执行是否合理、准确、科学，调整是否合规等内容，可以发现各部门在组织实施预算过程中的执行力度、开拓创新精神，找出存在的问题，落实奖惩措施，督促各部门更加积极稳妥地执行预算，以提高资金使用效益。

二、收支业务控制

1. 收入内部管理制度的基本要求

单位应当建立健全收入内部管理制度。单位应当合理设置岗位，明确相关岗位的职责权限，确保收款、会计核算等不相容岗位相互分离。

2. 收入入账管理

单位的各项收入应当由财会部门归口管理并进行会计核算，严禁设立账外账。业务部门应当在涉及收入的合同协议签订后及时将合同等有关材料提交财会部门作为账务处理依据，确保各项收入应收尽收，及时入账。财会部门应当定期检查收入金额是否与合同约定相符；对应收未收项目应当查明情况，明确责任主体，落实催收责任。

账外账是行政事业单位典型的收入管理问题存在的根源。有些单位的一些工作人员不把行政事业单位的收入存入银行，而且，在职务未分离的条件下，自身又管理票据，可能会发生没有按规定将收入上缴单位财物部门，累计到一定数量后，可能会导致大案件的发生。针对这些问题，内部控制规范从收入入账管理的角度来完善收入入账管理制度，杜绝此类的事情发生。

3. 非税收入管理

有政府非税收入收缴职能的单位，应当按照规定项目和标准征收政府非税收入，按照规定开具财政票据，做到收缴分离、票款一致，并及时、足额上缴国库或财政专户，不得以任何形式截留、挪用或者私分。

非税收入是各级政府、国家机关、事业单位、代行政府职能的社会团体及其他组织依法利用政府权力、政府信誉、国家资源、国有资产或提供特定公共服务、准公共服务取得并用于满足社会公共需要或准公共需要的财政资金，是各级政府公共收入的重要组成部分。

4. 票据管理

单位应当建立健全票据管理制度。财政票据、发票等各类票据的申领、启用、核销、销毁均应履行规定手续。单位应当按照规定设置票据专管员，建立票据台账，做好票据的保管和序时登记工作。票据应当按照顺序号使用，不得拆本使用，做好废旧票据管理。负责保管票据的人员要配置单独的保险柜等保管设备，并做到人走柜锁。单位不得违反规定转让、出借、代开、买卖财政票据、发票等票据，不得擅自扩大票据适用范围。

5. 支出内部管理制度的基本要求

单位应当建立健全支出内部管理制度，确定单位经济活动的各项支出标准，明确支出报销流程，按照规定办理支出事项。单位应当合理设置岗位，明确相关岗位的职责权限，确保支出申请和内部审批、付款审批和付款执行、业务经办和会计核算等不相容岗位相互分离。

具体包括以下几个方面：

第一，加强支出审批控制。强化支出控制的岗位责任制和授权制度。《内部控制规范》明确支出的内部审批权限、程序、责任和相关控制措施。审批人应当在授权范围内审批，不得越权审批。

第二，加强支出审核控制。支出单据的审核承载着实质内容，是支出管理的关键。全面审核各类单据。重点审核单据来源是否合法，内容是否真实、完整，使用是否准确，是否符合预算，审批手续是否齐全。支出凭证应当附反映支出明细内容的原始单据，并由经办人员签字或盖章，超出规定标准的支出事项应由经办人员说明原因并附审批依据，确保与经济业务事项相符。

第三，加强支付控制。支出控制的关键点在于流程控制，需要从流程和制度两个层面相互加强支付控制。明确报销业务流程，按照规定办理资金支付手续。签发的支付凭证应当进行登记。使用公务卡结算的，应当按照公务卡使用和管理有关规定办理业务。

第四，加强支出的核算和归档控制。由财会部门根据支出凭证及时准确登记账簿；与支出业务相关的合同等材料应当提交财会部门作为账务处理的依据。

单位应当按照支出业务的类型，明确内部审批、审核、支付、核算和归档等支出各关键岗位的职责权限。实行国库集中支付的，应当严格按照财政国库管理制度有关规定执行。

【典型案例】

甲单位为财政全额拨款的事业单位（以下简称甲单位），自2010年起，实行国库集中支付和政府采购制度。经财政部门核准，甲单位的工资支出、10万以上的物品和服务采购支出实行财政直接支付方式，10万元以下的物品和服务采购支出以及日常零星支出实行财政授权支付方式。

2010 年，财政部门批准的甲单位年度预算为 2 000 万元。1 至 11 月份，甲单位累计预算支出数为 1 800 万元，其中，1 500 万元已由财政直接支付，300 万元已由财政授权支付；12 月份经财政部门核定的用款计划数为 200 万元，其中，财政直接支付的用款计划数为 150 万元，财政授权支付的用款计划数为 50 万元。单位 12 月份对有关国库集中支付和政府采购事项的会计处理或做法如下（假定甲单位无纳税和其他事项）：

（1）2 日，甲单位收到代理银行转来的“财政授权支付额度到账通知书”，通知书中注明的本月授权额度为 50 万元。甲单位将授权额度 50 万元计入银行存款，同时确认财政补助收入 50 万元。

（2）4 日，甲单位收到财政国库支付执行机构委托代理银行转来的“财政直接支付入账通知书”和“工资发放明细表”，通知书和明细表中注明的工资支出金额为 80 万元，代理银行已将 80 万元划入甲单位职工个人账户。甲单位将 80 万元的工资支出确认为事业支出，同时，减少银行存款 80 万元。

（3）6 日，甲单位按规定的政府采购程序与 A 供货商签订一项购货合同，购买一台设备，合同金额 55 万元。合同约定，所购设备由 A 供货商于 5 天内交付，设备价款在交付验货后由甲单位向财政申请直接支付。甲单位对此事项未做会计处理。

（4）9 日，甲单位收到所购设备和购货发票，购货发票上注明的金额为 55 万元。甲单位在验货后，于当日向财政国库支付执行机构提交了“财政直接支付申请书”，向财政申请支付 A 供货商货款，但当日尚未收到“财政直接支付入账通知书”。甲单位按发票上注明的金额 55 万元，在确认固定资产的同时，确认应付账款 55 万元。

（5）11 日，甲单位收到代理银行转来的用于支付 A 供货商货款的“财政直接支付入账通知书”，通知书中注明的金额为 55 万元。甲单位将 55 万元确认为事业支出，并增加财政补助收入 55 万元。对已确认的应付账款 55 万元未进行冲转。

（6）14 日，甲单位从零余额账户提取现金 5 万元。甲单位对此事项进行会计处理时，增加现金 5 万元，减少银行存款 5 万元。

（7）15 日，甲单位报销差旅费 4.8 万元，并用现金购买一批随买随用的办公用品 1 000 元。甲单位将上述支出 4.9 万元计入了事业支出。

（8）20 日，甲单位按规定的政府采购程序与 B 供货商签订一项购货合同，购买 10 台办公用计算机，合同金额为 9 万元。合同约定，所购计算机由 B 供货商于本月 22 日交付，货款由甲单位在验货后向代理银行开具支付令。甲单位对此事项未做会计处理。

（9）22 日，甲单位收到所购计算机，但购货发票尚未收到。甲单位验货后，向代理银行开具了支付令，通知代理银行支付 B 供货商货款。甲单位因购货发票未到，未做会计处理。

（10）24 日，甲单位收到 B 供货商转来的购货发票，发票中注明的金额为 9 万元。甲单位确认固定资产 9 万元，同时，减少零余额账户用款额度 9 万元。

（11）31 日，甲单位计算的 2004 年度预算结余资金为 56 万元，其中，财政直接支付年终结余资金为 15 万元，财政授权支付年终结余资金为 41 万元。甲单位未对年终预算结余资金进行账务处理，只是将其在“备查簿”中进行了登记。

要求：

（1）分析判断事项（1）至（10）中，甲单位对各事项的会计处理或做法是否正确？如不正确，说明正确的会计处理。

（2）分析判断事项（11）中，甲单位对年终预算结余资金的计算及做法是否正确？如不正确，请计算正确的年终预算结余资金，并说明正确的会计处理。

【解析】

(1) 甲单位的会计处理不正确。

正确的会计处理：将授权额度50万元计入零余额账户用款额度和财政补助收入。

借：零余额账户用款额度 500 000

贷：财政补助收入 500 000

(2) 甲单位的会计处理不正确。

正确的会计处理：将80万元工资支出确认为事业支出和财政补助收入。

借：事业支出 800 000

贷：财政补助收入 800 000

(3) 甲单位的做法正确。

(4) 甲单位的会计处理正确。

(5) 甲单位的会计处理不正确。

正确的会计处理：还应当减少应付账款55万元，增加固定基金55万元。

借：应付账款 550 000

贷：固定基金 550 000

(6) 甲单位的会计处理不正确。

正确的会计处理：增加现金5万元，减少零余额账户用款额度5万元。

借：现金 50 000

贷：零余额账户用款额度 50 000

(7) 甲单位的会计处理正确。

(8) 甲单位的做法正确。

(9) 甲单位的做法正确。

(10) 甲单位的会计处理不正确。

正确的会计处理：确认事业支出9万元，减少零余额账户用款额度9万元，增加固定资产和固定基金9万元。

(11) 甲单位对年终预算结余资金的计算不正确。

或：甲单位对财政直接支付年终结余资金的计算正确，甲单位对财政授权支付年终结余资金的计算不正确。

正确的计算：财政直接支付年终结余资金应为15万元。财政授权支付年终结余资金应为36万元。或：年终预算结余资金应为51万元。

甲单位对年终预算结余资金的会计处理不正确。

正确的会计处理：

对于财政直接支付年终结余资金，应增加财政应返还额度15万元，确认财政补助收入15万元。

借：财政应返还额度 150 000

贷：财政补助收入 150 000

对于财政授权支付年终结余资金，应增加财政应返还额度36万元，减少零余额账户用款额度36万元。

借：财政应返还额度 360 000

贷：零余额账户用款额度 360 000

6. 债务内部管理制度

根据国家规定可以举借债务的单位应当建立健全债务内部管理制度，明确债务管理岗位的职责权限，不得由一人办理债务业务的全过程。大额债务的举借和偿还属于重大经济事项，应当进行充分论证，并由单位领导班子集体研究决定。

单位应当做好债务的会计核算和档案保管工作。加强债务的对账和检查控制，定期与债权人核对债务余额，进行债务清理，防范和控制财务风险。

三、政府采购业务控制

（一）行政事业单位采购业务

对于行政事业单位来说，其采购业务一般都需要通过政府采购渠道进行。由于其资金来源及主管单位的多样性，不同性质的行政事业单位往往有着不同的采购渠道。一般来说，依靠财政资金维持的行政事业单位大部分采购业务通过政府采购来进行，而较多依靠自有创收资金维持的单位大部分采购业务通过自行采购来进行。

（二）职责分工与授权审批

1. 采购与付款业务控制的岗位设置

行政事业单位应当建立采购管理的岗位职责制，明确相关部门和岗位的职责、权限，确保办理采购业务的不相容岗位相互分离、制约和监督。具体的采购管理控制岗位职责可按表7－1设置。

表7－1　　　　采购管理控制岗位职责一览表

采购管理控制岗位	主要职责	不相容职责
单位总负责人	审批采购部门各项规章制度 审批年度采购预算和采购计划 审议批准合格供应商名单 审批预算及计划外采购项目 批准请购单和重要采购合同	拟定采购计划和采购合同 制定采购部门各项规章制度 选择供应商
单位业务负责人	审核采购部门各项规章制度 审核年度采购预算和采购计划 审核预算及计划外采购项目 根据权限审批请购单和采购合同	制定采购部门各项规章制度 审批年度采购预算和采购计划 审批预算及计划外采购项目
采购部负责人	制定采购部门各项规章制度和工作流程 编制年度采购预算和采购计划 审核购货合同和采购订单 在授权范围内签订购货合同 办理大宗物资及重要物资的采购 组织行进合格供应商的选择和评审	批准采购计划与预算 批准计划外采购项目 选定合格供应商名单 填写采购订单 起草购货合同

续表

采购管理控制岗位	主要职责	不相容职责
采购员	进行市场调查，填写询价比价单 负责起草购货合同和填制采购订单 提出付款申请 实施采购，办理退换货事宜 建立、更新于维护供应商档案 参与对供应商质量、交货情况等的评价	制定采购部的规章制度 制定年度采购计划及预算 审批购货合同和付款申请
财务部门负责人	审核购货合同及付款申请 审批会计提交的付款凭证 参与合格供应商评审 参与胜定对供应商的付款条件	实施采购 编制采购预算和采购计划 执行具体结算工作
会计	核对原始单据并入账 开具付款凭证	批准付款
出纳	支付货款	编制付款凭证
采购物资使用部门	编制本部门年度采购预算和采购计划 提出推荐供应商名单 提交请购单 参与检验采购物资质量 参与合格供应商评审 对不合格及报废物资提出处理意见	实施采购 审批请购单 决定供应商名单
质量管理部	事先检验样货质量 检验所购物资的质量	实施询价比价 物资在库管理
技术部	提供对所选物资的专业技术建议 参与对特有物资的技术检验工作	采购物资的询价比价
仓储部	参与外购物资的出入库验收 外购物资的标识、保管、收发 提出外购物资的补仓申请	具体实施采购

需要注意的是，在实际应用中，不同单位由于工作性质、职责的不同，组织结构设计也各异，所以各个部门和岗位的数量、名称并不会完全与此表相同，无论部门和岗位名称有何变化，只要能够体现出上述分权牵制的控制思想即可。

在单位采购与付款业务中，不相容岗位至少应包括如下五个方面：

（1）请购与审批；

（2）询价与确定供应商；

（3）采购合同的订立与审核；

（4）采购、验收与相关会计记录；

（5）付款的申请、审批与执行。

2. 采购与付款业务的授权审批

授权审批制度是行政事业单位采购与付款控制的前提和基础，它明确审批人对采购与付款业务的授权批准方式、权限、程序、责任和相关控制措施，规定经办人办理采购与付款业务的职权范围和工作要求，规定采购业务中审批人在授权范围内进行审批，不得超越审批权限。

授权审批实际上对参与请购、审批、采购、验收、付款、账务处理等业务的各主体行使其职责权限的具体要求和规定。

（三）请购与审批控制

1. 请购审批制度的建立

行政事业单位应当建立采购申请制度，依据购置物品或劳务的类型，确定归口管理部门，授予相应的请购权，并明确相关部门或人员的职责权限及相应的请购程序。行政事业单位还应当建立严格的请购审批制度。请购审批制度适用于单位内部所有部门及岗位，不同的部门及岗位处于不同地位。

2. 采购预算控制

为了避免盲目采购，从总体上统筹使用资金，提高资金的使用效率，确保采购资金合理的需要，行政事业单位应当加强采购业务的预算管理。

采购预算管理是单位预算管理的一个分支，应与预算系统的其他系统相互协调。编制采购预算是指根据单位运营目标确定采购预算项目，建立预算标准，采用一定的编制方法和程序，将单位在未来一定时期内应达到的具体采购目标以数量和货币的形式表现出来。

在采购预算资金控制中，必须对采购预算资金实行限额审批制度。部门负责人只能在自己的权限内进行审批，限额以上的采购申请应按单位请购审批制度办理请购，严格控制无预算的资金支出。

对于预算内的采购项目，请购部门应严格按照预算执行进度办理请购手续。对于超预算和预算外采购项目，采购部及财务部对需求部门提出的申请进行审核，最终由单位负责人审批后才能给予办理。

（四）采购与验收控制

单位应当建立采购与验收环节的管理制度，对供应商选择、采购方式确定、验收程序及计量方法等作出明确规定，确保采购过程的透明化。

1. 供应商选择

单位应当建立供应商评价制度。

（1）供应商初步评价。

采购员在对供应商进行初步评审时，需确定采购的物资是否符合国家法律法规的要求和安全要求，对于有毒品、危险品，需要求供应商提供相关证明文件。

选择供应商标准可以设置如下：

①供应商应有合法的经营许可证，应有必要的资金能力。

②供应商按国家（国际）标准建立质量体系并已通过认证。

③有良好的售前、售后服务措施和服务意识。

④具有足够的生产能力，能满足本单位经营需要。

⑤同等价格择其优，同等质量择其廉，同价同质择其近。

（2）供应商现场评审。

供应商评价内容包括：

①采购部主要负责评价供应商的资质、经营状况、信用等级及服务等方面。

②财务部主要负责评价供应商要求的付款条件等。

③使用部门、质量管理部门主要负责评价供应商提供商品的质量。

④上述所有部门共同对采购的价格、交货时间进行评价。

（3）确定合格供应商名单。

2. 验收控制

单位应当根据规定的验收制度和经批准的订单、合同等采购文件，由独立的验收部门或指定专人对所购物品或劳务等的品种、规格、数量、质量和其他相关内容进行验收，出具检验报告、计量报告和验收证明。

对验收过程中发现的异常情况，负责验收的部门或人员应当立即向有关部门报告；有关部门应当查明原因，及时处理。

质量管理部门应当使用按顺序编号的验收报告，对那些没有对应采购申请的商品或劳务，一律不得签收。

【典型案例】

（一）招标简介

本项目为学校电脑采购项目，于200×年8月23日下达给政府采购中心，被列入政府采购范围。这次联合集中采购计算机为3 120台，涉及120所学校，分布在C市D新区的各个地方，计算机的配置要求高，尤其是120台教师机的配置要求是具有极高性能价格比的高档多媒体PC机。

（二）招标准备

由于本次招标计算机数量多，所以在确定招标方式上，既考虑120所学校需要计算机的时间上的急迫性，又考虑到采购程序的严密性、招标的最大范围的公开性，最终把招标方式确定为公开招标。8月24日以公开招标的方式在D新区政府采购网站发布招标公告，8月25日在《××日报》上发布招标公告。招标文件编制的具体做法是将计算机分为A、B和C三个包，A包为2 000台学生机，B包为1 000台学生机，C包为120台教师机。这样分主要考虑到两个因素，其一是要求制造供应商供货时间短，3 000台计算机可能由两家供应商提供，缩短制造周期；其二是教师机要求配置高，性能稳定可靠，兼顾到中高档国内外品牌的投标、中标机会。

200×年8月27日开始出售标书，共有15家公司购买了招标文件。

（三）招标过程

200×年9月6日在D新区政府采购中心开标，特别邀请D新区公证处两位公证员为开标公证，邀请D新区政府采购监督小组两位监督员作为监标人，评标专家由上海市政府采购中心提供，在评标当天通知D新区采购中心，保证了评标专家的保密性和公正性。

9月7日评标，邀请C市资深专家四位和一位使用单位人员组成评标小组，评标小组决定3000台学生电脑项目授予L公司，120台教师电脑项目授予T公司。

（四）履行合同

200×年9月10日与L公司签订合同，L公司授权，具体工作由B公司实施。

200×年9月14日与T公司签订合同，T公司授权，具体工作由Q公司实施。

随后采购中心与使用单位、中标单位、被授权单位召开了协调会议，达成“工作安排备忘录”。

200×年9月17日至21日Q公司进行用户情况调查，他们组织人员对120所学校逐一进行实地调查：邀请学校老师参加培训，调查学校计算机机房情况、电源情况等。中标的机器虽然不多，仅仅120台，但这120台电脑必须送到遍布D新区各个角落的120个小学，搬运到指定楼层的电脑教室，并安装调试。合同签订后，即开始按单生产（生产周期在十天左右）。由于10月1日到7日为国庆长假期，紧接下来的APEC会议又有一周长假期，D新区很多路段封路，为了按时履约，要求T公司按紧急情况处理。在这批电脑到达C市的第二天开始，Q公司每天用五辆车，每车随行三人，以不同路线送到每个学校，三天内把120台电脑送到位。在电脑全部送到位后，Q公司派出六名工程师，用5天时间，到每一个学校进行安装调试，为学校安装必备软件，并请校方亲临验收与盖章确认。校方验收的满意率达到100%，其中非常满意的用户达到80%。在开机的过程中，Q为每一个学校留下了名片，记录下了学校总务老师和电脑老师的联系电话，以便今后的服务和联系。

由于本次招标提供的教师机的配置很高，部分学校在使用中遇到了不少问题，Q公司都一一上门解决，个别学校在教师机内安装了视频卡，引起资源冲突，Q公司也上门帮助解决问题。从严格意义上来说，这些都不是机器本身的问题，并不在他们服务范围内，但为了新区的教学活动正常开展，为了创出公司的信誉，Q公司还是把这一切都当自身的工作给予解决，得到了很多学校的好评。

200×年9月18日至25日B公司组织老师培训，组织安排120所小学的计算机老师进行电脑（学生机）的培训（电脑基本知识、使用及维护），共有86所学校参加。在学校具备安装条件的情况下，截至到10月13日总共完成98所学校的安装调试。因部分学校的客观因素，其余的22所学校无法及时完成验收。

为保证该项目的顺利实施他们做好了大量的工作。采购招标做到了事前准备、调查，事中协调、联系用户等，全心全意地为使用单位服务，最大范围内满足学校提出的要求。但由于部分学校的客观原因，也导致部分工作的重复，浪费人力、物力及时间，增加了成本。

【解析】

定标与签订合同之后，采购中心的工作并未完成，监督履约和项目的验收及付款等是政府采购工作的重要环节。项目的执行责任人必须保持与供应商、买方、出资方保持经常的联系，了解履约中出现的问题，及时进行协调，这方面的工作今后有待加强。

本次招标项目节约资金364.8万元，节约率达21.9%。效果比较明显。使用单位在提供教师机配置时，强调了计算机的主权要求，供应商在供货时间有限的情况下，针对用户提出的配置进行了性能匹配测试，结果是主板与CPU、硬盘不匹配，最后经技监部门确认，使用了同档次的、供应商成熟的机型。因此，使用单位要考虑计算机配置的合理性，避免浪费时间和资源。

对于公开招标的项目，其中要做到公正、公平的一个重要环节是评标小组的组成，使用单位往往作为评标小组的组成人员之一，在评标时，专家评委有时首先倾听他们的意见，使用单位有可能提出一些片面的带有某些导向性的意见，如何避免类似的问题有待思考。

为了确保大批量计算机的供货质量，该项目在签订供货合同的时候，特定增加了一条，就是在计算机送到学校后，抽查一定数量机器到技监部门作性能和防辐射检测，合格后使用。供应商在制造计算机时，势必加强对产品质量的控制，使用户对政府采购放心满意。

四、资产控制

（一）货币资金内部控制的原则

1. 岗位分工和职务分离

将涉及货币资金内部控制的不相容职务分别由不同人员担任。

2. 严格收支分开及收款入账

将现金收支业务和现金收入业务分开处理，防止将现金收入直接用于现金支出，不得随意坐支。

3. 实行支出款项的严格授权批准程序

严禁擅自挪用、出借以及其他不按规定支出货币资金。

4. 实施内部稽核

通过稽核及时发现和纠正货币资金管理中存在的问题，以改进货币资金的管理。

5. 实行定期轮岗制度

实行定期岗位轮岗制度，防止或减少发生人为的舞弊行为。

（二）货币资金内部控制的目标

1. 确保现金及银行存款收付的合法、合理和正确

严格执行国家有关货币资金管理的重要法规。

按照国家有关货币资金管理和内部控制的有关法规，认真审核现金及银行存款的收入来源和支出的用途，确保现金及银行存款收付的合法、合理；有效地组织现金及银行存款的收支，正确计算和准确收付现金及银行存款的金额，避免错收或误付及违法乱纪的发生；监督并且揭露坐支、私分、私存和非法占用等违法违纪行为。

2. 确保现金及银行存款收付的适当和及时

合理安排现金和银行存款收支结算的时间，及时办理收付结算；适当选择现金收支的方式和银行结算方式，按各种不同银行结算方式的使用范围、使用条件及结算程序合理安排款项结算；避免提前或逾期付款，避免逾期托收、误期拒付，避免银行结算方式的不当使用；加快资金回笼，提高资金使用效率。

3. 确保现金和银行存款的安全与完整

4. 确保现金和银行存款记录的真实可靠

（三）货币资金的内部控制的方法

1. 不相容职务分离控制

单位应当建立货币资金业务的岗位责任制，明确相关部门和岗位的职责权限，确保办理货币资金的不相容岗位相互分离、相互制约和监督。

单位不得由一人办理货币资金业务全过程。

不相容岗位分离的基本要求是实行钱账分管，使负责货币资金收付业务的岗位和人员与记录货币资金收付业务的岗位和人员相分离。出纳人员不得兼任稽核、会计档案保管和收入、支出、费用、债权债务账目的登记工作。

具体要点如下：

（1）货币资金收付及保管只能由经过授权的出纳人员负责办理。

（2）现金总账不得由出纳人员登记，必须由其他会计人员登记。

（3）负责应收款项账目的人员不能同时负责现金收入及支出账目的工作。

（4）保管支票簿的人员不能同时负责现金支出账目和银行存款账目的调节。

（5）负责银行存款账目调节的人员与负责银行存款账目、现金账目、应收款项账目及应付款项账目的人员应当相互分离。

（6）货币资金支出的审批人员与出纳人员、支票保管人员和银行存款账目、现金账目的记录人员应当相互分离。

（7）支票保管职务与支票印章保管职务应当相互分离。

2. 授权批准控制

审批人应当根据货币资金授权批准制度的规定，在授权范围内进行审批，不得超越审批权限。经办人应当在职责范围内，按照审批人的批准意见办理货币资金业务。对于审批人员超越授权范围审批的货币资金业务，经办人有权拒绝办理，并及时向审批人的上级授权部门报告。

办理货币资金业务，至少必须经过下列程序：

（1）支付申请

单位有关部门或个人用款时，应当向审批人提交货币资金支付申请，注明款项的用途、金额、预算、支付方式等内容，并附有效合同或相关证明。

（2）支付审批

审批人根据其职责、权限和相应程序对支付申请进行审批。对重要货币资金支付业务，应当实行集体决策和审批，并建立责任追究制度。对不符合规定的货币资金支付申请，审批人应当拒绝批准。

（3）支付复核

复核人应当对批准后的货币资金支付申请进行复核，复核货币资金支付申请的批准范围、权限、程序是否正确，手续及相关单证是否齐备，金额计算是否正确等。

（4）办理支付

出纳人员应当根据复核无误的支付申请，按规定办理货币资金支付手续，及时登记现金和银行存款日记账。

3. 会计系统控制

（1）原始凭证审核。审核发票、收据等原始凭证是否符合国家票证管理要求，有无监制章、单位财务专用章或发票专用章；数量、单价、金额是否正确；大小写金额是否相符；经办人、验收人、批准人手续是否齐全。

（2）记账凭证审核。审核记账凭证金额是否正确，与原始凭证金额是否相符；会计科目使用是否正确，填制内容是否完整，签章是否齐全。

（3）会计账簿审核。现金日记账是否每日记账并结出余额，与总账余额是否相符；账实是否相符，现金库存数是否超出库存限额。银行存款日记账与总账余额是否相符；银行存款日记账是否定期与银行对账单核对相符；银行存款调节表是否由专人复核。

【典型案例】

司某是某医院收费挂号处负责人。利用管理上的漏洞，司某少上交医药费94.8万余元。最终这位三十多岁的收费挂号处负责人把自己送上了被告席，被中级人民法院一审判处无期徒刑，饮下自酿的苦酒。据司某供述，有一次她故意将缴款凭证上的金额少写了300元，财务人员在收款时仅核对了缴款单与现金的数字，而没有复核收费存根联与现金是否相符，便盖上了收款专用章。这样，300元就轻而易举到手了。这是第一次，没想到事后没人察觉，于是她一发不可收拾，贪污的次数越来越多，贪污的数额也越来越大。后来，她索性在地摊上私刻了“医院财务室现金收款专用章”，专门用于自己填写的缴款单上。最后发展到将整本收费本和缴款凭证上，都盖上私刻的公章，侵吞大额公款。至案发时，司某在360余本收据上做了手脚。

【解析】

收款员在收款时，应仔细核对开盘员开给顾客的营业收据与交来现金是否一致。各种收据应按顺序编号，每天营业结束后，记账员应清点开票员当天开出的所有收据并根据合计数登记现金日记账。如记账员发现有缺号收据的问题，应向财务经理报告，并着手进行调查。该医院对收费工作规定了“日清月结”的制度，然而这个制度却“形同虚设”。医院财务制度中规定，收费员将所收款项交给财务人员时，财务人员应将收费存根全部复核一遍，然后核对缴款凭证上的钱款数，最后点验上交的现金，全部一致无误后在缴款凭证上加盖收款专用章和财务人员私章。遗憾的是，有的财务人员并未严格执行。司某正是利用了管理环节上的漏洞实施犯罪的。反映到内部控制上，就是职务分离制度没有贯彻。缴款凭证是收费员自行编制的，现金也是收费员收取并上交的。

（四）实物资产和无形资产管理

单位应当加强对实物资产和无形资产的管理，明确相关部门和岗位的职责权限，强化对配置、使用和处置等关键环节的管控。实物资产和无形资产管理是行政事业单位的重要资产类型。内控制度规定了具体的管理方法：

一是归口管理方法。归口管理是内部控制方法的一种。对于实物资产和无形资产同样适用。明确资产使用和保管责任人，落实资产使用人在资产管理中的责任。贵重资产、危险资产、有保密等特殊要求的资产，应当指定专人保管、专人使用，并规定严格的接触限制条件和审批程序。

二是完善管理程序、明确管理权限。明确资产的调剂、租借、对外投资、处置的程序、审批权限和责任。

三是资产实物管理。单位应当定期清查盘点资产，确保账实相符。财会、资产管理、资产使用等部门或岗位应当定期对账，发现不符的，应当及时查明原因，并按照相关规定处理。

四是资产信息管理系统。做好资产的统计、报告、分析工作，实现对资产的动态管理。

（五）对外投资管理

单位应当根据国家有关规定加强对对外投资的管理。行政事业单位对外投资，是指行政事业单位利用货币资金、实物资产和无形资产向其他单位的投资。条文中提出了下列管理要求：

一是单位对外投资，应当由单位领导班子集体研究决定，同时，合理设置岗位，明确相关岗位的职责权限。程序的合规性和对外投资控制的重要内容。在对外投资过程中，应按规定程序报批，确保对外投资的可行性研究与评估、对外投资决策与执行合理合法；应以不影响本单位专业活动为前提；以实物资产、无形资产对外投资的，应按规定进行资产评估；另外，对外投资处置的审批与执行等不相容岗位相互分离。

二是加强对投资项目的追踪管理。从审计的经验来看，特别关注对外投资项目未经有关部门审批，部分事业单位对外投资项目经营管理不善出现亏损，投资无收益的问题。

三是建立责任追究制度。如果发现行政事业单位对外投资项目中存在隐匿投资收益、投资收益体外循环、设立小金库等舞弊现象，或者对在对外投资中出现重大决策失误、未履行集体决策程序和不按规定执行对外投资业务的部门及人员，应当追究相应的责任。

五、建设项目控制

单位应当建立健全建设项目内部管理制度。单位应当合理设置岗位，明确内部相关部门和岗位的职责权限，确保项目建议和可行性研究与项目决策、概预算编制与审核、项目实施与价款支付、竣工决算与竣工审计等不相容岗位相互分离。

（一）决策

在建设项目决策中，需要进一步明确和规范单位领导层、各业务部门的角色和职责，由本单位负责建设项目的部门提出需求，并制定了建设议事制度、建设项目票决制度，召开建设项目的决策，明确会议建设项目的议事范围、程序和决策办法。编制项目建议书。建设单位根据企业资本支出计划提出工程项目建设计划，并指定项目管理部门或委托具有相应资质的单位编制项目建议书，项目建议书经项目管理部门审核后，提交决策部门审批；编制可行性研究报告。根据已通过审批的项目建议书，建设单位自行或委托具有相应资质的设计单位编制可行性研究报告，报告内容主要包括市场可行性分析、技术可行性分析和财务可行性分析。为了防止工程项目投资失控，在可行性研究阶段必须深入调研，对可行性方案的审批应慎重，要进行多方面的论证，并建立决策责任制。

另外，在决策过程中，需要从制度建设入手，将单位所有工作人员的意见和建议充分融入到其中，推行建设项目的决策公开，加强单位全体工作人员对建设项目决策的监督，这样才能建立科学的建设项目决策机制。一句话，建立建设项目的集体决策制度是建设项目内部控制度的关键。

（二）审核

单位应当建立与建设项目相关的审核机制。项目建议书、可行性研究报告、概预算、竣工决算报告等应当由单位内部的规划、技术、财会、法律等相关工作人员或者根据国家有关规定委托具有相应资质的中介机构进行审核，出具评审意见。

建设项目只重视施工建设，忽视项目建成后的控制措施。大部分项目未开展建设项目建成后的绩效评估等等，这些问题的产生都源于建设项目控制制度的缺失。

建设项目的审核是非常重要的环节。《内部控制规范》规定了多种方法来提高该工作的有效性。以往那种通过内部人员直接审核的方法容易出现风险，因此，内部控制规范要求采用采购服务的方式，委托社会中介机构来审核建设项目。

同时，为了克服中介机构与建设企业之间的利益关系，还应该引入专家审核的方式辅助审核，专家可以选取财政管理专家和行业专家来同时对单位建设项目的项目建议书、可行性研究报告、概预算、竣工决算报告进行评估。

（三）建设项目招标

单位应当依据国家有关规定组织建设项目招标工作，并接受有关部门的监督。单位应当采取签订保密协议、限制接触等必要措施，确保标底编制、评标等工作在严格保密的情况下进行。

完善的建设项目招投标管理制度可以确保建设项目招投标过程的公开、公平和公正。《内部控制规范》要求建立健全建设项目招投标管理机构，并接受监督。在确定招投标环节中，应该借鉴各个行业招投标经验。相关组织机构统一本单位的基本建设、技术改造等建设项目设计、施工、监理和设备采购的招标工作。

在标底编制过程中，要按照公正合理的原则，符合国家和各行业领域的建设项目造价定额标准等，综合考虑投资、工期与质量三者的关系。在具体程序上，应该首先编报本单位建设项目招投标年度计划，审查批准建设项目的招标方案、评标办法和评标人员，监督检查本单位建设项目的招投标实施情况。

（四）过程管理

单位应当按照审批单位下达的投资计划和预算对建设项目资金实行专款专用，严禁截留、挪用和超批复内容使用资金。财会部门应当加强与建设项目承建单位的沟通，准确掌握建设进度，加强价款支付审核，按照规定办理价款结算。实行国库集中支付的建设项目，单位应当按照财政国库管理制度相关规定支付资金。

在建设过程管理中，涉及施工管理、工程承包管理、工程款管理等环节。

一是施工管理。单位应该和施工单位协调，优化施工方案，对建设项目中涉及人力、材料、机械和工期的，要保证施工协调、有序和高效。同时，注重施工现场管理，增加监督力度，杜绝发生工程质量和材料问题。

二是建设项目的承包管理。在建设项目中，施工单位违规转包、分包成为建设项目控制的重要环节，因此，应该在订立建设项目合同时明确规定并注明违约责任，防止施工单位私自转包分包。

三是工程款管理。单位应该对工程款进行控制，由施工单位提交申请支付工程款单，监理单位根据工程进度状况初步核算工程量，最后单位进行审核，从而进一步估算建设项目造价。

（五）其他事项

建设项目中还有其他一些事项，包括档案保管、投资概算调整、竣工决算等内容。

1. 档案管理

单位应当加强对建设项目档案的管理。做好相关文件、材料的收集、整理、归档和保管工作。

2. 投资概算调整

经批准的投资概算是工程投资的最高限额，如有调整，应当按照国家有关规定报经批准。单位建设项目工程洽商和设计变更应当按照有关规定履行相应的审批程序。

3. 竣工决算

建设项目竣工后，单位应当按照规定的时限及时办理竣工决算，组织竣工决算审计，并根据批复的竣工决算和有关规定办理建设项目档案和资产移交等工作。建设项目已实际投入使用但超时限未办理竣工决算的，单位应当根据对建设项目的实际投资暂估入账，转作相关资产管理。

六、合同控制

（一）合同控制的基本要求

单位应当建立健全合同内部管理制度。单位应当合理设置岗位，明确合同的授权审批和签署权限，妥善保管和使用合同专用章，严禁未经授权擅自以单位名义对外签订合同，严禁违规签订担保、投资和借贷合同。单位应当对合同实施归口管理，建立财会部门与合同归口管理部门的沟通协调机制，实现合同管理与预算管理、收支管理相结合。

（二）合同订立管理

单位应当加强对合同订立的管理，明确合同订立的范围和条件。对于影响重大、涉及较高专业技术或法律关系复杂的合同，应当组织法律、技术、财会等工作人员参与谈判，必要时可聘请外部专家参与相关工作。谈判过程中的重要事项和参与谈判人员的主要意见，应当予以记录并妥善保管。

《内部控制规范》只是对合同订立的一般原则进行了规定，在合同订立过程中，应该注重以下环节的控制：

行政事业单位作为采购方，对合同主要条款进行审查或者委托中介机构来审查，以便于采购部门执行，包括：供货的地点、时间、数量和质量，约定的价格。付款周期和付款程序、结算方式，售后质量问题的处理，损失索赔及质量违约金的约定。授权部门或授权人的审核的签字盖章。合同的存档管理，在单位应该设置专人负责合同管理，尽可能保存合同原件。

（三）合同履行情况监控

单位应当对合同履行情况实施有效监控。合同履行过程中，因对方或单位自身原因导致可能无法按时履行的，应当及时采取应对措施。单位应当建立合同履行监督审查制度。对合同履行中签订补充合同，或变更、解除合同等应当按照国家有关规定进行审查。

财会部门应当根据合同履行情况办理价款结算和进行账务处理。未按照合同条款履约的，财会部门应当在付款之前向单位有关负责人报告。

（四）合同过程管理

合同归口管理部门应当加强对合同登记的管理，定期对合同进行统计、分类和归档，详细登记合同的订立、履行和变更情况，实行对合同的全过程管理。单位应当加强合同信息安全保密工作，未经批准，不得以任何形式泄露合同订立与履行过程中涉及的国家秘密、工作秘密或商业秘密。

《内部控制规范》要求在合同管理过程中，还应该对合同存续过程中进行实时管理：一方面，加强合同变更、转让的法律风险防范。合同双方权利义务的变更、转让必须双方协商一致签订补充合同方可有效。与单位经济活动相关的合同应当同时提交财会部门作为账务处理的依据。如果对方提出变更收款单位或变更付款期限等，必须由双方协商一致并签订补充条款作为原合同附件，由双方盖章确认后方可生效；另一方面，需要加强保密工作。由于行政事业单位的合同往往涉及国家秘密、工作秘密和商业秘密，因此，加强合同过程的保密管理成为内部控制的重点。

（五）合同纠纷管理

单位应当加强对合同纠纷的管理。合同发生纠纷的，单位应当在规定时效内与对方协商谈判。合同纠纷协商一致的，双方应当签订书面协议；合同纠纷经协商无法解决的，经办人员应向单位有关负责人报告，并根据合同约定选择仲裁或诉讼方式解决。

在单位控制处理合同纠纷带来的风险时，有协商和法律两种程序：

一是将合同双方协商作为根本解决办法。纠纷发生后，应及时与对方当事人友好协商，在既维护本单位合法权益，又不侵犯对方合法权益的基础上，达成协议，解决合同纠纷。

二是如果合同纠纷通过协商无法解决的，那么需要按照法律程序来解决。在本单位解决合同纠纷的程序上，应由专人负责合同管理，并由具体负责人制作合同纠纷表单，由本单位法务部门按照法律程序负责处理。

本章笔记

第八章 “小金库”的治理

【案例导入】

2011年12月13日，中央治理“小金库”工作领导小组第七次会议在北京召开。中央治理“小金库”工作领导小组组长、财政部部长谢旭人明确指出，“小金库”治理是一项复杂的系统工程和长期的工作任务。在下一步的工作中，要进一步落实中央的部署和要求，做好专项治理各项收尾工作，巩固治理成果，进一步落实好长效机制建设各项工作任务，着力推进治理工作制度化、规范化和常态化。

谢旭人说，今年“小金库”治理工作在巩固前两年治理成果基础上，建立健全源头治理的制度办法，进一步扩大了治理成效。截至11月底，今年新发现“小金库”8 202个，涉及金额28.46亿元，因设立“小金库”和使用“小金库”款项受到行政处罚2 426人，组织处理4 043人，党纪政纪处分3 058人，移送司法机关处理902人。

全国开展“小金库”专项治理工作，如今已经走过3个年头。三年来，治理工作取得了显著成效：截至2011年11月底，全国纳入治理范围的111.99万个单位共发现“小金库”60 722个、涉及金额315.86亿元，责任追究10 429人，建立和完善管理制度39.64万个。

【解析】

从上述案例我们看到，我国十分重视“小金库”问题，这次开展的“小金库”治理工作在一定程度上封堵了小团体利益输送的渠道，截断了一些腐败问题的资金来源，遏制了铺张浪费、奢靡腐败等行为，净化了社会风气。但我国目前的“小金库”形势依然不容乐观。“小金库”的规模大、范围广、隐蔽性强的特点不仅导致会计信息失真，扰乱市场经济秩序，造成国家财政收入和国有资产的流失，而且诱发和滋生一系列腐败现象，因而“小金库”治理是一项复杂的系统工程和长期的工作任务，我们必须正确认识“小金库”问题。本章我们主要从“小金库”的界定、“小金库”设立的原因以及“小金库”的设立方式和表现形式三个方面认识“小金库”。

第一节 “小金库”的界定

一、“小金库”的概念

什么是“小金库”？有人说就是“账外账”。“小金库”和“账外账”具有一定联系，但两者不完全等同。“账外账”是指违反《中华人民共和国会计法》和国家有关规定，在法定会计账册之外设立的账册。而“小金库”是指违反国家财经法规及其他有关规定，侵占、截留国家和单位收入，未列入本单位财务会计部门账内或未纳入预算管理、私存私放的各项资金。“账外账”与“小金库”从逻辑上讲具有属种关系，“账外账”是属概念，是包含了“小金库”的外延；“小金库”是种概念，属于“账外账”的一种表现形式。两者区别：

（一）涉及对象不同，“账外账”是指单位将“各项经济业务事项”（涉及包含资金在内的各项资产），私设会计账册进行核算，形成账外资产；而“小金库”强调将本应属于单位的资金转移到账外。

（二）“小金库”不是法律用语，处理处罚时，应引用“账外账”等法定用语。如某单位核销了另一单位的往来账，未进行账销案存管理，后该单位采取法律措施，收回了另一单位 4 辆汽车用于偿还上述已核销的债务，并办理了过户手续，但未入账。在本案例中，用于偿债的汽车属于实物资产，不具有资金性质，不应认定为“小金库”，而应属于账外资产。

（三）区分“小金库”与收入往来挂账等。在认定“小金库”时，还要注意在往来科目中列收列支，超范围、超标准发放奖金、津贴，公款旅游、请客、送礼等，只要是在符合规定的账簿内登记、核算，就不能认定为“小金库”，应按违反财政、财务、会计法律法规、规章制度进行处理、处罚。如某单位从其他单位收取资金占用费，一直在账内“其他应付款”科目核算，同时又在该科目中直接给职工发放奖金。该问题违反了《企业会计准则——收入》及工资总额管理的有关规定，但由于已经在单位规定的账簿内登记、核算，为此不应作为“小金库”来处理。

【参考资料】

1995 年，国务院办公厅批转财政部、审计署、中国人民银行《关于清理检查“小金库”意见的通知》：凡违反国家财经法规及其他有关规定，侵占、截留国家和单位收入，未列入本单位财务会计部门账内或未纳入预算管理，私存私放的各项资金，均属“小金库”。

2009 年，中共中央办公厅、国务院办公厅《关于深入开展“小金库”治理工作的意见》（中办发［2009］18 号）：违反法律法规及其他有关规定，应列入而未列入符合规定的单位账簿的各项资金（含有价证券）及其形成的资产，均纳入治理范围。

二、“小金库”的资金来源

“小金库”主要包括以下内容：各项生产经营收入。包括销售收入、营业收入、出租收入、出售残次品和边角废料收入、处理报废固定资产变价收入、逾期押金收入、销售不动产收入、发售股票申请表售表收入、股票发行费收入等。

各项服务和劳务收入。包括加工、维修、运输和代理业务收入、服务业收入、广告收入、出版发行收入、技术转让、技术咨询、技术服务、技术培训收入等。

各项价外费用。包括价外收取的基金、集资费、返还利润、补贴、违约金、手续费、包装费、储备费、优质费、运输装卸费、代收款项及其他形式的价外收费。

各种集资、摊派、赞助、捐赠等收入；股票、债券等投资收益；各种形式的回扣和佣金；各项行政事业性收费；各项罚没收入；各类协会、学会的会费收入等；其他应列入本单位或企业财务会计部门账内或应交存财政专户的收入、通过虚列支出、资金返还等方式将资金转到本单位或企业财务会计部门账外的款项。

三、“小金库”的认定标准

认定是否属于“小金库”，唯一的标准是资金和资产是否列入符合规定的单位账簿。许多违规行为的性质类似于“小金库”，如在往来科目中列收列支；超范围、超标准发放奖金津贴；公款旅游；请客送礼等，但只要在规定的会计账簿内进行了真实、完整的反映与核算，就不能认定为“小金库”，只能按违反财政、财务、会计法律法规进行处理。

“小金库”认定的具体标准包括以下三方面：

（一）在审计业务中，记账主体是否符合规定（主体正确）

是否列入正确的核算单位，各单位分别核算自身的业务事项。

（二）账簿形式是否符合规定（账簿合法）

是否列入符合规定的会计账簿，由各单位财务部门设立的会计账簿。

（三）核算内容是否符合规定（内容真实）

是否真实、完整地列入账簿，如实核算反映各项业务，查处被审计单位私设“小金库”的问题。

四、“小金库”的构成要素

“小金库”的构成要素包括四个部分，即主体、客体、主观方面和客观方面，这四个部分相互联系、相互影响、缺一不可。

（一）主体

“小金库”行为的主体是特殊主体，即单位和单位责任人员。单位主要是指机关、团体、企业、事业单位、公司。单位责任人员是指负有责任管理单位财务的主管人员和直接工作人员。

（二）客体

“小金库”行为按照所侵害的客体不同可以分为隐瞒侵占、截留国家收入构成的“小金库”和隐瞒单位收入构成的“小金库”两种类型。

1. 隐瞒侵占、截留国家收入构成的“小金库”行为所侵害的客体是国家财产的所有权；国家经济活动的正常秩序。

2. 隐瞒单位收入构成的“小金库”行为所侵害的客体是单位的财产在正常经济业务中的占有权、使用权和收益权；单位经济活动的正常秩序。

（三）主观方面

“小金库”行为在主观方面为单位思想和行为的故意体现。单位明知侵占、截留国家和单位收入，但采取单位集体研究决定或者单位的主要负责任人决定、直接工作人员实施形式，使用不正当的手段和方法设置“小金库”，其目的明确。所谓故意是单位领导人、领导集体、负有责任管理单位财务的直接工作人员，明知自己的行为将引发破坏经济秩序、危害社会的结果而希望或放任这种结果发生的心理态度。所谓集体决定是指经过根据法律法规和单位章程、制度，有权代表单位思想和行为的机构研究决定。所谓负责人决定是指经过根据法律法规和单位章程、制度，有权代表单位思想和行为的个人决定。所谓直接工作人员实施是指负有责任管理单位财务的直接工作人员在单位思想的授意下实施的财务行为。

（四）客观方面

“小金库”行为在客观方面表现为以弄虚作假等不正当手段将侵占、截留国家和单位收入，进行隐瞒、私存私放、资金归本单位所有或者小团体所有，在单位法定账簿以外另立账簿核算形成的客观事实。“小金库”行为的目的是为本单位或者小团体谋利益。

【典型案例】

2006年至2010年12月，山西煤监局机关服务中心下属宝石公司，将煤矿补偿款、抵押借款、经营煤站押金、铁矿承包费、煤炭服务费以及往来款，共计1.47571亿元，分别存放在该公司法定账册以外的其他账户，形成私设“小金库”问题。同时，宝石公司原总经理冯某利用职务之便，将该公司182.45万元（含利息13.45万元）“小金库”公款据为己有，其行为涉嫌贪污。目前，冯某已移交司法机关追究刑事责任。

【解析】

从上面案例可以看出，山西煤监局机关服务中心下属宝石公司与该公司总经理是“小金库”行为的主体，由于山西煤监局属于行政事业类单位，它的下属宝石公司设立“小金库”的行为主要侵害的客体是国家财产的所有权，影响国家经济活动的正常秩序。该“小金库”行为的主观方面是该单位故意采用非法手段建立“账外账”以牟取非法收入，设立“小金库”是企业的主动行为；该“小金库”行为在客观方面表现为将煤矿补偿款、抵押借款、经营煤站押金、铁矿承包费、煤炭服务费以及往来款分别存放在该公司法定账册以外的其他账户，为本单位团体谋利益的客观事实。

第二节　“小金库”设立的原因

在近几年的审计实践中我们发现，私设“小金库”或“账外账”资金的问题仍比较普遍，其手段、方法各异，技术性、隐蔽性越来越强。从审计的视角对其形态、成因进行剖析，“小金库”资金主要被用于谋求“小团体利益”，诸如滥发钱物、请客送礼、游山玩水、灰色消费等，甚至诱发用“小金库”资金赌博、买彩票，私分、私吞“小金库”问题等严重违法违纪问题。“小金库”问题，造成了国有资产（资金）的流失和分配的不公，污染了社会风气，是滋生腐败的“温床”。其之所以屡禁不止，主要原因有五个方面：

一、私欲作宠，引发了趋利行为

不少观点把“小金库”问题归咎于领导干部、财务等相关人员不懂财经法规。其实这并不是主要原因。经济社会发展到今天，除了像村级这样的基层组织，绝大多数领导干部、财务人员，他们了解甚至熟知财经法规。所谓“不懂财务”只是一个“幌子”而已。其根本原因是“小团体”利益、私欲在作怪。由于艰苦奋斗教育没有跟上和对世界观的改造不够，再加上改革开放中西方价值观念的渗透，使有些单位个别领导干部价值观发生了扭曲，把自身价值、对单位贡献的大小与“钱”的多少、“回报”的多少等同起来，相互攀比，心理失衡，总觉得自己“奉献的多，取得的少，吃了亏”，于是打起了设“小金库”的歪主意。更有一些人把“糟粕”当“时尚”，被社会上灯红酒绿所陶醉，以吃喝玩乐为追求，拿“小金库”的钱进宴席、下赌场、游山水、泡舞厅、养情妇，直至走向毁灭。

二、监管不严，制造了作弊空间

（一）单位内部监管不严

支出审批“一支笔”，会计出纳“一肩挑”，重大支出行为由一人经手，领导干部直接经手钱物，甚至审批人又是经办人等。内控制度不能做到相互牵制、相互制约。

【典型案例】

鸳鸯保单是指保险业务人员或保险机构在打印保单时，人为地将保单各联分开打印，保单的客户联、业务留存联、财务留存联等各联的内容不一致。“鸳鸯保单”对客户来说风险很大，一旦出险，保险公司可能会以没有如实履行告知义务为理由拒赔。

山西保监局近日公布消息，永安财险山西分公司忻州营销服务部因在车险业务中出现违规行为，涉案金额约270万元，其直接负责人被处以责令撤换的行政处罚。经山西保监局查实，2007年10月至2008年7月期间，永安财险山西分公司忻州营销服务部在车险业务中有919笔业务存在违规行为，涉嫌给予投保人的保单中投保险种、保险费金额与保单副本记载不一致，保费差额共270.44万元。

【解析】

从上面案例可以看出，保险公司内部监管不严，保险公司内部风险审查往往不与客户保单对照，使得“鸳鸯保单”不易被发现，永安保险公司选择出险概率小的车险做手脚，如果出险的话就临时录入系统进行理赔，不出险就将钱存入“小金库”留作他用。内部控制制度的不健全为永安财险设立“小金库”创造了条件，因而外部监督职能部门需要严加监管，纠正某些企业在内部控制上的缺陷。

（二）职能部门监管不严

1. 存在监督盲点

监管部门在监督上，主要是依据账目和经济资料进行监管，“触角”较少延伸向账外，使一些账外资产、收入没有及时纠正，最后演变为“小金库”；

2. 对大项开支的监管乏力

特别是在接待费、差旅费、小车费的管理上，由于缺乏硬性标准，一些单位便借机虚增支出；

3. 对重点财政政策落实情况的监督不及时

主要是在招投标、政府采购、收支两条线政策的监督上没有及时跟进，使一些单位在其中弄虚作假，待问题查出时木已成舟。同时，监察、财政、国资、审计等部门在监管中配合不够，也是一些“小金库”没有被及时发现的原因之一。

【典型案例】

家电下乡是国家一项支农、惠农的专项工程，然而在安徽省蒙城县却被一些人当成了“唐僧肉”，他们利用协助政府行使相关职能的职务之便，采取虚报冒领的手段骗取家电下乡补贴款。2011年4月，安徽省蒙城县检察院在服务民生工程过程中，发现有人利用国家政策骗取惠民补贴问题，立即开展了针对家电下乡领域的专项查处行动。

目前已立案查处涉嫌家电下乡补贴贪污案件10件涉案人员13人，涉案金额近300万元。在所查处的案件中，郭三超、刘阳、张艳三人涉嫌贪污案和胡德立涉嫌贪污案比较典型。郭三超从1998年起自己在蒙城县吕望街上开办了一家“吕望三超家电家具城”，刘阳案发前任青岛海信电器股份有限公司合肥经营分公司蒙城区域经理，张艳则系蒙城县东方汽车销售公司开票会计。

现初步查明，2010年9月，郭三超、刘阳、张艳三人为套取国家家电下乡补贴资金，合谋以合伙形式成立“蒙城县体育路张艳家电销售部”，并与该县财政局和庄周办事处财政所签订了《安徽省蒙城县网点代垫直补家电下乡补贴资金委托书》。此后，三人采取录入虚假农户信息的手段，自2010年12月至2011年2月期间，从庄周办事处财政所先后套取家电下乡补贴资金计53万余元，并予以私分。2009年2月，胡德立经营的马兴龙家电销售部与蒙城县商务局、财政局及庄周办事处财政所签订了有关委托书，至案发时止共从庄周办事处财政所领取家电下乡补贴资金计280万元，其中胡德立采取录入虚假农户信息的手段，先后骗取家电下乡补贴资金计52.5万元，并予以占有。

在蒙城县检察院所立家电下乡骗补案件中，涉案金额最小的也有16万元，最高的涉案金额达到53.55万元，这些案件涉案总金额近300万元。涉案人员为套取国家补贴，均是利用协助政府办理信息录入、补贴资金审核、补贴资金兑付的职务之便，合谋注册成立虚假电器销售部，或者利用自己已有的电器销售部，与蒙城县商务局、财政局、各办事处或乡镇财政所签订了《安徽省蒙城县网点代垫直补家电下乡补贴资金委托书》，采取录入虚假农户信息的手段，从而将补贴资金套出。在蒙城县所属的安徽省亳州市范围内，该市检察机关还查办了家电下乡惠民政策实施过程中的渎职犯罪案件6人，并牵连出家电经销环节的职务犯罪案件9人，有力保障了国家支农、惠民政策以及利民资金落到实处。

【解析】

从上述案例可以看出，国家的家电下乡政策在执行过程中，缺乏必要的监督机制，容易产生偏差，部分人员利用协助政府行使相关职能的职务之便，采取虚报冒领的手段骗取家电下乡补贴款，影响了政府政策效力的发挥，造成了国有资产的浪费。政策的执行过程需要有与之配套的监督机制，保障政策的实行。同时，各个监管部门要相互配合、有效衔接，避免出现执行漏洞，滋生“小金库”。目前，家电下乡过程中的“骗补”行为，已经引起了当地政府及其财政部门的高度重视，而在全国范围内有关销售网点的骗补行为也已引起国家有关部门的重视，并部署在各级商务、财政等部门展开检查，还为此修改完善了相关的补贴领取制度。

（三）发票管理不严

虚开代开、发票问题，以及假发票泛滥，为设“小金库”提供了方便。

（四）财政财务公开不够

财政部门没有对行政事业单位的预决算、收支情况进行公开，各部门经费收支情况的社会透明度不高；单位的财务公开数据不准、内容不全，甚至搞假公开，逃避群众监督。

【参考资料】

2011年3月，温家宝主持召开国务院常务会议。会议研究了中央部门因公出国（境）经费、公务用车购置及运行费、公务接待费“三公”经费预算有关问题。会议决定，在2009年和2010年大幅压缩的基础上，2011年继续压缩中央部门“三公”经费预算，2011年6月向全国人大常委会报告中央财政决算时，将中央本级“三公”经费支出情况纳入报告内容，并向社会公开，接受社会监督。会议要求，要加强制度建设，进一步完善“三公”经费管理制度和审核程序，建立健全厉行节约长效机制。继续细化预算编制，加强预算执行管理，严格控制预算调整。加强机构设置和编制管理，严格控制因公出国（境）团组数量和规模，加强和规范公务用车配备使用管理，严格执行公务接待有关规定，从根本上控制“三公”经费规模。随后北京市政府、上海市政府、广州市财政局、陕西省政府等也陆续公开了“三公经费”。

三、惩处不力，诱发了侥幸心理

惩处不力，降低了设“小金库”的责任风险成本，诱发了一些单位和人员的侥幸心理。重经济处罚，轻责任追究。从执纪执法实践来看，对“小金库”处理处罚时只将结余资金没收上缴财政，并给予一定额度的罚款，一般情况下很少涉及对涉案单位相关责任人的处分。在经济处罚中重罚“小金库”案发单位，轻罚或不罚涉案责任人员。重罚单位轻罚个人的做法，对私设“小金库”的单位负责人及直接经办人毫无震慑力。

【典型案例】

某单位用截留收入、虚列支出、自定项目收费等方式，套取资金160多万元，私设“小金库”，其中100多万元用于其他非正常支出。审计处理处罚时将结余资金60多万元没收上缴财政，其余已支出部分，作调账处理。单位相关责任人，官照当，钱照拿，甚至连处分都没有。这样的处理处罚，私设“小金库”问题何时才能休？

【解析】

从上述案例可以看出，目前我国对私设“小金库”的行为惩罚力度不够，对于相关的单位和责任人没有震慑力。“小金库”问题要想根本上得到解决必须建立有效的监督激励机制和惩罚机制，必须改变重罚单位轻罚个人的做法，在加大反腐败教育的同时强化对单位负责人和直接经办人的责任，使得相关单位和个人设立“小金库”行为的责任风险很高，从而在一定程度上遏制行为人设立“小金库”的动机。

四、地方和部门保护主义作祟

“小金库”久禁不绝，再生能力顽强，其深层次的原因是地方和部门保护主义作祟。由于“小金库”能化大公为小公，有些单位领导急功近利，从本单位小团体利益出发，将财经法规和纪律抛至脑后，把国家和单位的收入变通后设立“小金库”，以便于自己随意支取。每当有关部门前去查处“小金库”时，都有少数领导出面说情，并想方设法为其掩盖搪塞，使大事化小、小事化了。部分地方除一些私分、贪污“小金库”情节严重者受到法律惩处外，对比较严重甚至非常严重的问题往往重批评、轻处理，抑或雷声大雨点小，隔靴搔痒。

五、银行疏于管理

“小金库”之所以久禁不绝，也与银行监督管理观念淡薄密切相关。随着市场经济的发展，一些人认为《现金管理暂行条例》已经过时，因而放松了管理。加上一些金融机构为了在日趋激烈的竞争中拉客户、抢存款，尽量为单位提供方便，有章不循，违章不究，使一些单位大量使用现金，为开设“小金库”洞开方便之门。同时结算渠道不畅，结算秩序混乱，直接诱发一些党政机关、事业单位滋生“小金库”。

第三节 “小金库”的表现形式

“小金库”的分布范围很广，既有党政机关又有执法执纪机关；既有高校事业单位又有金融部门；既有国营企业又有乡镇企业。不论单位大小，人员多少，都在千方百计地寻找可乘之机设立“小金库”。

一、“小金库”的设立方式

根据“小金库”的资金来源，其具体类型主要有以下五种：

（一）截留主营业务收入，建立“小金库”

私设“小金库”往往是用非法手段牟取非法收入，而截留主营业务收入是企业类“小金库”的主要设立方式，主营业务收入是指企业经常性的、主要业务所产生的基本收入。在实际的账务核算中，一般以发票的记账联作为记账依据，某些企业采取不开发票或者采取“大头小尾”的方式开具发票，从而将未开发票收取的现金或者发票联与记账联的差额截留作为账外收入。

【典型案例】

某家具经营企业的销售客户主要是个人，收取的也多是现金，他们在开发票时就采取“大头小尾”的方式，给客户的一联发票开3 000元，企业记账的那联发票开300元，甚至更少，然后把两者之间的差额放进“小金库”。

某农资经营企业的销售客户主要是农民，农民在购买他们的产品时很少要发票，有时仅开收据。企业就把这些不开发票的主营业务收入直接放入“小金库”。最后，企业账面亏得一塌糊涂，“小金库”里却存放了大量现金。

【解析】

从上述案例可以看出，某家具经营企业与某农资经营企业的销售客户主要是个人，对个人消费者而言，要不要发票无所谓，发票往往仅作为一个保修的凭证。因而该企业利用客户对发票开具与否不敏感这一漏洞，对交易收入截留，形成“小金库”。我们知道服务业面向的消费群体一般是个人，虚开发票或者不开发票的现象比较普遍，因而加强消费者索要发票的意识以及加强外部监督是避免企业截留主营业务收入的有效途径。

（二）截留其他收入，建立“小金库”

截留其他收入主要有以下几种途径：截留各种劳务费、房屋租赁费、培训费、技术转让费、各种管理费、手续费、罚没收入；截留处理、报废固定资产的变价收入；截留各种押金收入；截留利用单位的仪器设备等固定资产私揽业务取得的收入；隐匿“回扣”、佣金、好处费等收入。

例如，某制造企业，在产品生产过程中形成不少边角残料，他们就把出售这些废品、废物、边角料收入，直接存放在“小金库”。某商业企业处理一辆货车，取得现金收入53 000元，他们没有按正规的“固定资产变价收入”处理方式，记到企业的账面上，而是存入了“小金库”。这两个案例都是企业通过隐匿非日常的零星收入——出售废品、废料、边角料收入、报废固定资产变价收入，作为“小金库”的资金来源。

（三）采取“多报少支”的方式，建立“小金库”

有些行政事业单位一方面采取虚假立项、制造假报表、假名册等办法，套取资金，另一方面利用资金缴拨关系，将资金上划和下拨到有关部门。在上级或下级单位报销费用。有的甚至利用村级财务管理混乱，个体私营企业无账可查之机，将资金拨给他们，然后抽走一部分。而企业一般将实际发生业务有关科目，如应付职工薪酬、应付职工福利费、采购成本等夸大，实际少支出，将超额部分转入“小金库”。

【典型案例】

某企业在发工资时，账面给职工发2 000元，职工实际到手的只有1 200元，中间部分就转入了“小金库”；同时，他们还采取“多报少支”方式，虚报夜餐补助费、招待费、加班费等，套取现金，转入“小金库”。

某生产企业在购买10万元原材料时，向货主支付了20万元，让货主返回10万元，转入“小金库”。这种现象比较常见。

【解析】

这两个案例显示的“小金库”的构建手法，主要是基于真实业务，在账面上夸大支出，从而套取现金，转入“小金库”。这种“多报少支”的方式减少了国家的税收收入，造成了国有资产（资金）的流失，影响政府职能的有效发挥。

（四）直接虚列支出名目，建立“小金库”

主要有以下途径：

一是采取造假手续等办法，扩大会议费、接待费、修车费、差旅费、维修费、商品购置费等开支范围，将资金放在修车厂、餐馆、商店等处，开支在这些地方报销或报销后将资金转出。

二是虚列固定资产购置支出。故意不建固定资产账，趁固定资产管理混乱之机，多次“处置”和“购置”、“维修”资产，实际并未进行，却将资金进了“小金库”。

三是虚列基本建设支出。在建房、装修等工程中，与承建单位串通，高额支付工程款，而承建单位又采取列支佣金、工程介绍费等办法将资金返还入建设单位“小金库”。

四是列支不相关单位支出。一些单位采取列支与本单位既无业务联系，也无管理关系的支出项目的办法，将资金付给其他单位，然后在这些单位报销费用。

【典型案例】

某销售企业效益不错，为了逃避税收，他们就“签订”了一个50万元的企业管理咨询合同，然后把这50万元转进咨询公司的账上，取得发票并“正规”入账。咨询公司扣除3万元税费后，把结余的47万元现金分次转回销售企业，销售企业都存入了“小金库”。尽管损失了3万元，但销售企业偷逃了12.5万元的企业所得税，以后用“小金库”的钱给高管发奖金，又逃避了个人所得税，老板觉得“划算”。

【解析】

我们可以很清楚地看到，该企业通过利用服务、咨询费用或者关联交易的可操作性，对业务造假，直接虚列了支出，使资金“顺利”的流入了“小金库”。这种直接虚列支出名目建立“小金库”的方式相对于其他方式危害更为严重，需要审计部门等加强监管。

（五）篡改往来账，建立“小金库”

将往来账作为“小金库”的“跳板”和“掩体”，一是将实际发生的收入挂在往来账上；二是将实际转入“小金库”的资金，长期挂往来账，最后以各种理由核销或不了了之；三是以往来账的名义将资金贷出，从中赚取利息进入“小金库”；四是对长期挂账的往来款项，实际收回后不入账。

比如，某制造企业有一定的规模，在当地也有一定的影响，一方面要维护“形象”，一方面还要请客送礼打回扣。该制造企业就把100万元的资金转到另一家“兄弟企业”，在账面作挂账处理。这100万元一挂就是3年。根据国家有关法律规定，往来账款超过一定的年限不清理，就可以作为坏账处理。该制造企业正是利用这项规定的不完善之处，使这100万元超过规定的年限，形成坏账并处理掉。其实是“账销案存”，制造企业私下已与“兄弟企业”谈妥了条件，给他们一定的优惠，将制造企业的一些不合理支出直接在“兄弟企业”支出，从而形成了变形的“小金库”。

二、“小金库”的具体类型

根据“小金库”的资金流向或者服务对象，其具体类型主要有以下两种：

（一）为领导建立的“小金库”

这类“小金库”主要是为满足领导的“额外”工作需求，由领导自由支配，用于领导经手的用途不便公开或应由个人支付的费用，很容易滋生腐败。例如，某企业预算制度规定，一把手的年招待费为10万元。实际上这个数字远远不能满足一把手的“工作需求”。他们就通过虚报费用、截留收入等方式，给一把手建了个专用“小金库”。

（二）为职能部门建立的“小金库”

这类“小金库”主要是为满足职能部门内部小团体谋利益的需求，由于团体内所有人员都受益，行为人设立的动机更强，隐蔽性也更强。其中危害最为严重的是财务部门设立“小金库”，财务人员利用职务之便，将企业闲置资金采用拆借、炒股、买彩票等方式，从而将非法利用资金获得的收入转入“小金库”。

【典型案例】

某企业在外地设立了一个销售部门，因为企业设定的奖金有限，为了激励员工的积极性，销售经理就动了私设“小金库”的念头，企业总部已经设立“小金库”，我部门当然也可以设立一个。这个企业的产品在外地主要是通过批发和零售两个渠道销售的，批发价300元，零售价380元，销售经理就基本“取消”了零售，给企业总部按批发价结账，把零售产品多出的80元现金，截留到部门的“小金库”。没有零售总会让人起疑心，为了掩饰，销售经理就把部分零售产品，按320元的批量价与总部结算，把差价转入“小金库”。

【解析】

这个案例是利用差价截留公司总部的收入构建的“小金库”，为的是避开公司总部的奖金限制，用“小金库”的资金激励部门人员，为职能部门建立“小金库”。这类“小金库”较为普遍，产生原因主要是因为企业的内部控制制度不健全，需要通过明确规定处理各种经济业务的职责分工和程序方法以及定期财产清查盘点等，健全和强化合理的内部控制制度。对于外部监督而言，审查监管难度更大，需要企业内部审计配合监督。

据审计署披露，从1998年到2006年上半年，共8年半，全国审计机关共查出“小金库”（含挤占挪用）金额1 406亿元。分不同的年度，1998年111亿元，1999年65亿元，2000年133亿元，2001年83亿元，2002年134亿元，2003年244亿元，2004年194亿元，2005年312亿元，2006年上半年130亿元。“小金库”的存在，不仅导致会计信息失真，扰乱市场经济秩序，造成国家财政收入和国有资产的流失，而且诱发和滋生一系列腐败现象，严重败坏党风政风和社会风气，妨碍经济健康发展、影响社会和谐稳定、危害了党和国家各项事业发展。目前全国范围内的“小金库”呈多发高发态势，而且危害越来越严重，本章从“小金库”的危害以及“小金库”的审查方法两个方面认识“小金库”，从而为更好的杜绝“小金库”提供借鉴。

第四节　“小金库”的危害

“小金库”问题的长期存在、蔓延，且不断地向隐蔽化、模糊化、复杂化方向发展，其危害也在不断加大。“小金库”虽“小”，但其危害性却不小。具体来说，“小金库”具有以下危害性：

一、“小金库”的存在诱发了腐败，破坏了党和政府的公信度

“小金库”的存在，已成为铺张浪费、奢靡享受、违法乱纪的重要资金来源，诱发和滋生了一系列的腐败现象，严重败坏党风政风和社会风气，妨碍经济社会健康发展，影响社会和谐稳定，危害党和国家的建设事业。

二、“小金库”的存在扰乱了经济秩序，削弱了政府宏观调控能力

“小金库”的存在，致使大量本应在规定会计账簿核算的资金游离于单位账外，不仅导致会计信息失真，此外，一些单位利用资产出租、处置收入设立“小金库”，还导致了国有资产收益减少，甚至是国有资产的流失。因此，“小金库”的存在，在一定程度上，扰乱市场经济秩序，影响了政府对资源的合理配置，削弱了政府的宏观调控能力，也影响了经济平稳较快发展。

【典型案例】

某零售企业为了逃避税收设置了“小金库”——应该说是个“大金库”，他们把零售的现金大都存入这个“大金库”，其余额几乎占企业总收入的80%。企业的工资、职工福利都从这个“大金库”发放，偷逃了几百万元的税款。但最终东窗事发，被稽查人员发现，“大金库”的现金全部收缴，并对企业处以罚款。领导层也因私设“小金库”而锒铛入狱。

【解析】

“小金库”的存在使得该零售企业可以将大量本应在规定会计账簿核算的资金游离于账外，偷逃了大量税款，减少了国家的财政收入，从而减少了政府用于宏观调控的资金，影响了政府对资源的合理配置，削弱了政府的宏观调控能力，干扰市场经济的正常运行。作为市场主体的企业以及代表国家行使职能的行政事业单位，只有规范资金运作，才能保证整个国家经济的持续稳定发展，而整个国家经济的持续稳定发展反过来又促进每个经济主体的有效运行。

三、“小金库”的存在破坏了社会和谐，影响了收入分配的公正性

一些单位和部门用“小金库”资金违规发放津贴补贴、奖金、福利，导致了一些部门“补贴比工资高”、“灰色收入甚至黑色收入比正常收入高”的不合理现象。长此以往，将使目前本已十分严重的贫富分化问题更加恶化，影响了社会的和谐稳定。

四、“小金库”的存在腐蚀了领导干部

由于“小金库”是依据少数领导干部出于某种不光明的目的设立的，管理权和支配权都掌握在他们手中，且普遍存在公款私存、随意进出、收支混乱、无账等现象。一些人就拿着手中掌控的“小金库”挥霍、挪用、私分、侵占甚至贪污。“小金库”的存在，严重地腐蚀了领导干部。

五、“小金库”的存在损害了干群关系

对于一个组织而言，干群关系至关重要。良好的干群关系有利于各项工作的开展，而干群关系紧张会严重阻碍各项工作的进行，不利于组织目标的实现。少数党员干部凭借“小金库”请客送礼、侵占私分、贪污挪用，在群众中造成恶劣的影响，容易造成群众对领导干部发出种种猜测、议论和不信任，这既损害领导形象，也严重损害了干群关系。

【典型案例】

某工程公司的市场经营部和设计部是公司最重要的两个部门，为了稳定这两个部门的人才，老板决定在考勤、绩效考核以及激励制度方面给予他们特殊待遇，也就是多发奖金，市场经营部有不定期奖金，设计部有季度奖金和团队奖金。但奖金从哪里发？公司只好私设了一个“小金库”。虽是私设，但没有多久就已成公司公开的秘密。其他部门尽管认同这两个部门的特殊贡献，但是一个公司也并不是这两个部门就可以运转起来的，这就引起了工程部等其他部门人员的不满。其他部门有了情绪，市场经营部和设计部在与他们协调工作时，往往遇到不太配合的情况，致使一些项目指标不能按时完成，追究责任时各个部门又相互推诿。公司因私设了一个“小金库”导致分配不公，陷入了失控状态。因私设“小金库”导致分配不公、企业经营层人员集体“跳槽”。

【解析】

从上面案例可以看出，该公司的“小金库”是为了在考勤、绩效考核以及激励制度方面给予市场经营部和设计部人员以特殊待遇，初衷是为了提高公司的经营效率，但却因为不公正的分配严重影响了公司各部门之间的协作，损害了领导形象，影响了干群关系，弊大于利。该公司不但违反了国家的有关规定，影响了正常的经济秩序，而且不利于本公司的发展壮大。因而，只有认识“小金库”的危害，取缔“小金库”，才能实现公司的持续稳定发展。

六、“小金库”的存在影响国家的金融市场

如果在一个人口较多的大家庭里，每个人都在犄角旮旯里藏点现金，那么，这个家庭的财务管理就会出现问题，因为不知道家里究竟有多少现金！对一个国家更是如此。如果民间私藏的现金太多，国家就不清楚货币交易量究竟是多大，就可能影响国家的货币政策和金融政策，进而影响国家的金融市场。所以，为了控制私下的现金交易，国家出台了现金管理原则，规定了现金的使用范围。

第五节 “小金库”的审查方法

行政单位、事业单位以及各类企业的“小金库”屡禁不绝，与其隐藏过深、知情人局限于小范围群体等因素密切相关。结合审查实践，采用以下几种方法往往能够探寻到个别单位私设“小金库”的种种蛛丝马迹，审查“小金库”的各种方法都有不同的适用范围，既有优点，又有局限性，各个审查单位可以根据要审查的组织的具体特点灵活选择适合的方法，从而可以最大限度地提高效率。具体审查方法如表 8－1 所示：

表 8－1 小金库的审查方法比较

方法名称	原理介绍	优点	局限性
审计告示检举法	该方法利用“小金库”往往使部分人受益的特点，在审计之前，通过公告形式告知广大干部职工，欢迎反映情况。	该方法有利于确定审计工作重点，有的放矢，顺藤摸瓜，对发现“小金库”很有帮助。	该方法对于所有人受益的“小金库”，该方法往往得不到任何线索。
突击盘点检查法	审计人员在事先未告知被审计单位有关职能部门的情况下，对企业的库存现金、库存材料、库存产品（商品）等进行突击检查。	该方法得到的信息准确真实，有利于发现本质问题。	该方法的实施往往比较困难，容易受到被审查单位的阻挠。
年终总结破绽法	审计人员通过查阅企业年终总结报告，并与财务账面反映的产销情况、职工福利支出数进行比较，查看数额是否相符。	该方法比较简单，易于实施。	该方法的准确性与否与企业领导偏好以及企业年终总结报告的可信度相关。
经营业务现场观察估算法	审计人员通过实地巡察现场和生产经营流程，在掌握情况的基础上，再查阅账簿记录。	该方法容易发现企业的破绽，诸如是否少记收入，多记支出等问题。	该方法需要审查人员了解企业的有关生产流程或者经营状况，否则偏差较大。
异常现象分析判断法	企业的生产经营活动都有其一定的平衡性和规律性，如果被审计单位的材料采购和消耗、产品销售等出现异常，就有可能存在弄虚作假的行为。如各单位的材料采购价格相差较大、材料采购运输费用猛增、产品销售价格出现偏低、材料消耗突然过高等等，就有可能存在材料采购虚增采购价格并由对方返还价差、虚开运输费发票虚列运费支出、产品低价开票由对方返回价差、虚列材料消耗套取现金转入账外等问题。	该方法从异常的企业经营状况着手，发现企业问题，有针对性。	该方法需要审查人员有一定的审计经验和会计基础。

续表

方法名称	原理介绍	优点	局限性
投入产出核对分析法	审计员在掌握企业生产能力的基础上，根据生产部门的消耗与产出配比，以消耗推算出产量，再按企业产销比率推算出企业应实现的销售收入，将它与企业实际销售收入进行对比，若两者相差较大，就有可能存在隐匿收入的问题；审计人员还可以通过核对企业生产部门的生产统计日报、月报和年报中反映的产品产量与会计账表所核算的产品入库产量进行核对，若不相符，就有可能存在产品不入账，账外销售的问题。	该方法准确度高，能够全面反映企业各部门的经济联系。利用投入产出表及其数学模型，通过确定一些十分重要的经济参数，可以深入分析企业经济状况的各种重大比例和经济结构，这就为企业的生产过程进行系统的经济分析提供了非常有用的工具。	该方法需要有一定的投入产出知识，计算过程复杂。
业务配比分析法	一项业务的发生，必然与其相关的会计业务相互关联。如采购某种大宗材料必然相应地发生运输费用支出，若发现企业账面运输费用大额增加而无与运输费用相应的材料采购业务，就有可能存在虚开运输费发票、虚增材料采购成本，套取现金转入账外的问题。	该方法应用广泛，容易发现一些隐蔽的问题。	该方法需要审查人员了解相关企业的业务，该方法往往要和约谈法结合使用。
查阅核对营销业务记录法	企业销售业务一般在营销部门都有所记录，可以通过核对营销部门的业务记录，并与货运文件、相关销售发票、会计记录相比较。	该方法利用了各种经济业务之间的联系进行交叉稽核，易于操作。	该方法对于整个单位内部进行核对后多记或少记某项业务，以及虚假业务较难审查到。

续表

方法名称	原理介绍	优点	局限性
往来账款的对账核对和下审一级法	一是在对往来账进行账龄分析的基础上，通过发询证函和必要的外调进行往来账查证，把不符的往来账款作为进一步核实的重点；二是对以物易物、以货抵账业务进行重点检查，看其是否有办理物资入库手续并冲减往来账款，如存在不办理入库手续的，就有必要追查销售后的账务处理，是否存在账外设账问题；三是要特别关注被审计单位与关联企业和下属单位往来业务，并将其列入对账核对重点，下审一级，查深查透。	该方法对于利用往来账设立“小金库”的企业的审查效果好。	该方法应用领域比较局限，有的企业不适用该方法。
银行对账单核对法	审计人员结合企业的经济活动特点，对银行对账单与单位“银行存款”日记账之间进行存入笔数和金额的核对。	该方法容易发现企业隐瞒收入不入账的情况，尤其遇到银行对账单上一进一出金额相同的经济事项时，通过重点延伸检查，先查日记账是否登记，从而查清事实真相。	该方法只能对经过银行的资金进行对账、查账，对于直接将现金截留不入账的问题无法适用。
票据清查核对法	企业的发票和收据是单位经济活动的具体反映，也是单位所有收入的原始记录。审计人员可以通过企业发票和收款收据登记簿，清查所有外购、自制票据是否齐全，已使用票据的存根是否完整，所有的收入是否都已在会计记录中加以反映和及时入账，是否存在字迹模糊、复写不规范等“大头小尾”、“上下联不符”的迹象，收款事由是否真实、合理，从中发现疑点。	该方法有利于有效遏制企业利用发票设立“小金库”的情况，从原始记录彻底清查，准确性高。	该方法需要审查大量的原始凭证，工作量大。

续表

方法名称	原理介绍	优点	局限性
座谈攻心法	人一般都有侥幸心理和避重就轻心态，在审计发现疑点或群众提供线索的前提下，通过与有关人员座谈或个别询问，晓之以理，可以突破其心理防线，使其交代问题。	该方法实施简便，应用范围广。	被审查人员容易说假话，未必能达到审查效果，需要审查人员加以辨别。

长沙某单位“增收节支当先锋”活动重在抓落实，积极倡导节约办公，公费使用推行限额包干制成效显著。重点调整支出结构，对部门、维护处、区域的全年收支进行分类预算，细化到各预算单位。对公用经费实行限额包干，节余留用，超支不补；对财政负担的车辆经费，包干使用，超支不补；手机话费，按级别、业务量限额包干使用；办公电话，按单位人数、工作需要、工作量限额包干使用；水电费，定额包干；针对各维护处、区域经营部，做到尽量减少临时工雇用，规范临时工工资标准。以办公电话限额包干为例，施行该项制度前每月通信费支出超过 8 万元，施行该项制度后每月通信费支出控制在 3 万元以内，仅办公电话限额包干一项措施，每月可节约支出约 5 万元。一系列公用经费包干制度严格控制了日常公费的支出，为创建节约型办公树立了典范。

从上述案例可以看出，该单位加强了财务管理，推行“经费限额包干制”，这为我们探究“小金库”的治理方法提供了借鉴。在“小金库”的治理方面，我们应该加强财务管理，财务部门在编制预决算时，要加强对收入的审查，特别要加强对预算外收入的审查，必要时开展收入来源普查，看有无未纳入预决算的收入项目；对重大超支项目、特别是公务“三费”支出进行分析，看其是否合理。本章我们主要从“小金库”的治理思路、中央治理“小金库”专项行动两个方面认识“小金库”。

第六节　“小金库”的治理思路

一、企业领导树立全新的观念

领导人员必须积极面对新时期、新形势，特别是多种经济成分并存、共同发展的竞争形势，自觉转变经营管理观念，从传统思维方式中转变过来，不要再有小集体观念，要树立大企业概念，通过改善经营管理，降低成本费用，提高产品质量，促进购销旺势来推动企业发展；而不是通过小金库推动生产发展。另外，领导应加强《会计法》和有关财经知识的学习，提高对财务管理重要性的认识，提高遵守财经法纪的自觉性，同时应督促检查会计人员认真履行职责，严格会计核算和会计监督，按《会计法》的规定做好会计工作。在企业内部要营造遵纪守法光荣、违法乱纪可耻的社会环境，严格遵守国家法律法规，维护财经纪律。

二、加强财务人员职业道德建设

加强会计职业道德建设应从以下两个方面进行：

一是要从机制上、制度上加强建设，建立完整的会计职业道德体系；

二是要从会计人员个人的思想观念、职业道德和行为规范方面加强建设。每个从业人员，不论是从事哪种职业，在职业活动中都要遵守道德。作为财务人员，应当遵守的职业道德是坚持会计诚信原则。

三、建立和完善内部控制制度

在建立社会主义市场经济体制和深化会计制度改革的过程中，企业应从实际出发，与时俱进，继续建立健全和强化合理的内部控制制度。建立和完善内部控制制度要从以下五个方面进行：

一是明确规定处理各种经济业务的职责分工和程序方法；

二是明确资产记录与保管分工，规定管钱、管物、管账人员的相互制约关系，这样有利于保护资产的完全、完整；

三是明确规定保证会计凭证和会计记录的完整性和正确性要求；

四是明确规定定期财产清查盘点制度；

五是明确规定计算机财务管理系统操作权限和控制方法。

【典型案例】

2005年1月4日，东北高速公司在河松街支行对账时，河松街支行出具的该公司截至2004年12月31日电脑打印的银行对账单结果显示，公司两个账户应有的存款余额近3亿元只剩下7万多元，其余存款去向不明。此外，东北高速子公司——黑龙江东高投资开发有限公司存于该行的530万元资金也去向不明。与此同时，河松街支行行长高山也神秘“失踪”。东北高速随即向警方报案。警方后来调查发现，此案过亿元资金涉及东北高速在哈尔滨河松街支行的两个账户中共计存款余额2.9337亿元；东北高速子公司——黑龙江东高投资开发有限公司存于该行的530万元资金；黑龙江辰能哈工大高科技风险投资有限公司所存的3亿余元资金；黑龙江社保局1.8亿元资金；同时，东高投资存在大庆市中央银行的履约保证金2 427.98万元亦被悉数卷走。事后查明，该行行长高山以跳票飞单的形式，利用高息获得巨额存款，在休眠期串通世纪绿洲系企业的实际控制人李东哲通过地下钱庄将超过10亿元的资金汇往国外，并顺利出境。

【解析】

从上面案例可以看出，这次中行巨额资金被高山卷走主要利用了银行内部有一种叫“飞单”或“跳票”的融资手段。即用高息揽存的方法，把企业的大额资金套进指定银行，然后通过各种手段把固定期限的存款划转到另一家企业的账户上使用，到期限结算时再把本金连同利息“回笼”，从而完成一次交易。一般贷方只需将钱以“活期”形式存入指定银行，然后自己拿着高息承诺的存款凭据。贷方唯一的“代价”是要签一份书面文件，并加盖法人印鉴和本单位支票专用印鉴，承诺一年的“休眠期”之内不得支取这笔款项。按照知情人士说法，持有大量资金的企业高管人员将资金存入河松街支行，私下必然有利益交易。客户将存款户开到该支行后，将被许以好处。即一些银行吸引大量资金后会将一部分资金体外循环，派生高利给当事人回扣。从案例发生来看，银行内控至少在以下几方面存在问题：忽略预警征兆，内控环境存在问题；行长权力过大，内外人员合谋；违规业务存在，银行内控失效；信息未入网，信息系统存在漏洞。中行应该加强内部控制理念，完善内控环境，严格遵守执行相关法规，处罚违规行为，确保内控执行有效性。

【参考资料】

2012年11月29日财政部发布了《行政事业单位内部控制规范（试行）》（以下简称《规范》），欲从根本上治理和防范“小金库”。

财政部有关负责人指出，近年来，行政事业单位财务管理水平和经济活动的合规合法性总体上得到不断提升。但是，部分单位仍存在管理制度设计不完善，实际执行不到位，监督走过场等问题。具体表现为有些单位经济管理混乱，缺乏内部控制，造成资产损失浪费；有些单位利用虚假发票或掩盖不合规支出，或套取资金，设立“小金库”；更有甚者采用“白条抵库”、虚构业务等方式贪污挪用财政资金。此外，出借银行账户、违规处置国有资产、未经批准擅自对外签订经济合同等现象也时有发生。

财政部表示，有必要通过建立健全内部控制制度来堵塞漏洞、消除隐患，防范行政事业单位的重大经济活动风险。

《规范》要求单位领导班子对单位内部控制的建立健全和有效实施负责。内部控制的要素包括内部环境、风险评估、控制活动、信息与沟通以及内部监督，其目标主要是要合理保证单位经济活动合法合规、资产安全完整、财务信息真实准确，提高公共服务的效率和效果。要求单位经济活动的决策、执行和监督应当相互分离。单位应当建立健全集体研究、专家论证和技术咨询相结合的议事决策机制。大额资金使用、大宗设备采购、基本建设等重大经济事项的内部决策，应当由单位领导班子集体研究决定。建立健全内部控制关键岗位责任制，对于预决算编制和绩效评价、资金管理、票据管理、印章管理、物资和固定资产的采购和管理、建设项目管理、债务管理、经济合同管理等关键环节，应当明确岗位职责及分工，确保不相容岗位相互分离、制约和监督。

内部监督是内部控制的要素之一，也是内部控制得以贯彻执行的重要保障机制。与企业内部控制规范相比，《规范》更加强调内部监督。《规范》中收支、采购、资产、建设项目、债务等具体业务控制都包含了内部监督检查的要求，明确指出了内部监督关注的重点和检查的方式，单位还应根据《规范》的要求建立起对内部控制有效性的评价机制。《规范》中要求建立审核措施、沟通协调机制、定期会议机制等，从而形成一种环环相扣的监督模式。强化内部监督有利于减少内控设计上的缺陷，堵塞执行中的漏洞，提高监督质量，增强内控有效性，达到内部控制应有的效果。

四、继续加强审计监督制度

近几年，国家审计署从整顿和规范会计制度入手，加大力度清理整顿了某些部门和单位在银行开立的各类账户和“小金库”的问题。严肃查处转移国家资金、私分国家资金等违法行为。实践证明，这些举措对那些别有用心者起到了极大的震慑作用。

（一）加大外部审计

无论是国家审计还是社会中介机构审计都独立于被审计单位，具有很大的独立性，称之为外部审计。国家审计属于政府部门，其审计结论具有很强的权威性；社会审计属于中介机构，主要从事对上市公司的会计报表审计，其审计报告的质量直接关系到千万个股民的切身利益，其工作质量不可忽视。上述外部审计各有优势，但都应对委托部门和被审单位负责。而企业存在“小金库”，会造成会计报表不能真实公允地反映企业的会计信息，对上误导上级有关部门，对下误导企业职工，横向误导财政、税务、银行等部门及广大股民（专指上市公司），轻者影响企业的信誉，重者可导致企业破产或扰乱社会正常的经济秩序，其危害性不可小视。外部审计理所当然地应肩负起查处企业存在的财务舞弊行为，特别是企业存在的“小金库”，使企业会计报表公允反映企业会计信息。所以外部审计应加大审计监督力度。

（二）加大内部审计监督

内部审计机构是企业的主要内部控制机构之一，而健全完善的内部审计机构是防止企业内部出现财务舞弊的重要力量。由于内部审计具有对本单位业务熟悉，可随时开展工作等优势，决定了其在监督本企业财务制度执行方面所起到的重要作用。但目前大多数企业设置的内审机构无论是在隶属关系还是在人员配置方面千差万别，有些单位的内审机构其作用发挥较好，有些单位则形同虚设，没有发挥应有的作用。为发挥好内审机构的作用，按照《审计法》、《会计法》的要求，企业应加强内审部门的地位。

企业内审部门应直属企业最高行政一把手领导，直接为本企业董事长或总经理服务，以提高其地位。应给本企业审计部门配备足够的高素质人员，以能胜任本企业审计工作。内审部门应提高其工作质量，积极参与到本企业经济活动审计中去，尤其是对大额销售、采购合同，并且注意加强对废旧材料的销售等易形成“小金库”的各项财务收支的审计。对发现的问题查深查透，对查实属“小金库”性质的款项，一定要上报领导认真处理。

五、加大处罚力度

（一）加大对违反财经纪律的单位和个人的处罚力度

在“小金库”问题上，主管领导发挥了绝对作用。如果没有领导的暗示和默许，下面的财务人员是不敢也不能私设“小金库”的。所以尤其要强调对主管领导的处罚力度。各单位的负责人应是杜绝私设“小金库”的第一责任人，各单位财务人员应严格遵守《会计法》及有关法律法规，理好财，当好参谋。对查出的“小金库”不但要严格按照国办发［1995］29号文及《国务院关于违反财政法规处罚的暂行规定》的规定，没收其全部资金发生数，并处以相应的罚款，同时还要追究第一责任人和直接责任人的经济责任和行政责任，情节严重构成犯罪的还要移交司法机关处理，并注重选择一些典型案例公开曝光，以儆效尤。扭转过去那种只对单位处罚，不对个人处罚，只重经济处罚不重人事处理的倾向。

（二）加大执法力度

在财经执法工作中，普遍存在着执法不严的情况，特别是对财经违法违纪案件的主要负责人处罚的力度不够，以补代罚、以罚代刑、“对人不对事”的现象十分普遍，已成为“小金库”问题屡查屡犯、屡禁不止的重要原因。

六、继续加强民主监督，实行举报有奖制

只有实行民主监督制，才能使我们的工作不犯或少犯错误。许多单位的“小金库”问题就是在群众的监督检举之下发现的，从而为企业挽回了经济损失，也为发现问题和纠正错误提供了重要的线索。为了进一步鼓励民主监督，应采取群众监督员制和实行举报有奖制。群众举报的“小金库”问题，一经查实，可从罚没资金中提取一定比例的金额对举报人进行奖励。

七、加大对各项财务收支的清理力度，规范收支行为

按照财经纪律的要求及本单位、本部门有关财务收支制度的规定，企业应成立专门的清理小组。对本企业各项财务收支规定的执行情况及资金周转情况进行不定期的认真清理：

（一）清理项目

凡有收入来源的各单位要对收入项目、收入金额及实现收入的情况进行全面清理，特别是负责收费的单位要对现行的收费项目和收费标准全面澄清底子，理顺收费政策。在清理的基础上要将中央、省、市及本部门、本单位取消的收费项目、现行的收费项目、标准分别编印成册，公布于众。

（二）清理收入

摸清各单位的收入规模，有产品收入的单位，要摸清主营业务收入、其他业务收入及营业外收入的项目数量、金额；对有收费项目的单位，要摸清收费来源、每次收费金额及总金额；对应纳入同级财务部门，实行收支两条线管理的账外资金及截留、挪用资金要坚决按规定进行清缴；任意减少、扩大收费项目、收费标准的违规行为，要按收支两条线的规定及时进行清理。

（三）清理支出

对各单位的支出项目、支出资金要进行全面清查，核实支出、查清去向，对虚报冒领、坐支、挪用等违规行为要坚决查处，堵塞支出上的漏洞。

八、树立公平纳税意识

企业私设“小金库”的重要原因是偷逃国家税金。针对这个“病因”，我们可用药“医治”，即树立公平纳税意识。纵观历史，横观中西，税收是国家与生俱来的一种分配制度。不论哪个国家，都要收税。因为没有税收，国家就没有财政收入，更何况发展。而企业在为社会创造财富的同时，一个重要的责任就是纳税。

其实企业的所有支出都可以正规进账，例如劳务费和中介费，俗称好处费，如果支付给个人，可以填个支出单，扣除个人所得税，正规地从企业的账面中支出，并且劳务费还没有计入企业所得税税前抵扣的限制。规范地处理这些支出，既可以避免企业内乱，又可以减少税收风险。对企业而言，缴纳的抵扣税金，就是塞翁失去的“马”，可能会给企业带来意想不到的收益，而且是长远的效益。企业规范了账面支出，就会意识到“小金库”是个大麻烦。

九、明晰产权

全国反腐倡廉专项治理工作汇报会传出消息，截止2011年9月全国累计查出“小金库”58 225个，涉及资金266亿元。2010年11月，财政部、审计署、国资委曾领头对党政机关和事业单位进行了“自查”和“督查”，截至12月初，共清理出“小金库”45 000多个，涉及金额210亿元。随后在全国范围内进行了全面整顿。事隔8个多月，“小金库”非但没有因为“严厉查处”而销声匿迹，相反，从当初一年45 000多个一跃而至8个月58 000多个，大有“雨后春笋”之势。那么，为什么会有自发地产生“小金库”的倾向呢？中国一大特色是国有资产规模庞大，为“小金库”的存在滋生了土壤。“小金库”的存在造成了国有资产和国有收入的大量流失，因此必须加快改革步伐，建立健全真正明晰有效的国有产权制度。

【参考资料】

2010年7月30日，为全面贯彻党的十七大和十七届四中全会精神，切实加强国有企业反腐倡廉建设，进一步促进国有企业领导人员廉洁从业，规范决策行为，提高决策水平，防范决策风险，保证国有企业科学发展，按照中央关于凡属重大决策、重要人事任免、重大项目安排和大额度资金运作（简称“三重一大”）事项必须由领导班子集体作出决定的要求，就进一步推进国有企业贯彻落实“三重一大”决策制度提出了意见。

【典型案例】

企业“公改私”仅需25.6万元，暗中的“陪嫁”却高达70余万元，当事人白得一家工厂不算，还净赚近45万元！听起来让人觉得匪夷所思，但这却是江苏省泰兴市检察院不久前公诉的一起真实案例。泰兴市纺织器材三厂是一家创建于上世纪70年代的集体企业，现年63岁的蒋万东曾长期担任该厂厂长。1993年，蒋万东让会计蒋某设立账外账，专门用于接受厂里以现金方式回笼的货款，并要求蒋某严格保密，绝对不能让工厂其他负责人和职工知道。此后短短数年间，在蒋万东的“苦心经营”下，“小金库”库存资金高达150多万元。1998年初，主管部门准备将纺织器材三厂改制为私营企业。蒋万东得知消息后积极活动，成了该厂的指定购买者。在工厂进行清产核资时，蒋万东对藏有巨额资金的账户隐匿不报，并设法虚增企业债务18万多元，致使该厂的资产核算总额严重失实，仅为25.6万元。同年8月，蒋万东在尚未交付购厂款的情况下，迅速到工商部门办理了产权变更手续，成了名副其实的“老板”。

虽然工厂如愿以偿姓了“蒋”，但蒋万东却如同坐在了火山口上。工厂改制后的数年间，工人们对企业以明显低于实际资产的价格出售十分不满，多次向有关部门反映情况。2005 年 12 月，工人们的举报引起了执法部门的关注，在企业改制中玩“空手道”的蒋万东随之落入了法网。

【解析】

从上面案例可以看出，“小金库”已成为改制企业资产流失的“黑洞”。应从三个方面堵住“黑洞”。首先，严格限制管理层收购，明确手续及程序，使国有、集体资产的转移走向产权市场，通过竞争程序使企业的隐性财产变为明确的财产。其次，对改制企业应加强审计监督和资产评估，坚持先审计后评估的原则，严防“小金库”和账外账。第三，建立完备的责任人追究制度，明确公有资产管理部门和企业主管领导的责任，对失职、渎职者要严格依法追究民事、行政、刑事责任。

第七节 中央治理“小金库”的专项行动

经中央同意，中共中央办公厅、国务院办公厅印发《关于深入开展“小金库”治理工作的意见》（以下简称《意见》），决定在全国范围内深入开展“小金库”治理工作。2009 年首先在全国党政机关和事业单位开展专项治理，事业单位中要以财政全额拨款事业单位为重点，然后再逐步扩展到社会团体、国有及国有控股企业。自国资委动员部署中央企业“小金库”专项治理工作以来，各中央企业迅速行动，周密组织，广泛动员，深入自查，认真自纠，并对存在管理隐患的资金（资产）进行排查，着手建立防治“小金库”的长效机制，取得了阶段性成果。根据中央治理“小金库”工作领导小组的统一安排，国资委决定从 2010 年 11 月 10 日起转入中央企业“小金库”专项治理重点检查阶段。

一、加强组织领导，建立健全领导体制和工作机制

此次专项治理工作是在党中央、国务院的领导下统一部署实施的。2010 年中央治理“小金库”工作领导小组增列国资委为成员单位，牵头负责组织履行出资人职责企业的“小金库”专项治理工作，并指导地方国资委对出资企业和受托管理企业的“小金库”专项治理工作。为组织做好中央企业“小金库”专项治理工作，国资委成立了中央企业“小金库”专项治理工作领导小组，“小金库”治理是一项复杂的系统工程。

财政部部长谢旭人在新疆考察调研财政工作时，对财政部门加强预算执行管理、强化乡镇财政建设、加强财政监督管理、推动财政预算公开、推进“小金库”治理、加强财政干部队伍建设和党风廉政建设等提出了明确要求。对于推进“小金库”治理方面，他指出，要扎实做好党政机关、事业单位、社会团体和国有企业的“小金库”治理工作。要认真分析“小金库”成因，从源头上加强管理，按照更加注重治本、更加注重预防、更加注重制度建设的要求，着力健全防治“小金库”长效机制。在加强财政干部队伍建设和党风廉政建设方面，他强调要进一步加强领导班子建设，抓好干部思想理论教育，深化干部人事制度改革，加大干部教育培训力度，加强财政反腐倡廉建设，着力建设一支政治过硬、业务熟练、作风优良的财政干部队伍，为加强财政管理、推动财政发展改革提供有力的组织保证。

党中央、国务院高度重视“小金库”治理工作，多次要求和强调注重源头治理。重点做好以下四个方面的工作：

（一）提高思想认识。从这次“小金库”治理工作来看，当前存在的诸多问题，与制度、体制和机制的不健全有很大关系。一些领域和环节存在制度空缺，无章可循；一些领域和环节虽有制度，但存在漏洞或已不适应客观实际的要求；一些制度执行不力，没有发挥应有效用。各地区各部门要进一步提高思想认识，切实以改革精神积极探索从源头上根治“小金库”问题的有效途径。

（二）明确工作责任。长效机制建设是一项复杂的系统工程和长期的工作任务，仅靠治理办这个临时协调机构和几个部门的力量难以完成，需要各有关部门共担责任、积极参与和齐心协力。各级治理机构、各治理对象都有长效机制建设的任务，无论是中央还是地方或是部门，无论是机关还是社团或是企业，都要积极推进这项工作。各地区各部门要积极组织协调，从本地区本部门的实际出发，统筹考虑、系统研究，督促指导相关部门和所属单位深入推进长效机制建设。

（三）掌握推进方法。要加强调查研究，对2009年治理工作以来检查发现的问题进行全面梳理分析，对照现行制度办法，剖析产生“小金库”的制度根源，找准薄弱点和风险点；要紧紧抓住防止同类问题反复发生这个重点，从加强教育、完善制度、深化改革、强化监督等方面入手，制定本地区本部门的长效机制建设计划，明确和分解任务，确定时间步骤；要加强督促指导、狠抓工作落实。2010年底前能完成的要保证落实到位，再出台一批具体管用的制度办法；2010年底前难以完成的要明确阶段任务和长期目标，分步实施，扎实推进，务求实效。

（四）强化组织协调。防治“小金库”长效机制建设牵涉面广、工作难度大，各地区各部门治理机构主要领导要高度重视长效机制建设工作，真正把防治“小金库”长效机制建设工作摆在重要位置。要把机制建设阶段性任务和长期战略性目标结合起来，按照《建立健全惩治和预防腐败体系2008－2012年工作规划》的要求，进一步建立健全工作机制，落实工作责任，明确工作任务，避免长效机制建设工作因专项治理结束而止步不前，确保长效机制建设工作的系统性和持续性。各有关职能部门要加强沟通协调，及时总结梳理工作情况、研究安排具体任务、督促检查落实情况，及时发现问题和解决问题，推动长效机制建设各项任务的有效落实。

二、全面自查，认真自纠

（一）自查工作面要确保达到100%。中央企业的自查范围包括集团本部各部门和各级子企业（单位），涵盖全部表内表外企业（单位）、账内账外资金资产。对于重点部门和重点环节，要组织内部力量进行专项审计或检查，确保治理工作全面覆盖、不走过场。

（二）保证自查自纠效果。中央企业各级专项治理工作领导机构要有重点地进行督促指导，及时做好政策解释和培训工作，确保自查自纠工作落到实处，取得实效；对自查发现的各种违纪违规问题，必须自觉纠正，一旦发现“小金库”应当立即封存，停止运作。

（三）建立自查自纠工作承诺制和公示制。中央企业主要负责人要对自查自纠情况负责，企业自查自纠情况应当在企业内部以适当形式进行公示，接受职工群众监督。对于专项治理中瞒报漏报自查自纠信息的，将严肃追究责任单位和相关责任人员的责任。

（四）及时上报工作报告和统计报表。自查自纠工作结束后，中央企业要及时向国资委报送自查自纠总结报告和统计报表。自查报告和报表内容必须客观真实，数据准确，企业主要负责人、总会计师或主管财务负责人要在相关报告和报表上分别签字，对报告的真实性和可靠性负责。

自查自纠的一个重要措施是将防治“小金库”相关知识纳入会计人员继续教育培训内容。财政部办公厅已于2011年11月30日公布了《关于将防治小金库相关知识纳入会计人员继续教育培训内容的通知》。各级财政部门和中央主管单位会计管理机构，应当充分认识进一步强化会计基础工作、提高会计人员业务素质对防治“小金库”的重要性，将防治“小金库”相关知识纳入年度会计人员继续教育培训内容。

防治“小金库”，重在健全长效机制。通过对会计人员开展这方面的继续教育，可以引导其强化单位财务会计管理制度和内部控制制度建设，提高财务制度执行力，规范单位内部财务管理等。各级财政部门和中央主管单位会计管理机构在进行会计从业资格情况检查时，应当将会计人员是否参加了防治“小金库”相关知识的会计继续教育作为重点检查内容。要把防治“小金库”相关知识纳入财会人员后续教育的培训内容，强化财会人员抵制“小金库”问题的自觉性和坚定性。同时，要进一步完善“小金库”问题财政处理处罚规定和违法违纪问责机制，加快设立“小金库”违法行为的刑事可罚性研究，有效遏制“小金库”问题发生。

三、突出重点，深入检查

在中央企业全面自查自纠的基础上，国资委将结合日常监管工作情况，组织若干个检查组，按照不低于中央企业户数的20%、每户企业不低于所属子企业户数的20%的比例确定重点检查企业名单，深入企业开展重点检查工作。国资委确定重点检查对象的范围包括：

（一）关系国家安全和在国民经济中处于基础和支柱地位的企业或单位；

（二）供水、供气、供热、供电等与人民群众生活密切相关的企业或单位；

（三）投资链条较长、分支机构较多的企业或单位；

（四）未纳入合并报表范围的表外资产金额较大的企业或单位；

（五）存在大量境外滞留资金、自管社保资金以及从成本费用中提取建立各类基金较多的企业或单位；

（六）以前年度发现存在“小金库”的企业或单位；

（七）有群众举报的企业或单位。

四、及时整改，处理到位

中央企业要高度重视整改落实工作，确保治理工作取得预期效果。

（一）要及时明确整改政策标准。中央企业要按照整改政策标准，认真落实国资委的整改意见，确保整改到位。

（二）要认真做好“小金库”资金及其形成资产的处理。对于“小金库”资金余额、使用“小金库”形成的资产以及追回的私分“小金库”资金，要及时纳入法定账簿核算或按照国家有关规定处理。

（三）要把握政策，落实相关人员责任。在“小金库”清理过程中，无论“小金库”是哪一任领导设立的，现任领导都要按规定坚决予以纠正，否则追究现职相关领导的责任。

（四）要探索建立健全国有企业防治“小金库”的长效机制。要针对发现的问题，紧密结合企业内部管理现状，深入剖析产生问题的原因，及时制订切实有效的整改措施，建立和完善相关管理制度，从源头上防止“小金库”问题的再次产生。

财政部部长谢旭人在“全国防治‘小金库’长效机制建设经验交流电视电话会议”上强调，当前和今后一个时期，各地区各部门要继续抓住防治“小金库”长效机制建设这个根本任务。着重做好以下五个方面的工作：

一是要进一步健全教育惩处机制。一方面，要把防治“小金库”等财经纪律的培训列入各单位领导干部教育规划，纳入各级党校、行政学院及其他干部培训机构教学计划。在领导干部任职培训、干部在职岗位培训中开设防治“小金库”的有关课程。建立和完善警示教育制度，利用“小金库”违法违纪典型案例，对领导干部进行提醒、告诫和警示。另一方面，要把防治“小金库”相关知识纳入财会人员后续教育的培训内容，强化财会人员抵制“小金库”问题的自觉性和坚定性。同时，要进一步完善“小金库”问题财政处理处罚规定和违法违纪问责机制，加快设立“小金库”违法行为的刑事可罚性研究，有效遏制“小金库”问题发生。

二是要进一步推进财政管理制度改革。要深化预算管理制度改革，规范预算资金分配，细化部门预算，加强财政资金管理，防范资金流入“小金库”。加快预算和决算公开，各级政府财政预算和决算、部门预算和决算，以及政府性基金、国有资本经营等方面的预算和决算，都要向社会公开，公开的内容要全面并逐步细化。全面深化国库集中收付制度改革，实现对各级政府及所有预算单位的全覆盖。深化政府采购制度改革，不断扩大实施范围和采购规模，规范政府采购行为。进一步规范津贴补贴管理，研究提出控制和规范党政机关奖金发放行为意见。加强罚没收入管理，进一步完善罚没收入管理办法。加强预算单位银行账户监管，实现动态监控，加大对违规行为的处罚力度。全面推进公务卡改革，研究出台公务卡强制结算目录，扩大公务卡强制结算范围。完善行政事业单位国有资产管理制度，进一步加强对行政事业单位国有资产出租出借处置收入的管理。完善现金管理制度，加强对大额现金支付行为的监控。加强财政票据管理，加大打击虚假发票犯罪的力度。

三是要进一步完善资产财务会计管理制度。要加强和规范行政事业单位内部控制，出台行政事业单位内部控制规范，规范行政事业单位内部财务管理行为，防控包括设立“小金库”等违规行为发生。尽快完善高等学校、中小学、科技、文化等事业单位财务会计制度，加强事业单位财务会计基础工作。研究制定党政机关国内业务接待费管理办法，完善会议费、培训费、劳务费和咨询费等管理办法，加强容易滋生“小金库”问题的费用管理。加强国有企业财务管理，建立企业财务管理能力认证体系、首席财务官制度，完善财务总监制度。加强对中央企业表外资金资产的管理，明确中央企业管理的社保资金、工会经费、党团经费等表外资金资产的管理要求。修订完善金融企业财务管理制度，通过制定和完善办法，加强对金融监管部门的费用管理。加强保险公司理赔费用的管理，防范利用虚假赔案套取费用设立“小金库”的行为。推行厂务公开和事业单位办事公开，特别要健全预算单位财务公开等制度，使资金在阳光下公开透明运行，接受广大人民群众和社会舆论的监督。

四是要进一步加强社会组织管理。要完善《社会团体登记管理条例》、《基金会管理条例》等法规，理顺社会组织与其业务主管单位在职能、人事、财务等方面的关系，从体制上铲除设立和使用“小金库”的动因。完善非营利组织财务会计制度和社会组织财务管理制度，加强会计基础工作和内部控制，建立对社会组织的外部审计制度，强化对社会组织的财务监督和管理。

五是要进一步提高监督检查效率。要推进监督检查的常态化，在预算和决算审计、经济责任审计、专项审计和预算单位资产财务检查、企业会计信息质量检查、专项资金检查等工作中，将“小金库”问题的检查作为重要内容；要建立“小金库”问题的监督检查公告制度，及时曝光典型案例；要通过多部门联网加强对预算执行情况、财政资金支付情况、预算单位银行账户实时动态监控，做到早预警、早发现、早纠正；要严格“小金库”问题的处理处罚，提高监督检查的震慑力和严肃性。加大商业贿赂治理力度，净化“小金库”治理的社会环境。

五、关于中央企业“小金库”专项治理的处理政策

根据这次“小金库”专项治理工作的有关规定，对中央企业自查和被查发现的“小金库”，要按照“依纪依法，宽严相济”的指导思想进行处理，总的原则是“自查从轻从宽，被查从重从严”。

（一）从轻从宽处理自查发现的“小金库”问题

凡自查认真、纠正及时，情节较轻的，可以免予处分；情节较重的，也可以减轻或者从轻处分。

对在自查阶段主动暴露和报告的“小金库”，企业要按照国家有关法律法规，将尚未使用的余额转入符合规定的单位账簿，并依法纳税；对已经使用的“小金库”，要进一步查清使用性质和资金流向，根据不同情况进行处理。

中央企业总部要在做好自查自纠的基础上，切实组织做好对所属企业和单位的检查工作。凡在国资委派出检查组之前，中央企业总部在组织所属企业和单位的重点检查中检查出来的“小金库”，视同自查发现，采取从轻从宽处理的政策。

（二）从重从严处理被查发现的“小金库”问题

对于在自查阶段不主动报告甚至是故意隐瞒，在重点检查中被查出的“小金库”，国资委要会同有关执法部门从重从严进行处理，除一律纳入法定账簿，依法进行财务、税务等相关处理外，还要对责任企业或单位依法依规予以行政和经济处罚，对有关责任人员要依纪依法追究责任；涉嫌犯罪的，还要移交司法机关依法进行处理。

在重点检查中被发现“小金库”的，对设立“小金库”负有领导责任和直接责任的人员，依照有关规定，严肃追究责任，并给予经济处罚。对被查发现“小金库”数量较多、金额较大，对负有领导责任和直接责任的人员一律先予停职，再按照相关程序进行调查核实，做出组织处理。同时，国资委还将依据业绩考核的有关规定，给予业绩考核扣分或降级处理；造成国有资产损失的，还将按照资产损失责任追究的有关规定，追究相关责任人的责任。中央企业所属子企业被查出“小金库”的，既要追究所属企业负责人和直接责任人的责任，也要追究上一级次直至集团总部的领导责任。

（三）严惩新设“小金库”的不法行为

自《中共中央办公厅国务院办公厅关于深入开展“小金库”治理工作意见》下发后再设立“小金库”的，要对主要领导、分管领导和直接责任人严肃处理，按照组织程序先予以免职或停职，再依据党纪政纪和有关法律法规追究责任。对于那些无视中央三令五申，顶风违纪，在专项治理期间新设“小金库”的，不仅要给予严肃处理，而且还要在一定范围内进行通报批评。中央企业通过这次专项治理工作，要坚决杜绝再出现“小金库”不法行为。在以后年度的各类财务、审计及监事会监督等检查中，都要将企业“小金库”作为重点检查内容，一旦发现企业设有“小金库”，不论是什么时间设立的，一律按照新设“小金库”对有关企业和责任人进行处理，同时给予企业集团业绩考核扣分或降级处理。

（四）重奖举报有功人员

为推动“小金库”专项治理工作的顺利开展，要鼓励群众举报，重奖举报有功人员。国资委和中央企业要切实维护举报人的合法权益，严格执行信访举报保密制度，坚决打击报复举报人的行为。对举报有功人员，根据国家有关政策规定，按照查实的设立“小金库”金额，给予相应的现金奖励。

【参考资料】

“小金库”专项治理工作大事记

2009 年 4 月 14 日中共中央办公厅、国务院办公厅印发《关于深入开展“小金库”治理工作的意见》。

2009 年 4 月 23 日中央纪委、监察部、财政部、审计署联合印发《关于在党政机关和事业单位开展“小金库”专项治理工作的实施办法》。

2009 年 6 月 3 日中央纪委、监察部、财政部、审计署联合印发《“小金库”治理工作举报奖励办法》。

2010 年 6 月 12 日中央纪委、监察部、民政部、财政部、审计署联合制定下发《关于印发〈社会团体“小金库”专项治理实施办法〉的通知》；中央纪委、监察部、财政部、审计署、国务院国资委联合制定下发《关于印发〈国有及国有控股企业“小金库”专项治理实施办法〉的通知》；中央治理“小金库”工作领导小组制定下发《关于印发〈国有及国有控股金融企业“小金库”专项治理试点实施方案〉的通知》。

2010 年 12 月 15 日中共中央政治局常委、中央纪委书记贺国强听取“小金库”专项治理工作进展情况和 2011 年工作打算的汇报。

2011 年 2 月至 4 月中共中央政治局常委、中央纪委书记贺国强同志在中央纪委第 56 次书记办公会上强调：要继续深化“小金库”专项治理，这项工作今年还要再扎实抓一年。

2011 年 12 月 20 日中央治理“小金库”工作领导小组向中共中央、国务院上报《关于全国“小金库”专项治理工作情况的报告》。

本章笔记